DESCRIPTION
HISTORIQUE ET CRITIQUE
DE L'ITALIE.

DESCRIPTION
HISTORIQUE ET CRITIQUE
DE L'ITALIE,
OU
NOUVEAUX MÉMOIRES
sur l'état actuel de son Gouvernement, des Sciences, des Arts, du Commerce, de la Population & de l'Histoire Naturelle.

PAR M. L'ABBÉ RICHARD.

Hæc olim meminisse juvabit,
Per varios casus, per tot discrimina rerum,
Æneid. I.

TOME VI.

NOUVELLE ÉDITION.

A PARIS,
Chez DELALAIN, Libraire, près la Comédie-Françoise.

M. DCC. LXX.

TABLE

DES TITRES ET PIECES

Contenus dans le sixieme Tome.

Rome & ses environs. Edifices publics, palais, statues, tableaux, Etat Ecclésiastique, &c.   pag. 1

1. Capitole : ses statues & tableaux, ib.
2. Palais du Pape à Monte-Cavallo,   51
3. Palais Colonne,   54
4. Palais Rospigliosi,   58
4. Villa Adolbrandini,   63
Palais Albani,   65
5. Palais Barberini,   68
Palais Chigi Alcorso,   78
Palais Pamphili,   79
Palais Altieri,   83

TABLE DES TITRES.

7. Palais Borghese,	85
8. Palais Ruspoli,	90
Palais Verospi,	91
Palais Farnese,	ibid.
9. Palais Boccapaduli,	100
Palais Furietti,	102
Palais Santa-Croce,	106
10. Palais Spada,	108
11. Palais Corsini,	119
12. Petit Farnese,	124
Jardins, vignes, maisons de campagne à Rome, & dans les environs,	135
13. Idée des vignes ou jardins de Rome,	ibid.
14. Villa Médicis,	143
15. Villa Ludovisi,	160
Villa Montalta,	169
Villa Giustiniani,	ibid.

Table des Titres.

Jardins Farnese,	171
17. Villa Mathei,	175
18. Villa Pamphili,	182
Villa Corsini,	192
Villa Giraud,	193
Villa Borghese, ou Pinciana,	194
20. Villa Albani,	216
Aqueducs & fontaines à Rome,	224
Observations sur Rome antique, & quelques-uns de ses monumens,	246
22. Rome antique : Champ de Mars,	ibid.
23. Panthéon & bains d'Agrippa,	257
24. Tombeau d'Auguste,	266
25. Cirque, colonne : monumens antiques,	272
26. Colonne Trajane & place,	281
27. Tombeau d'Adrien,	291

TABLE DES TITRES.

28. Théatre de Marcellus & autres antiques, 296
29. Forum Romanum ou Campo Vaccino, 303
30. Arc de Sévere & autres monumens, 309
31. Temple de la Paix. Arc de Tite, 315
32. Amphithéatre, 329
33. Arc de Constantin. Thermes de Tite, 335
34. Thermes de Dioclétien, 342
35. Cirques de Salluste & de Flore, 346
36. Temple de l'Honneur & de la Vertu. Autres monumens, 359
38. Ponte Salaro, ou Mont Sacré, 273
Environs de Rome. Frascati, Tivoli, Ostie, &c. 384

TABLE DES TITRES.

39. *Frascati ou Tusculum,* ibid.
Belles maisons de Frascati, 388
Tivoli, 399
41. *Solfaterre & pétrification,* ibid.
42. *Thur ou Tivoli: sa situation,* 405
43. *Temple de la Sybille, Cascade & Cascatelles,* 409
44. *Antiques & Villa Estense à Tivoli,* 414
45. *Villa Adriani,* 420
46. *Ostie,* 427
Route de Rome à Bologne par Lorette. Partie de l'Etat Ecclésiastique, 437
47. *Etat Ecclésiastique. Civita-Castellana. Otricoli. Narni,* ibid.
48. *Terni: cascades, pétrifications,* 445
Somma, Spolette, Foligno, Corniches, 453

TABLE DES TITRES.

Lorette : son trésor, 469
51. *Ancone : son port,* 481
52. *Sinigaglia, Fano, Pesaro,* 489
53. *Rimini, Cesena, Forli, Faenza, Imola,* 452

Fin de la Table du Tome VI.

DESCRIPTION
HISTORIQUE
ET
CRITIQUE
DE L'ITALIE.

ROME ET SES ENVIRONS,
SECONDE PARTIE.

Edifices publics, Palais, Statues, Tableaux, Etat Ecclésiastique, &c.

1. L'ATTENTION, en arrivant à Rome, est partagée entre St Pierre & le Capitole ; ces deux grands objets de curiosité, excitent les vœux de Pélerins & des Voyageurs : ce sont les deux mo-

Capitole, ses Statues & Tableaux.

Tome VI.   A

numens de cette Ville, que l'on veut voir.

Accoutumés dès l'enfance à regarder le Capitole comme le centre de la puissance Romaine, le lieu élevé d'où les Vainqueurs du monde régloient le fort du reste des Mortels; on imagine y trouver encore le monument de la Terre la plus respectable: à peine ose-t-on s'en former une idée; c'est-là d'où les Scipions, Pompée & César partoient pour aller subjuguer l'Univers, qui ne sembloit que les attendre pour se soumettre à leurs loix. Cette Puissance a été si immense, que l'on se persuade que le Capitole a été un lieu inaccessible à tous autres qu'aux Romains & aux Dieux, qui sembloient soutenir ensemble & à forces égales, le sceptre de l'Univers.

Mais si toutes ces idées ont eu quelque réalité, les choses ont absolument changé de face. A ce gouvernement militaire & absolu, où la force étoit l'appui de la domination, a succédé un Empire doux & tranquille, qui ne connoît d'autres armes que la persuasion, dont l'autorité toute spirituelle, appuyée sur la parole formelle d'un Dieu fait homme, se soutient avec une dignité plus réelle, une soumission plus libre, une durée plus inaltérable, & une domination plus étendue; c'est ainsi que Rome & le Capitole sont encore le centre de la premiere Puissance. *

Voilà ses titres & ses droits; à la fierté d'un gouvernement despotique & arbitraire, ont succédé les douceurs toujours égales d'un gouvernement paternel.

Ainsi le Capitole, cette premiere forteresse de l'Empire Romain, n'a plus rien de cet appareil formidable, qui lui attira le respect des nations: il se présente aujourd'hui sous une forme toute différente. Ouvert de tous les côtés, chacun y peut aborder librement. Ses édifices, sa décoration ne respirent que la paix & la tranquillité: ce que l'on y conserve encore

_____

(a) *Humanumque genus communi nomine fovit,*
Matris non Dominæ ritu, civesque vocavit
Quos domuit, nexuque pio longinqua revinxit. . . . . . .

Claudianus, L. 3.

A ij

de monumens antiques, ne sert qu'à apprendre que l'autorité des Consuls est anéantie, & le sceptre des Empereurs brisé.

Il ne reste plus rien en place, de l'ancien Capitole, que les fondemens même du palais du Sénateur, élevé sur des voûtes antiques, & des murailles fortes & épaisses, du tems même des rois de Rome, qui occupent la partie du Mont-Capitolin du côté du *Forum Romanum* aujourd'hui *Compo Vaccino*. C'est ce que l'on appelloit *Substructiones Capitolii*, dont on voit une partie à découvert, tant à l'intérieur qu'à l'extérieur, dans le jardin qui est au-dessous du palais du Sénateur, au midi. Les voûtes antiques de ces substructions, servent actuellement de caves & d'écuries.

Toute cette fabrique est de grandes pierres taillées de quatre côtés, posées les unes sur les autres sans mortier ni ciment, mais probablement unies par une poussière très-fine, tirée de la pierre même, & délayée avec de l'eau, ainsi que l'employoient les Constructeurs Etrusques, qui eurent la direction de ces ouvrages; ces pierres exactement unies & d'un très-grand poids, sont aussi solides que si elles ne formoient toutes ensemble qu'un seul bloc. Cette pierre est de même qualité que celle que l'on appelle aujourdhui *Piperino*, brune, solide, sans être cassante, & qui résiste à toutes les injures de l'air, sans éprouver la moindre altération, ainsi que le reste de ces édifices antiques le prouve.

Le *Clivus Capitolinus*, ou chemin par où les Triomphateurs montoient de la *Via Sacra* au temple de Jupiter Capitolin, est encore le même chemin en pente fort adoucie, qui aboutit du *Campo Vaccino* au Capitole, entre le couvent d'Aracœli, & les substructions antiques, que l'on a couvertes en partie d'inscriptions modernes.

Il paroît par tous les plans des édifices anciens du Capitole, que leur aspect principal étoit tourné du côté du *Forum Romanum* : c'étoit le chemin des Triomphateurs pour y arriver ; du haut de la montagne on avoit la vue sur les palais des Empereurs, les temples les plus magnifiques, & les édifices les plus pompeux de la République.

Aujourd'hui la face principale du Capitole, est tournée au nord, & l'entrée est de ce côté. La montagne avoit deux sommets beaucoup plus élevés que le reste : l'un occupé par le temple de Jupiter Capitolin ; l'autre, par une espéce de citadelle ou de partie plus fortifiée que le reste ; au milieu étoit une petite plaine plus basse que les deux sommets, & qui pouvoit avoir environ cent toises de largeur, sur environ quatre-vingt de profondeur ; c'est dans ce même emplacement qu'est aujourd'hui la place du Capitole : on y monte par un large escalier, dont la rampe est fort douce, car en la couvrant de sable, le Pape y arrive aisément à cheval, lorsqu'il va prendre possession du Capitole, après son couronnement. Cet escalier est terminé par le bas, par deux sphinx antiques, de marbre d'Egypte, qui jettent de l'eau, & qui ont été trouvés dans les bains d'Agrippa.

La place du Capitole du côté de la Ville, n'est fermée que d'une balustrade de marbre, qui commence au haut de l'escalier, & qui s'étend des deux côtés dans toute la largeur du terrain. Cette partie est décorée avec goût de plusieurs monumens antiques. Au-dessus de l'escalier sur des piedestaux, de la hauteur de la baluſtrade, ſont les ſtatues coloſſales de Caſtor & de Pollux, en marbre grec; les trophées de Marius (a); les fils de Conſ-

(a) Ces trophées méritent quelque attention, en ce qu'ils ſont d'un beau travail, & qu'ils ont partagé en quelques ſortes, la deſtinée de celui, à l'honneur duquel ils avoient été érigés: Sylla les fit renverſer; Céſar qui vint après, les fit rétablir, ſi on s'en rapporte à la tradition de Rome. Il n'eſt pas douteux qu'ils n'ayent été élevés après la victoire ſur les Cimbres; car les arcs ſur leſquels ils furent placés, élevés en mémoire de cet événement, furent appellés *Cimbrorum*, & dans la ſuite des tems tout le quartier prit le nom de *Cimbrum*, au pied du Mont-Eſquilin; on trouve d'anciens titres dans leſquels l'Egliſe de St Euſebe, dont j'ai fait mention, eſt appellée *Eccleſia Sancti Euſebii ad Cimbrum*: cependant d'autres prétendent que ces trophées ont été élevés à l'honneur de Trajan, après ſa victoire ſur les Daces, & la défaite de leur dernier roi Décébale; & ils en apportent pour preuve la figure de Femme que l'on voit dans un de ces trophées, qui repréſentent la Dace même avec les attributs de ſes productions & de ſa fertilité. Cluvier, *Introd. ad Geog. l. 4.* place la Dace dans une partie de la Hongrie, la Tranſilvanie, la Valachie, & preſque toute la Moldavie . . . . . Ce qu'il y a de certain, c'eſt que l'on voit encore les arcs ſur leſquels ils étoient placés, avant qu'on ne les eût tranſportés à la place du

tantin, & deux colonnes. Castor &
Pollux, ayant chacun sur la tête la
coque d'œuf, où la fable dit qu'ils furent formés, & tenant leurs chevaux
d'une taille proportionnée à la leur,
sont d'un grand stile, mais point agréable, & probablement d'artistes Romains. La colonne militaire qui est à
main droite, la premiere de celles qui
marquoient la route sur la Voie appienne, donnera une idée de cet usage
de l'antiquité : celle-ci a été trouvée
au bas de la roche Tarpeïenne, auprès
du théâtre de Marcellus. Vis-à-vis,
pour faire symmétrie, on a élevé une
autre colonne de même hauteur, sur
laquelle on a placé une boule de cuivre doré, où l'on prétend qu'ont été
autrefois enfermées les cendres de Trajan.

 Vis-à-vis du grand escalier, est la
statue équestre de Marc-Auréle-Anto-
nin, plus grande que le naturel, c'est-
à-dire entre le second & le troisieme

───────────────────────────

Capitole ; c'est ce que l'on appelle, *Aqua Mar-
zia*, du nom du Préteur *Quintus Martius Rex*,
qui les fit construire lorsqu'il amena à Rome les
eaux du Lac Celano....

ordre, *Magnæ* & *Majores*, & placée sur un piédestal d'un seul bloc de marbre du dessein de Michel-Ange. C'est l'un des meilleurs Antiques, & peut-être le plus beau de ce genre, qui existe. Le cheval, sur-tout, est si parfait, que toutes les fois que Pierre de Cortonne passoit sur cette place, il lui disoit : » Marche donc, ne sçais-tu pas » que tu es vivant » ? la bride du cheval est semblable à celles dont on se sert actuellement : ce que l'on remarquera de même dans d'autres bas-reliefs qui ont rapport à l'histoire de cet Empereur. Cette Statue équestre étoit l'une des vingt quatre que l'on voyoit à Rome, & sans doute l'une des plus belles, s'il est vrai, que Totila, roi des Goths, après qu'il se fut rendu maître de Rome en 532, ne songea qu'à conserver cette seule statue qu'il faisoit conduire au port d'Ostie, lorsqu'elle fut reprise par Bélisaire, qui la fit rétablir à Rome dans la place de St Jean-de-Latran, où elle fut retrouvée en 1475, dans un petit souterrain. En 1538, Paul III la fit transférer où elle est aujourd'hui : on voit qu'elle a été légèrement dorée, ce qui a fait dire qu'elle étoit d'airain de Corinthe. Cette statue paroîtroit bien plus avantageusement, si elle coupoit l'horizon, ou si elle étoit dans une place plus vaste ; mais elle est trop près d'autres statues, qui sont adossées au palais du Sénateur, que l'on voit en même tems, & qui partagent l'attention.

Les trois autres côtés de cette place sont occupés par autant de bâtimens d'une très-belle architecture, exécutés sur les desseins de Michel-Ange, couronnés tous les trois d'une balustrade surmontée de statues. Au-dessus du bâtiment du milieu paroît un campanile de bon goût dans lequel est la cloche du Capitole que l'on ne sonne qu'à la la mort des Papes, à leur prise de possession, à l'ouverture du carnaval, & autres occasions de cette importance.

L'escalier a deux rampes, il conduit à la grande salle du Capitole : la fontaine qui est au milieu & ses ornemens ont été exécutés sous les yeux de Michel-Ange. Dans une niche au-dessus de la fontaine est une statue antique de Rome triomphante, dont la draperie est de porphyre, la tête, les mains & les pieds de marbre de Gréce. Aux deux côtés de la balustrade qui entoure le bassin de la fontaine, ont es statues couchées du Tibre & du Nil, d'un très-beau travail.

La grande salle sert de tribunal ordinaire au Sénateur de Rome & aux Magistrats qui lui sont subordonnés, & rendent la justice en premiere instance à son nom, pour ce qui est de leur ressort, ainsi que je l'ai dit ailleurs. C'est dans cette salle que l'on distribue tous les mois les prix aux jeunes éleves de l'académie de St Luc, pour le dessein, la sculpture & l'architecture : elle est ornée de peintures à fresque & des statues de Charles d'Anjou, roi de Naples, & Sénateur de Rome, & de celles des papes Paul III, & Grégoire XIII.

Le palais des Conservateurs, qui est à droite de la place, a une galerie couverte qui regne dans toute sa longueur, soutenue d'un grand ordre de colones doriques, qui portent un second ordre corinthien plus léger, sur lequel est une riche corniche couronnée d'une balustrade : rien n'est plus noble que cette décoration extérieure. Sous la porte d'entrée on voit la statue de Jules-César en habit militaire, & vis-à-vis, celle qui fut érigée à Auguste après la bataille d'Actium : il a une proue de navire à fes pieds, que l'on a toujours mife depuis fur fes medailles, comme défignant le moment où il avoit été affermi fur le thrône. Elles font toutes les deux du fecond ordre *Magnæ.* *

* Voyez à ce fujet, la Note B. de la Préface du V. Tome.

On voit dans la cour quelques morceaux de ftatues coloffales, curieux en ce qu'ils peuvent donner une idée de ces grandes compofitions dont aucune n'a été confervée. Il refte deux pieds de celle d'Apollon, amenée à Rome d'Apollinée ville d'Afie, & placée par Lucullus au Capitole : elle avoit trente coudées de hauteur; ces deux pieds & les parties de bras qui reftent, font voir qu'elle étoit d'une belle proportion, & très-bien travaillée... une tête coloffale de bronze de la ftatue de Commode, que l'on eftime avoir eu quarante pieds de proportion... une autre tête coloffale de Domitien, d'un grand ftile, quoique groffier & peu élégant, ce qui vient fans doute de ce que l'on voit de trop près, cette tête qui devoit être à une très-grande élévation, car la proportion de cette tête, eft au-deffus de celles dont j'ai parlé plus haut. Celle-ci eft pofée fur un piedeftal enrichi de figures en bas-reliefs, qui paroissent représenter une province. Ce morceau a été probablement tiré du Panthéon, dans lequel on voyoit les statues de tous les Dieux placées sur des piedestaux, sur lesquels étoient représentées les différentes provinces de l'Empire... Rome triomphante, figure colossale assise, au pied de laquelle est une femme qui pleure, d'un excellent travail, & bien au-dessus de la statue qui paroît d'un artiste inférieur... un Lion qui déchire un cheval, grouppe excellent, où on retrouve toute la finesse & la beauté de travail du ciseau des Grecs; Michel-Ange le regardoit comme un des morceaux les plus précieux de l'antiquité, & le restaura lui-même, mais il a été gâté depuis; le cheval sur-tout a beaucoup souffert. Ce grouppe a été heureusement imité, & j'en connois plusieurs petits modéles en bronze qui sont d'un travail fini. Il fut retrouvé dans le bief d'un moulin hors de la porte St Paul; on a milles preuves de la fureur avec laquelle les Barbares avoient tenté d'anéantir les ornemens les plus précieux de l'ancienne Rome, dont la beauté les étonnoit & sembloit les irriter.

L'escalier qui conduit aux appartemens du haut, est orné de plusieurs morceaux curieux de sculpture, qui sont bien conservés : je ne parlerai que de ceux dont il est fait mention dans les notes que j'ai recueillies sur le champ ; si ce ne sont pas les plus beaux, ce sont au moins ceux qui m'ont le plus frappé.

Au bas de l'escalier est une colonne rostrale, érigée en l'honneur de Duilius, le premier des Romains qui ait remporté une victoire navale, l'an de Rome 494 ; elle fut placée dans le *Foro Romano*, & a été retrouvée en 1560 auprès de l'arc de Septime. On ne peut pas dire que ce soit un de ces monumens dont la beauté étonne, mais il est précieux par son antiquité. Pline en parle (l. 35, c. 5.) & dit à ce sujet que les colonnes sont les monumens les plus anciens que l'on ait élevés à la gloire du Nom Romain... Cette colonne haute de dix à douze pieds, de marbre parien, posée sur le même piédestal sur lequel elle a été érigée, est d'ordre toscan, traversée de proues ou becs de vaisseaux, *Rostra*, & d'ancres, & surmontée d'une petite statue pédestre de Rome victorieuse, ayant à la main la *hasta-pura*. Cet ornement, comparé avec ce que les arts ont imaginé depuis, paroît très-mesquin : elle a été restaurée dans le tems d'Auguste. Les chevaux marins qui sont en relief sur les proues, sont d'un travail bien supérieur au reste de l'ouvrage... Les statues des muses Uranie & Thalie (*Magnæ*)... Quatre bas reliefs excellens qui ornoient l'arc de Marc-Aurele, érigé dans la *Via Flaminia*, & que le pape Alexandre VII fit détruire pour rendre la rue du cours, qui sert de promenade publique, plus large & plus droite. Ces quatre morceaux sont bien conservés, & de la plus belle exécution : ils méritent même d'être étudiés pour connoître le costume de ce tems, qu'il paroît que l'on a exactement suivi. Ils sont encadrés dans les murs du paillier découvert, qui est au-dessus de la premiere rempe. Ils ont pour sujet un triomphe de Marc-Aurele.... le sacrifice qu'il offre devant le temple de Jupiter Capitolin... le même Empereur à cheval qui donne des ordres aux Préteurs... Rome qui lui présente le gouvernement de la terre figuré par un globe. On remarquera sur ce même escalier un grand esturgeon de marbre en relief, destiné à un usage singulier : on le prétend renouvellé de l'antique ; il fert de mefure aux poiffons que l'on vend au marché : la tête jufqu'aux premières nageoires de tous ceux qui font de cette grandeur & au-deffus, appartient de tems immémorial au magiftrat de Rome, & on eft obligé de la lui donner ou de la racheter. L'infcription qui eft gravée au-deffus explique parfaitement cet ufage dont l'ignorance même ne peut pas excufer. (*a*)

La falle d'entrée grande & bien proportionnée, eft décorée de peintures à frefque par le cavalier d'*Arpino* : elles repréfentent différens traits de l'hiftoire de Rome naiffante... Romulus & Rémus dans l'inftant où Fauftulus les trouve entre le Palatin & l'Aventin fous le figuier *Ruminalis* ; on voit fa femme Acca Laurentia, qui s'approche pour les tirer de deffous la louve qui les alaite encore... Romulus qui marque avec le foc de la charrue le premier circuit de Rome, (*Roma qua-*

(*a*) *Capita pifcium, Marmoreo fchemate, longitudine majorum, ufque ad primas pinnas inclufive, confervatoribus danto, fraudem ne committito, ignorantia excufari ne credito.*

drata)... l'enlevement des Sabines par les Romains.... l'établissement des Vestales à Rome, & du culte religieux par Numa... le combat des Horaces & des Curiaces... la terrible bataille des Romains avec les Veïens, sous la conduite des rois Tullus-Hostilius & Metius-Suffetius... Toutes ces compositions sont belles, mais le coloris en est si effacé, que l'on ne peut plus juger que du dessein, & du génie de l'auteur, qui s'y font encore remarquer avantageusement. Les statues de Leon X, de Sixte V, en bronze, & d'Urbain VIII, par le cavalier Bernin, (*Majores*) placées sur des piedestaux bien travaillés enrichissent beaucoup cette salle, où on voit aussi le buste en marbre de Christine, reine de Suéde, accompagné d'une très-belle inscription. (*a*)

(*a*) *Christinæ Suecorum, Gothorum & Vandalorum Reginæ. Quod instinctu Divinitatis, Catholicam Fidem regno avito præferens, post adorata SS. Apostolorum limina, & submissam venerationem Alexandro VII. summo Religionis Antistiti exhibitam, de se ipsâ triumphans, in Capitolium ascenderit, Majestatisque Romanæ monumenta, vetustis in ruderi*-

La seconde piéce, peinte à fresque par Thomas *Lauretti* Sicilien, représente la suite de l'histoire Romaine... Mutius Scévola qui se brûle la main en présence de Porsenna, après avoir tué un de ses Officiers qu'il avoit pris pour le Roi... Brutus sur son tribunal qui condamne ses fils à mort, pour avoir conspiré contre la république, & tenté de rétablir les Tarquins sur le thrône... Horatius Cocles qui s'oppose lui seul sur le pont Sublicius au passage des Toscans... la sanglante bataille où le parti des Tarquins fut entiérement défait. Le ton de couleur de ces peintures est plus vigoureux que celui de la piéce précédente, & on s'appercevra sur-tout que cet artiste excelloit à peindre les chevaux. Dans cette salle sont les statues des gonfalonniers ou généraux des armées de l'Eglise ; de

―――――――――――――――

bus admirata, III. *Viros Consulari potestate, & Senatum tecto capite confidentes, Regio honore fuerit persecuta.* VIII *id. Quintil.* An. M. D. C. LV. S. P. Q. R.... On verra dans la suite combien toutes les démarches de cette Reine étoient peu sincéres, & le cas qu'elle faisoit de ces Romains qui l'accabloient de louanges & d'honneurs.

Marc-Antoine Colonne, général des troupes qui étoient sur la flotte qui défit les Turcs à Lepante... d'Alexandre Farnèse, duc de Parme... de Charles Barberin, frere d'Urbain VIII... de François Aldobrandin... de Thomas Rospigliosi. Comme la paix dont jouit l'Etat Ecclésiastique depuis long-tems laisse cette charge absolument sans fonction, elle n'a point été remplie. On y verra encore quelques bustes antiques d'assez bonne maniere, mais qui n'ont rien de merveilleux. C'est dans cette salle qu'est le thrône sur lequel j'ai vu le Prieur & les Conservateurs, recevoir le tribut des Juifs, le samedi avant le carnaval.

La troisieme piéce a pour plus bel ornement la fameuse Louve de bronze qui alaite Romulus & Rémus : elle étoit très-anciennement au Capitole lorsqu'elle fut frappée de la foudre au pied gauche de derriére, le jour même que César fut assassiné ; on voit encore l'écart qu'y fit la foudre, & une petite partie du métal fondue par l'action du feu.... une statue de bronze du berger Marzius qui s'arrache une épine du pied : elle est déja traitée sçavamment, quoiqu'elle ne soit pas encore de ce fini précieux que l'on a admiré depuis dans les artistes Grecs ; on la regarde comme très-ancienne de même que celle du Camille, ou jeune Ministre des sacrifices, qui est une des plus précieuses qui soient à Rome, tant par son antiquité que par la beauté du travail, qui représente exactement ce jeune homme, avec le caractére & les traits sous lesquels Denys d'Halicarnasse a fait connoître ces ministres (a)... un

---

(a) *Camilli, Camillæ*. L'établissement de ces Ministres du culte religieux remonte à la plus haute antiquité de Rome. Romulus voulut que les femmes & leurs maris remplissent les fonctions d'une espéce de Sacerdoce. Si d'autres occupations, pour le service de l'Etat, empêchoient les hommes d'y vaquer, les femmes en restoient chargées, & elles devoient appeller leurs enfans pour partager avec elles l'honneur de ces occupations Il étoit permis à ceux qui n'avoient point d'enfans, de choisir dans quelle Tribu ils jugeoient à propos, un jeune garçon & une jeune fille, les plus beaux qu'il fût possible de trouver, pour les faire servir à ces sacrifices, le garçon, jusqu'à ce qu'il n'eût passé le tems de la puberté ; & la jeune fille, jusqu'à ce qu'elle fût nubile. (Denis d'Halic. *l. 2. Ant. Rom.*)... Ces mêmes Ministres avoient aussi le nom de *Flaminii*, & ils devoient avoir pere & mere vivans.....

buste antique en bronze du conful Junius Brutus, avec les yeux, d'une compofition qui imite le naturel; fingularité qui lui donne l'air le plus auftére; ce bufte eft peut-être unique : on croit qu'il fut fait par l'ordre du fecond Brutus, & placé au Capitole comme une apologie de l'affaffinat de Céfar; on fçait qu'il fit graver fur fes médailles la figure du même Brutus, à ce deffein. Ce bufte eft d'un excellent travail... une frife peinte à frefque par Daniel de Volterre, bien confervée; elle repréfente le triomphe de Marius après la défaite des Cimbres.

La quatrieme piéce eft prefque entiérement revêtue de fragmens des faftes confulaires que le Grammairien Verrius Flaccus avoit mis en ordre fous le regne d'Augufte, & fait placer dans la partie inférieure du Forum; *In inferiore fori parte contra Hemiciclum : in quo faftos à fe ordinatos, & marmoreo parieti incifos publicarat.* Ce monument eft regardé comme l'un des plus précieux qui foient à Rome, & on voit que Verrius l'avoit fait exécuter avec un foin & une forte de magnificence digne du regne d'Augufte. Ce Grammairien qui enfeignoit publiquement, fut choisi par Auguste pour être précepteur de ses petits-fils : il vécut honorablement à la Cour, & mourut fort âgé sous l'empire de Tibére. Il recevoit par an *sestertia centena*; & après sa mort sa statue fut placée dans le Forum, à côté du monument qu'il avoit fait ériger... au-dessus d'une porte, la tête de Mithridate, roi de Pont, en bas relief, plus grand que nature, d'un grand stile... une petite statue de la vestale Rhéa Silvia, de bonne maniere... la Déesse à trois formes, *Triformis*, la Lune, Diane, Hecate ou Proserpine, statue singuliere & très-rare : le fini du travail & la pureté des contours ne permettent pas de douter que ce ne soit un ouvrage grec.

Cinquiéme salle. Deux oies antiques de bronze, placées très-anciennement au Capitole, pour conserver la mémoire de celles qui éveillerent les sentinelles, lorsque les Gaulois, grimpans par la roche Tarpeïenne, cherchoient à s'emparer par surprise de la forteresse. Elles sont plus petites que le naturel, & d'un travail très-agréable....
une grande tête d'Apollon, antique grec, , que l'on regarde comme l'un des plus précieux morceaux qui soient

à Rome.... les bustes de Sapho & de Socrate : ce dernier est d'une vérité qui attache ; on étudie avec plaisir la physionomie du plus sage de tous les hommes, dans un portrait fait par des artistes, qui peut-être l'avoient connu... la Sapho est telle qu'on la représente ordinairement, l'air animé & pensif, quelque chose d'extraordinaire dans les traits qui semble marquer l'enthousiasme.... un très-beau buste de Scipion l'Africain, qui est représenté chauve. On a placé parmi tous ces personnages illustres Michel-Ange, dont le buste de marbre gris porte une tête de bronze ; on retrouve dans son air quelques traits de cette fierté dure & impérieuse dont il semble avoir animé son Moïse de Saint Pierre in vincoli.

Sixiéme piéce, les statues antiques de Virgile & de Cicéron. La tête de la premiere est moderne, & l'artiste a cherché à lui donner cet air tranquille & modeste, & même valétudinaire que l'on dit qu'il avoit : la draperie en est belle ; la seconde est mieux conservée, on voit à la joue gauche le *cicer*, ou verrue qu'avoient tous les gens de cette famille, dont on prétend qu'étoit venu leur surnom ; toutes les deux sont du second rang (*magnæ*)... Hercule en bronze doré, antique d'une belle forme, & d'un travail fini, de taille héroïque (*Majores*). Il tient la massue de la main droite, & des pommes dans la gauche. Il étoit placé, dit-on, sur l'*Ara Maxima*, du *Forum Boarium*. Il a été retrouvé dans cet endroit sous le pontificat de Sixte IV.... un buste grec de Philippe, roi de Macédoine... un Appius Claudius, en marbre rouge... Messaline, grand buste qui paroît très-ressemblant : elle n'est plus jeune, quoiqu'elle conserve encore de la hardiesse & du feu dans les yeux ; elle a toute la physionomie d'une femme sans pudeur, fatiguée, & cependant insatiable dans ses débauches, autant qu'il est permis d'en juger par ses traits, qui paroissoient abbatus & allongés de fatigue : elle avoit les yeux noirs, & le teint gris, absolument décoloré, sans avoir rien de choquant : sa figure n'avoit jamais été belle (*a*). Les frises

―――――――――――――

(*a*) On y reconnoît cette Princesse, qui, suivant Sextus Aurelius.... *Primo clam, mox passim quasi jure adulterii utebatur.......*

de

de cette salle, peintes par Annibal Carrache, sont bien conservées, & représentent les victoires de Scipion. Dans

Dehinc atrocius accensa nobilioresque quasque nuptas ac virgines, scortorum modo secum proposuerat, cunctique mares ut adessent: quod si quis talia horruerat, adficto crimine in ipsum, omnemque familiam sæviebat. Elle avoit acquis l'impunité à force de crimes que toleroit l'imbécile Claude son mari; elle ne se refusoit à aucun excès, à aucun crime, pour satisfaire ses passions effrenées : *Neque femina, amissa pudicitia alia abnuerit.* (*Tacit. l. 4. An.*) Eperdument amoureuse de Caius Silius, le plus beau des jeunes Romains; elle le suivoit partout accompagnée de toute la pompe de son rang, pour le charmer au moins par cet éclat. Elle le força à l'épouser publiquement. . . . . *Idque adeò palam factitatum est, ut sacrificaverit apud Deos, discubuerit inter convivas, oscula, complexus, noctem denique egerit licentiâ conjugali.* (Beroald. *in Sueton*) Narcisse profita de ce comble d'horreur, pour tirer le Prince de son engourdissement, lui faire sentir toutes les conséquences de cette entreprise inouïe. . . . *An dissidium tuum nosti? nam matrimonium Silii vidit populus, & Senatus & miles, ac ni properè agis, tenet urbem maritus.* (Tacit. An. l. 11.) Il donna ordre que l'on mit fin à tant d'horreurs; par la mort violente de celle qui s'y étoit livrée; elle fut tuée dans les jardins de Lucullus, où elle s'étoit

Tome VI.   B

la septieme piéce sont rassemblés plusieurs morceaux antiques fort mutilés, dont le principal est une statue de Cybéle restaurée... une tête de Méduse, telle que les soldats Romains la portoient sur leurs boucliers... Harpocrate ou le Dieu du silence assis, statue Egyptienne, plus curieuse que belle. Dans une de ces salles est un tableau de la Ste Famille, peint par Jules Romain, d'une maniere si semblable à cel-

---

sauvée, par un Tribun de la garde. Et le foible Empereur qui avoit oublié cet ordre, attendoit le soir à son coucher, cette femme, qui, comme le dit Juvenal :

Ausa Palatino, tegetem præferre, cubili
Sumere nocturnos meretrix Augusta cucullos
Linquebat; comite ancilla non amplius una,
Et nigrum, flavo crinem abscondente galero......
Intravit..........
Excepit blanda intrantes, atque æra poposcit.....

. . . .

Et lassata viris, nondum satiata recessit.

Juven. S. 6.

le de Raphaël, & si bien dans son ton de couleur, que si ce tableau n'avoit pas été déposé au Capitole par son Auteur même, où il a été conservé depuis ce tems, on le croiroit absolument de Raphaël.

Le pape Benoît XIV, voulant faire une collection de tableaux qui répondît, autant qu'il seroit possible, à cette riche collection de statues antiques, que l'on formoit depuis quelques années au Capitole, acheta ceux qui étoient dans les palais Sachetti & Pio Carpi ; & fit construire en même tems les deux salles où ils sont placés, & qui tiennent au palais des Conservateurs. Cet ouvrage fut achevé en 1749, ainsi que l'apprend l'inscription placée au-dessus du buste de ce Pape, qui est vis-à-vis de l'entrée de la premiere salle. Ces tableaux, des meilleurs maîtres, sont peu connus : voici ceux que j'ai remarqués avec le plus de satisfaction.... Agar chassée de la maison d'Abraham : il semble voir sur le visage du Patriarche la peine qu'il a de mettre hors de chez lui son fils Ismaël, qui est trop jeune pour sentir la peine où il est, & qui ne s'intéresse qu'aux larmes de sa mere ; par *Francisco Mola* : le ton de couleur est bon, & tient de la seconde manière du Guerchin... l'*Anima Beata*, représentée par un Génie ailé qui quitte la terre, figurée par un globe, pour s'envoler au Paradis. Le deſſein de la figure eſt de la plus grande correction ; ſur ſon viſage brille cette ſérénité, cette douce ſatisfaction que l'on doit éprouver aux approches d'un bonheur inaltérable. Le coloris eſt ſçavant, l'éclat de la gloire qui part d'en-haut, & que l'on ne voit pas, couvre toute la partie ſupérieure de la figure, de manière à ne pas laiſſer paroître ſes couleurs naturelles, qui ſont dans le rayon même de la lumière ; c'eſt une des compoſitions les plus ſçavantes du *Guide* : elle n'a qu'une figure ſeule qui attire toute l'attention ; l'action en eſt très-ſimple, & en même tems très-poëtique... une belle Ste Famille d'un coloris précieux, par le *Titien*.... le triomphe de la Déeſſe Flore, par Nicolas *Pouſſin*, tableau triſte de couleur, mais compoſé avec beaucoup d'eſprit, & bien deſſiné.... la Louve qui alaite les deux enfans, Romulus & Remus. Les Bergers les apperçoivent avec étonnement ; la Louve n'a point l'air féroce, le payſage eſt tel qu'il devoit être, dans l'endroit même où ils furent trouvés : le coloris en est excellent.... l'enlévement des Sabines, l'un des plus beaux tableaux de *Pierre de Cortonne*, d'un coloris vigoureux, où les passions sont exprimées avec une vérité étonnante ; les figures de femme sont belles & intéressantes ; c'est une très-grande machine, où il y a beaucoup de mouvement, & point de confusion... Loth & ses filles dans la grotte... Bethsabée dans le bain, deux tableaux charmans du jeune *Palma*, d'une grande fraîcheur de coloris, & où on trouve tout l'agrément de l'école de Vénise.... David qui vient de couper la tête à Goliath, tableau assez fiérement composé, & de belle couleur, par le *Romanelli*, éleve de Pierre de Cortonne... une Vierge qui adore l'enfant Jesus, avec deux Anges qui l'accompagnent : elle est à genoux & de grandeur naturelle, le dessein en est exact, l'expression noble, & le coloris très-beau, du même ton à peu près que celui du rapt des Sabines, par *Pierre de Cortone*... St Sébastien & St Jérôme, deux tableaux du *Guide*, de la seconde maniere... Ste Cécile, avec des instrumens de musique : elle tient un papier, & semble

B iij

marquer la mesure d'un air qu'elle chante, tableau agréable & bien peint, par le *Romanelli*.... un Sposalitio de Ste Catherine, petit tableau précieux du *Correge*, il est conservé sous une glace... une Ste famille & Ste Catherine de *Benvenuto Garofoli*, d'un coloris digne du Correge qu'il a très-bien imité, & peut-être copié.... le repas chez Simon le Pharisien, grande mignature, par Madame *Subleiras*, remarquable par la correction du dessein & la force de l'expression, elle n'est pas pointillée, mais à traits... la Sibylle persique, du *Guerchin*, figure fiere, & en même tems agréable, vigoureusement peinte.... Ste Hélene, avec un Ange qui soutient la Croix à côté d'elle. La figure principale est belle, noble & très-richement habillée, l'enfant est charmant; ce tableau est du bon tems de *Paul Veronése*, on connoît son coloris & ses graces dans l'expression... une Ste famille & Ste Elisabeth, qui présente le petit St Jean, bon tableau de *Mignard*... *Omnia Vanitas*, tableau allégorique du Titien. Les richesses y sont représentées par une corne, d'où sortent des bijoux, & des piéces d'or; la puissance par un sceptre & une couronne ; le plaisir par une femme couchée sur un drap blanc qui regarde au ciel : elle est aussi belle & aussi gracieuse que la Vénus, & si intéressante, qu'il paroît bien difficile de lui dire, *Omnia vanitas.* Il composa, sans doute, ce tableau de *Pierre de Cortonne*, mais fort noirci... les trois Graces... Dalila qui persuade Samson de se laisser couper les cheveux; deux tableaux très-gracieux, du jeune *Palma....* le triomphe de Bacchus, par P. *de Cortone*, très-beau de couleur... la vente de Joseph aux Marchands Phéniciens, belle & sage composition de P. *Testa...* une Ste famille du *Giorgion*, très-bien dessinée, & d'un excellent ton de couleur.

Dans la seconde salle, une boutique de Chaudronnier, l'un des plus grands & des plus beaux *bassans* qu'il soit possible de voir... une Annonciation par *Carcellino* de Ferrare, grand tableau où l'étonnement de la Vierge est bien rendu, elle répond sans voir l'Ange, elle est au premier instant, & n'est point encore rassurée du trouble qu'elle a éprouvé. Cette idée rend le tableau piquant & neuf, il est d'une belle couleur, & richement composé... une

B iv

sainte famille, saint Jérôme & sainte Catherine sur le devant, très-beau, du *Calvart*, maître du Guide... la femme adultere, composition où l'on retrouve le génie, & le beau coloris d'*André del Sarte*, mais elle n'est pas achevée... le massacre des Innocens, tableau que l'on dit d'un peintre Flamand, qui tient un peu de la maniere de Rubens, dans lequel la crainte, la douleur, le désespoir, la rage sont peintes de plusieurs façons différentes; il y a beaucoup d'esprit & de mouvement dans cette composition, qui peut servir d'étude... Cléopatre & Octave, par le *Guerchin*, beau de couleur & de dessein, & d'une expression aussi spirituelle que vraie; Cléopatre négligemment vêtue & cependant avec art, est à genoux & demande grace, mais en même tems elle est occupée du soin de faire valoir sa beauté, qui n'a plus sa premiere fleur, & qui ne touche pas Octave, dont la figure est fort noble, & qui paroît redouter les charmes de cette femme artificieuse & séduisante. Les figures sont de grandeur naturelle (a)... une Sibylle, par le *Domiquin*,

_____

(a) Dion Cassius, *Hist. Rom. l.* 51, est

de grandeur naturelle, le coloris, le dessein & l'expression en sont très-beaux... la *Zinguna*, qui dit la bon-

---

entré dans les détails de cette entrevue de Cléopatre & d'Octave, d'une maniere à faire croire qu'il en étoit bien instruit: elle demanda, dit-il, une conférence avec César, qu'elle obtint du Vainqueur, qui vouloit la tromper en la flattant, & la réserver à son triomphe: *Tùm Cleopatra.... se ipsam cultu quàm maximè abjecto adornavit, nam habitus eam lugubris mirè decebat; ac in sella consedit..... Ingredienté Cæsare pudore suffusa exiluit, & Salve, inquit, ô Domine! Hoc enim nomen mihi ademptum, Dii tibi tribuerunt.....* Elle pleura en regardant le portrait de César & ses lettres: elle se plaignit de n'être pas morte avant lui; puis se tournant du côté d'Octave; Mais ne vous revois-je pas encore dans la personne de mon vainqueur: *Atqui quum hunc habeo, te quoque habeo.....* Elle accompagnoit ces paroles du ton le plus touchant, des gestes & des regards les plus expressifs; mais Octave feignant de ne pas s'appercevoir du projet qu'avoit formé Cléopatre de le séduire, ayant les yeux fixés en terre; se contenta de lui répondre.... *Bono animo esto, mulier, nihil enim mali patieris.....* A cette réponse & à toute l'indifférence marquée d'Octave, Cléopatre pénétrée de douleur, n'ayant plus d'espérance de réussir; voyant qu'il ne lui parloit ni de son Royaume, ni de sa beauté, se jette à ses pieds, & lui dit en sanglotant: *Vivere quidem*, ô

B v

ne aventure à un soldat, par *Michel-Ange de Caravane* : le coloris est dur, & les ombres tranchantes, comme dans tous les ouvrages de ce Maître, qui dessinoit bien, & donnoit beaucoup d'expression à ses figures... le mauvais riche à table, du cavalier *del Caïro*, Milanois : sujet traité agréablement, richement composé, & très-beau de couleur & de dessein... Jesus couronné d'épines, de grandeur naturelle, vu jusqu'aux genoux : le coloris en est vigoureux & très-bon, & l'expression sage & très-conforme au sujet, par le *Tintoret*.

La bataille d'Arbelle, par P. de *Cortone*. Ce tableau est magnifique ; la composition annonce le génie le plus riche & le plus heureux. L'idée en est la même que celle du tableau de *Le Brun*, sur le même sujet. La figure d'Alexandre, le cheval, le grouppe qui l'environne,

---

Cæsar, neque volo, neque possum.....
Projet qu'elle exécuta avec autant de fermeté & de grandeur d'ame, que d'adresse pour se soustraire aux gens de César qui l'observoient continuellement...... Tel est le sujet du beau tableau dont je parle, & qui est excellemment rendu.

tout ce grand mouvement que l'on admire, ce jeune homme effraié qui fuit, & qui est si remarquable ; l'aigle même qui vole au-dessus de la tête d'Alexandre ; toute cette moitié est absolument semblable. Il y a quelque différence dans l'autre ; Le Brun fait fuir Darius, & son char est tourné : ici il n'est qu'effrayé, & il semble vouloir encore combattre ; mais le char est le même, & la figure du Darius absolument pareille. Le Brun a placé dans son tableau quelques-uns de ces Ghébres descendans de Zoroastre, avec le symbole du soleil qu'ils adoroient sur la tête, ce que n'a pas fait P. de Cortone. Il est certain que le premier tableau fait, a servi de modèle au second, qui n'en est qu'une copie peu déguisée. Celui-ci moins grand que celui de Le Brun, est bien conservé & de belle couleur...

L'enlévement d'Europe, par P. *Veronese*, grand tableau fort inférieur à celui que l'on voit dans la salle du collége à Vénise, sur le même sujet, & par le même maître... un Ange qui présente St François à la Madone, fini & gracieux, on le dit d'un des *Carraches* : il est certainement de l'école de Bologne... un petit St Jean du

Parmegianino : le coloris en eſt admirable & précieux, comme celui du Correge... un grand tableau de *Luc Jordan*, qui repréſente le frapement du rocher, de très-belle compoſition & bien peint... la femme adultére : ce tableau eſt ſi ſagement compoſé, que les uns le diſent de *Raphaël*, les autres de *Gaudentio* de Ferrare.... la fortune, tableau du *Guide*, qui ſemble avoir été compoſé pour ſervir de pendant à l'*Anima Beata*; c'eſt le même goût de deſſein, & le même ton de couleur... un St Jérôme couché, qui s'éveille au ſon de la trompette, magnifique tableau du *Guerchin*, & d'une expreſſion ſublime... un couronnement d'épines, vu à la lumière d'une chandelle; on le dit de Jacques *Baſſan*, en ce cas il eſt de ſon meilleur tems; l'effet de lumiere y eſt traité avec beaucoup d'intelligence.

Le pape Benoît XIV, en même tems qu'il forma cette collection, établit une école de deſſein ſur le nud, & aſſigna des fonds pour les prix qui devoient être diſtribués aux jeunes éleves, & pour les honoraires du profeſſeur tiré de l'académie de S. Luc, qui préſide à leurs travaux. Ils ont la permiſſion de venir copier, dans les deux salles, les tableaux, qui sont de leur goût, & il y a un garde payé exprès pour les fermer & ouvrir, & empêcher sur-tout qu'on n'applique des papiers huilés sur les tableaux, pour en copier le dessein plus exactement...

Le troisieme bâtiment du Capitole moderne, situé vis-à-vis celui des Conservateurs, est du même ordre d'architecture. Il paroît uniquement destiné à renfermer les monumens antiques qui peuvent servir à l'histoire Romaine & à celle des arts; tels qu'inscriptions, bas reliefs, statues historiques, autels, tombeaux, idoles Egyptiennes, qui y sont en assez grand nombre, & de la plus belle conservation. Une suite nombreuse & riche de bustes & de statues Romaines & Grecques, bien conservées, rangées dans un bel ordre, & tenues avec autant de propreté que de soin.

Cette collection a été commencée par le pape Innocent X, continuée par Clément XII, perfectionnée & augmentée considérablement par Benoît XIV. Plusieurs Cardinaux y ont contribué, en y faisant placer des antiques dignes d'être conservés dans ce dépôt public;

une inscription placée au bas de chaque statue conserve la mémoire du bienfaiteur qui l'a donnée : on peut dire que c'est actuellement la collection la plus nombreuse, & la plus riche qui existe dans l'Univers, sur-tout si on y a mis les deux Centaures qui appartenoient au cardinal Furietti, & qui sembloient y manquer. Je n'entreprendrai pas d'en donner une description détaillée, elle seroit peut-être fastidieuse. Elle a été imprimée à Rome en 1750, en italien.

Je me contenterai de donner une idée de leur distribution...

Vis-à-vis la porte d'entrée on voit dans une niche la statue colossale d'un fleuve, couché & appuyé sur son urne; on voit que c'est la figure du Rhin : c'est la même que le peuple appelloit *Marforio*, lorsqu'elle servoit d'ornement à une fontaine du Campo Vaccino, auprès de l'église de Santa Martina, & qui étoit en conversation réglée avec *Pasquin*. Sous le vestibule est une grande urne antique, qui a servi de tombeau à Alexandre Severe & à Julia Mammea ; il est enrichi de bas-reliefs d'un excellent travail, mais ce qu'il a de plus curieux est que l'on voit sur le couvercle, leurs statues couchées, ce qui est fort rare dans ces sortes de monumens antiques... au bas de l'escalier à main droite, la statue de Pyrrhus, roi d'Epire, trouvée sur le mont Aventin, & la seule que l'on connoisse. Les murailles sont revêtues de bas-reliefs & d'inscriptions antiques, entre lesquelles le plan de Rome ancienne est gravé sur plusieurs tables ; on y voit aussi les mesures en usage à Rome.

Le vestibule ou chambre appellé *il Canopo*, est remplie d'idoles Egyptiennes, presque toutes trouvées dans ce XVIII siécle, dans les ruines qui sont aux environs de Tivoli; toutes bien conservées, & plus curieuses par la richesse des marbres dont elles sont faites, & leur singularité, que par la beauté de leur forme : ce sont des Isis, des Osiris & Anubis, à tête de vache, de taureau & de chien, avec la fleur Lotos sur la tête, ou les instrumens qui servoient à mesurer les eaux du Nil.

Aux côtés de la porte principale de la galerie, sont les statues de Jupiter foudroyant, & d'Esculape, toutes deux de marbre noir antique, & du plus beau travail : la premiere piéce appellée Chambre du Vase, d'un grand vase antique de marbre blanc, du plus beau travail, & d'une forme très-élégante, placé au milieu sur un autel antique chargé d'un bas-relief, où sont représentées douze Divinités différentes. On y voit une collection considérable de vases & d'urnes antiques de porphyre, d'albâtre & de marbre d'un très-beau travail.

La seconde chambre, dite d'Hercule, de la belle statue de ce Héros qui tue l'hydre; j'y ai remarqué une vieille Menade assise, qui tient entre ses jambes un vase orné de pampres, & qui peut à peine soutenir sa tête tant elle est ivre: cette figure, d'un travail grec, est de l'expression la plus vraie... un chasseur, plus grand que nature, qui tient un lièvre vivant..... une Dame Romaine assise, que l'on croit être Agrippine, femme de Germanicus... deux figures couchées sur des lits de repos... une statue de Diane d'Ephèse avec la tête, les mains & les pieds de marbre noir d'Egypte: c'est la *Diana Polimamma*.

La grande salle est d'une magnificence à laquelle on ne peut rien comparer en ce genre: elle est ornée de vingt-six statues antiques du plus beau choix, posées sur des piédestaux, & de plusieurs bustes placés sur une corniche saillante, qui regne autour. Parmi les statues qui sont au milieu, on ne se lasse pas d'admirer le Gladiateur mourant : il paroît se soutenir à peine, appuyé sur ses genoux & sur une main, les forces lui manquent, & quand on l'a considéré quelque tems, on s'attend à le voir expirer de la douleur que lui cause la profonde blessure qu'il a au flanc ; l'autre Gladiateur tombant est d'une beauté rare, mais il intéresse moins, & l'expression n'en est pas si frapante. Parmi les autres : la déesse Hygia ou de la Santé, tout-à-fait semblable à celle qui est dans la gallerie de Florence... la fameuse Flora d'un travail excellent, & rendue avec tous ses agrémens... une belle Léda... la statue colossale en bronze d'Innocent X, par l'*Algardi*, & celle de Clement XII, en marbre blanc, par Pietro *Bracci*.

La chambre des Philosophes où sont rassemblés & placés sur des gradins, cent vingt-deux bustes ou têtes antiques de Philosophes, Poëtes & Orateurs Grecs & Romains. A la tête est la statue antique de Zenon. On a enrichi cette chambre de bas-reliefs, & de quelques

Arabesques antiques, tirés du temple de Neptune, dont on voit les restes & l'emplacement à St Laurent hors des murs.

La chambre des Empereurs, où sont les bustes antiques des Empereurs, Impératrices, Princes & hommes illustres qui ont vécu de leur tems. La suite en est nombreuse, & d'un beau choix.

De-là on entre dans une gallerie ou corridor étroit, tourné au levant, également orné d'une quantité de statues, bas-reliefs, & autres monumens antiques (*a*).

(*a*) C'est-là où l'on voit sur de grandes tables de bronze la fameuse Loi royale, qui est le monument le plus frappant de la servitude & de l'avilissement où étoient tombés les Romains, sous les Empereurs: il est permis par cette Loi à Vespasien, en faveur duquel elle fut renouvellée, de déroger à tous les Plebiscites, *Senatus consultes*, Loix des Empereurs précédens; enfin sa puissance absolue & arbitraire est reconnue dans les termes les plus solemnels & les plus clairs. Cette Loi fut portée d'abord en faveur d'Auguste, auquel il fut accordé, dit Dion Cassius, *ut Legibus solutus esset, quod nulli veterum Romanorum plane & palam datum est.* On doit regarder cette Loi comme la premiere cause des excès où se porterent les Empereurs,

Enfin on arrive à la chambre appellée des Mélanges, formée en entier par Benoît. XIV, où sont des monumens antiques de toute espèce, en bronze, en marbres, en albâtres : cette collection admirable est faite pour donner la plus grande idée des artistes de ces tems reculés : leurs ouvrages en bronze étoient jettés avec le plus grand soin, & recherchés ensuite avec une délicatesse & un art infini. Que de précision dans leurs desseins, que de graces dans leurs compositions ! Il y a un trepied antique grec, de bronze, qui se plie & qui peut se porter très-commodément sous le bras ; les ornemens, quoique multi-

---

que les Historiens Romains eux-mêmes, qualifient de monstres..... Caligula ne répondit-il pas à Antonia son aïeule, qui lui faisoit quelques reproches sur les crimes auxquels il s'abandonnoit..... *Memento omnia mihi & in omnes licere*..... (Suet. in Calig.) Que pouvoient se refuser des Souverains dont toutes les volontés, tous les ordres, toutes les actions étoient regardées comme aussi justes, que si elles avoient été approuvées unanimement par le Peuple & le Sénat. *Ea perindè justa rataque sint, ac si Populi plebisve jussu acta essent.* Ce sont les termes même de la Loi.

pliés, font finis admirablement, & entiérement confervés. Le vernis que le tems donne à ces fortes d'ouvrages eft fi léger, qu'il n'empêche pas d'en voir les parties les plus délicates, & leurs bronzes étoient d'une qualité bien fupérieure à ceux que l'on a depuis mis en œuvre : les marbres même ont acquis, avec le tems, une forte de couleur, qui femble avoir augmenté le degré d'expreffion dont ils étoient fufceptibles ; c'eft ce que l'on appelle *Patina*, & qui rend l'état des marbres antiques bien fupérieur à la blancheur & au poli des marbres modernes (*a*).

(*a*) Parmi les Autels antiques de cette collection, j'en ai remarqué un de forme ronde, armé à la partie antérieure d'une petite proue de vaiffeau avec la figure d'Eole ; & cette infcription antique, *Ara venti* : ce qui prouve que les Anciens leur rendoient un culte folemnel. Ils les regardoient comme des efprits meffagers des Dieux, chargés de leur porter les vœux & les prieres des Mortels.

O quoties & quæ nobis Galathea locuta eft!
Partem aliquam, venti, divûm referatis ad
    aures. . . . .
                            Virgil. Eglog. 3.

Ces trois bâtimens dont j'ai parlé, composent le Capitole moderne appellé aujourd'hui *il Campidoglio* ; mais ils n'occupent pas à beaucoup près toute l'étendue du mont Capitolin. Derriére les bâtimens des Conservateurs à droi-

---

Les Dieux recevoient ainsi les hommages & les supplications, au moins, c'etoit l'idée & l'espérance des Anciens.....

Detulit aura preces, ad me non invida blandas.....

    Ovid. Met. l. 10.....

Les vœux & les prieres qui n'avoient pas leur accomplissement, étoient sensées avoir été dissipées & anéanties, par les vents, ou portées dans des régions si éloignées, que l'effet ne pouvoit plus en revenir à celui qui les avoit formées.....

   .... *Pulcher Iulus,*
Anta annos animumque gerens, curamque virilem,
Multa patri partanda dabat mandata: sed auræ
Omnia discerpunt, & nubibus irrita donant. . . .

    Virg. Enéid. 9.....

te, sont plusieurs maisons occupées par des particuliers : ce terrein est fort élevé, c'étoit anciennement la partie la plus fortifiée du Capitole, celle où les Gaulois ne purent pas entrer. En avançant du côté du midi, on arrive sur le bord de la roche Tarpeïenne, d'où on précipitoit les coupables, dans l'abysme qui étoit au-dessous. Quoique le précipice soit comblé, que l'on ait bâti dans son emplacement, cette roche a conservé son même état d'escarpement, & est encore assez élevée pour croire que ce seroit un supplice mortel d'être jetté du haut en bas. Autour de cette roche serpente un petit escalier de pierre qui descend du Capitole au bord du fleuve, & qui est de construction antique.

Au levant, derriére la galerie des statues, est l'église d'*Ara-Cœli*, & le couvent des *Zoccolanti*, bâti sur le même terrein où étoit autrefois le célèbre temple de Jupiter Capitolin, que l'on dit avoir eu deux cents pieds de diamètre, avec un portique soutenu de plusieurs rangs de colonnes dans le goût de celui du Panthéon : il étoit précedé d'une cour ou *atrio* découvert, formé par un grand ordre de colonnes qui portoient une architrave sous laquelle étoient

ROME. II. PART. 47

placées quantité de statues ; c'étoit-là que se faisoient les repas solemnels des Triomphateurs, après qu'ils avoient sacrifié à Jupiter dans son temple (*a*).

(*a*) On trouve partout des descriptions de l'ordre qui s'observoit dans les marches triomphales, les peintures, les bas-reliefs & les gravures instruisent assez à ce sujet ; mais ce qui est moins connu, & ce qui mérite autant de l'être que tout le spectacle extérieur de cette pompe, c'est l'esprit de religion qui y avoit donné lieu, & la Formule de prieres que le Triomphateur lui-même adressoit aux Dieux ; rien à mon gré ne marque mieux le grand sens des Romains, & cette vertu fondamentale, qui les éleva si haut. Le Triomphateur en montant sur son char, invoquoit les Dieux en ces termes :

Dii, nutu & imperio quorum, nata est & aucta Res Rom, eandem placati, propitiatque servate.

Rien n'est plus noble & plus simple que cette invocation, qui se faisant publiquement & à haute voix, rapportoit le premier honneur du triomphe à cette puissance invisible, qui avoit élevé l'Empire Romain, & le soutenoit dans son état de grandeur.

La priere que le Triomphateur adressoit à Jupiter, & aux Dieux protecteurs du Capitole, lorsqu'il étoit arrivé dans son temple, n'est pas moins remarquable :

Il ne reste rien de ces antiques monumens, que les *Substructiones* dont j'ai parlé. De cette multitude de temples qui couvroient cette montagne, dont plusieurs étoient consacrés à Jupiter, à Junon, à Minerve, deux à Venus, trois à la Fortune, un à Saturne, trois aux Divinités Egyptiennes, il n'y en a plus aucun vestige. Il est vrai que les uns & les autres furent détruits dans le tems de la republique sous la dictature de Sylla, & pendant les guerres civiles d'Othon & de Vitellius; mais ils étoient aussitôt réparés, & s'élevoient de leurs ruines avec une nouvelle magnificence. On travailloit encore à l'embellir de nouveaux édifices dans le troisieme siécle de l'ére chrétienne, on y avoit fait

---

Gratias tibi, Jupiter optume, Maxume, tibique Junoni Reginæ, & cæteris hujus custodibus, habitatoribusque arcis, Diis, lubens latusque ago, Re Romana in hunc diem & horam, per manus, quod voluistis meas, servata, bene gestaque, eandem & servate, ut facitis, fovete; protegite propitiati, supplex oro.

Ensuite on immoloit les victimes, & la pompe étoit terminée par le festin solennel qui étoit servi dans l'Atrio du Temple.

bâtir

bâtir une école, *Athænæum*, décorée de portiques & de colonnades. On travailloit alors avec solidité: les bonnes régles de l'art n'étoient pas hors d'usage. Cependant deux siécles après, il ne restoit rien de toutes ces grandes constructions : les Goths s'étoient emparés de Rome, & ces peuples d'une barbarie & d'une ignorance incompréhensibles, détruisirent exprès tous ces monumens de la grandeur Romaine, au point que du tems de saint Jérôme, le Capitole n'étoit plus qu'un amas de ruines.

Il en est sorti avec un nouvel éclat, qu'il doit aux papes ses souverains actuels, & qui ont pris le vrai moyen de lui conserver quelque chose de ce respect dont il jouissoit autrefois, en y rassemblant cette quantité de chefs-d'œuvres antiques, qui décoroient l'ancienne Rome, & que l'on doit regarder encore comme la richesse & l'ornement de la nouvelle.

Flaminius Vacca, cité par le P. de Montfaucon, dans son Journal d'Italie, prétend que très-anciennement il y avoit un chemin ouvert dans la base même de la montagne du Capitole, dont les ouvertures étoient l'une auprès de l'arc de Septime, & l'autre à l'endroit où commence le grand escalier d'*Aracœli*; il n'est pas possible de découvrir aucun vestige de ce passage à l'extérieur, ni de dire dans quel tems il a été comblé; ce que l'on sçait, c'est que par-tout où l'on fouille dans cette montagne, on y trouve des preuves de l'exhaussement de son terrein, par la grande quantité de marbres brisés, de différentes qualités que l'on y trouve fort profondément. Le même Flaminius Vacca dit encore qu'il a vû des restes de puits creusés à la plus grande profondeur, dans le tuf de cette montagne, & dans différens sens, non-seulement pour avoir de l'eau pendant les premiers siéges qu'eut à souffrir cette forteresse des Romains; mais encore pour prévenir les effets désastreux des tremblemens de terre, qu'ils supposoient sans doute être occasionnés par une trop grande quantité d'air comprimée dans les cavités intérieures. Ne pourroit-on pas renouveller cette ancienne expérience, dans les pays qui en ont été désolés, & qui les redoutent encore ?

Un autre auteur anonyme rapporte une plaisante histoire des statues qui étoient au palais du Capitole, il dit qu'il y en avoit autant que de provinces dans le monde ; que chacune avoit une sonnette ou une cloche au cou, tellement disposée par une art magique, qu'aussitôt qu'une province étrangère prenoit les armes & se révoltoit contre l'empire Romain, la cloche qui étoit au cou de la statue de la province, la plus exposée à cette entreprise, sonnoit, & la statue elle-même se tournoit du côté de son ennemie pour lui faire face. Je ne dis rien sur le cas que l'on doit faire d'un pareil conte, imaginé daus le treiziéme siécle.

Que l'on ne conclue rien de la beauté ou de l'importance des palais de Rome, dont je vais parler par l'ordre où ils sont placés, je ne les cite point par rapport à leur grandeur & à leur situation, ou au tems auquel ils ont été bâtis. Je n'ai d'autre intention que de rapporter ce que j'y ai remarqué de plus curieux, soit en peinture soit en sculpture, d'après les notes que j'ai faites en les visitant...

2. *Monte-Cavallo* ou *Quirinale*, sur lequel est situé le palais qu'habite ordinairement le Pape, a pour principale décoration deux chevaux antiques de taille colossale, tenus chacun par un jeune homme qui a l'air vigoureux & Palais du Pape à Monte-Cavallo.

noble. L'un & l'autre servoient à décorer les Thermes de Constantin, qui étoient dans ce voisinage, d'où le pape Sixte V les fit enlever pour les placer devant son palais. Ils y sont très à leur avantage, dans un des endroits les plus élevés de la ville, où on peut les examiner à son aise, & en sentir la beauté, l'attention n'étant point partagée par d'autres monumens du même genre. On attribue ces deux grouppes l'un à Phidias, l'autre à Praxiteles; & on dit que l'un & l'autre représentent Alexandre le Grand domptant Bucéphale : s'ils sont de ces deux célèbres artistes, ils ne peuvent pas représenter Alexandre; ils vivoient l'un & l'autre bien avant que ce prince fût né : on n'a imaginé dans la suite des tems de les faire passer sous ces noms, que pour les annoblir d'avantage, quoiqu'ils fussent d'assez bons artistes, pour qu'il ne fût pas nécessaire de recourir à cette supposition. Mais du tems même d'Auguste, lorsque les arts étoient à Rome dans tout leur éclat, d'habiles ouvriers se plaisoient à graver sur leurs productions le nom des artistes les plus célèbres de l'ancienne Gréce, ainsi que nous l'apprend Phédre, pour leur donner dans la postérité une réputation plus brillante, tant le respect pour l'antiquité la plus éloignée a toujours été bien établi & souvent au préjudice du siécle présent (*a*)...

D'après cette autorité que l'on ne peut révoquer en doute, il n'est pas étonnant que dans les siécles d'ignorance qui ont suivi, on ait continué à donner ces ouvrages à Phidias & à Praxitèles, parce que ces noms antiques étoient gravés au bas de ces ouvrages.

Ils m'ont paru très beaux, d'un grand stile, & dans le goût grec, mais ils n'ont rien au-dessus de quantité d'autres ouvrages de ce genre, faits à Rome depuis que les beaux arts & les artistes de la Gréce y eurent passé : qui pourroit même dire que Phédre ne les a pas eus en vue dans le passage que

───────────────────

(*a*) *Ut quidam artifices, nostro faciunt sæ-culo,*
Qui pretium operibus, majus inveniunt, novo
Si marmori adscripserunt Praxitelem suo,
Mironem argento.....

Phéd. Prol. l. 5. Fab.

j'ai cité plus haut ? La magnificence y étoit alors à un assez haut point, pour que quelque riche Romain eût fait décorer l'entrée d'un manége de ces deux statues dont il me paroît que ce devoit être la destination la plus naturelle, d'où Constantin peut les avoir fait tirer pour les placer dans ses bains.

J'ai déja parlé du palais du Pape à Monte-Cavailo, vis-à-vis est le palais de la Consulte, édifice élevé dans ce siécle sous le pontificat de Clement XII. L'architecture en est brillante & fort ornée, dans le goût de toutes les constructions modernes de Rome ; cependant elle ne nuit point à la beauté solide & majestueuse du palais Pontifical, dont la vaste étendue annonce le séjour d'un Souverain, tandis que l'autre, à sa décoration près, n'a rien de plus frapant & de plus vaste que quantité d'autres grandes maisons de Rome. Le sécretaire des brefs & celui de la Consulte y ont leur logement au premier étage ; le reste est occupé par les chevaux légers de la garde & les cuirassiers...

Palais Colonne.

3. *Palais du Connétable Colonne.* La galerie, par rapport à sa construction, à sa grandeur, & à la noblesse du

goût dont elle est décorée, est la plus magnifique de Rome, elle a environ 160 pieds de longueur sur 36 de largeur. Aux deux extrémités sont des salons ou portiques séparés de la galerie par un grand arc ouvert dans toute sa largeur, soutenu par des colonnes de jaune antique & des pilastres de même, avec des trophées d'armes de la maison. Le plafond est très-bien peint, & a pour sujet la bataille de Lépante, où Marc-Antoine Colonne, Gonfalonnier de l'Eglise, commandoit les troupes de débarquement.

Cette galerie est ornée des tableaux des plus grands maîtres, presque tous de la plus belle conservation, parmi lesquels une Madone avec l'enfant & le petit St Jean; St Pierre, St Paul & deux Saintes, de la premiere maniere de *Raphaël*, mais admirable pour la composition, le dessein & l'expression, & dont le couleurs sont encore très-fraiches... Hérodiade, grand tableau du *Guide*, on y reconnoît son faire d'une façon à ne s'y pas méprendre; mais tout n'y est pas peint de la même force, ni du même ton: on y voit ses deux manieres, la seconde & la troisiéme qui étoit la plus foible de toutes, & il semble que ce tableau ne soit pas achevé... Venus & l'Amour de *Paul Veronese*, de grandeur naturelle, bien dessiné, du plus beau coloris & d'une expression ravissante... la Vierge, l'Enfant, sainte Catherine sur le devant avec St Jérôme & St Augustin, tableau admirable du *Parmegianino*, parfaitement dessiné, & si beau de couleur & d'expression, que si cet artiste eût toujours travaillé avec cette force, il se fût mis au rang du Correge, auquel il l'eût disputé; il semble avoir été fait pour être mis en comparaison, & l'emporter, s'il étoit possible, sur le fameux tableau du Correge, qui est conservé à la galerie de Parme... le sacrifice de César, grande & belle composition de *Carlo Moratti*.... une Assomption de *Rubens*, petites figures d'un pied de proportion... une bacchanale du même, que l'on voit avec plaisir, & qui ne perdent rien de leur prix, au milieu des chefs-d'œuvres des maîtres de l'Italie... un grand & magnifique tableau de *Guerchin*, qui représente le Christ mort, & la Vierge qui s'en approche avec toutes les marques de la plus vive douleur. Le coloris & l'expression y sont à un haut dégré de perfection, de même que dans le martyre de sainte Cecile, autre grand tableau de ce maître.... un *Ecce Homo* de l'*Albane*, précieux par la beauté du coloris, & la vérité de l'expression.. une famille sainte, St Jean & Ste Elisabeth, par le *Salivari* : on voit peu de tableaux de ce Maître, qui dessinoit bien, & donnoit une expression très-vive à ses figures..... une peste, par le *Poussin*, d'un excellent ton de couleur, ce que n'avoit pas toujours cet Artiste, si sçavant dans toutes les autres parties de son art... une sainte famille d'*André Delsarto*, du plus beau de ce maître.

On entre de-là dans un très-grand jardin, formé de différentes terrasses, qui s'étendent du couchant au levant. A une des extrémités au couchant, on voit les restes tout-à-fait dégradés d'un bâtiment antique que l'on croit avoir fait partie des bains de Constantin. Dans le bois qui est au-dessus, planté de sapins, de lauriers & d'autres arbres toujours verds, sont des quartiers de marbre d'une grosseur prodigieuse, où l'on remarque quelques ornemens de l'ordre Corinthien : on prétend que ce sont les restes d'un temple élevé au Soleil, par Aurélien, après qu'il eut vaincu la célébre Zénobie, Reine des Palmiréniens : c'est d'un bloc de marbre semblable & tiré de cet endroit, que l'on a fait le piédestal du Marc-Aurele du Capitole. Il a fallu de belles machines, pour transporter ces marbres du Tibre jusque sur cette montagne, & les élever ensuite sur des colonnes, car il paroît qu'ils ont été employés dans des architraves.

<small>Palais Rospigliosi.</small> 4 Palais *Rospigliosi*, qui appartenoit autrefois aux Mazarins, est dans une situation agréable & ouverte sur le Quirinal. Au fond d'un jardin décoré de belles eaux, est une galerie peinte à fresque; le plafond a pour sujet l'Aurore, célébre tableau du *Guide*. On voit dans cette composition, combien la peinture peut prêter à la poësie, quand le pinceau est entre les mains d'un homme aimable, qui sçait rendre ses idées sensibles. Les trois parties, l'aube, l'aurore & le matin, sont figurées dans le tableau. L'aube, par l'amour qui tient une torche allumée, figure de l'étoile du matin, que l'on sçait être si brillante au point du jour... l'aurore par une jeune femme dans les nues, dont la tête sort d'un voile, & qui répand des fleurs... le matin par Appollon dans son char tiré par des chevaux vifs & ardents, qui chassent les nuages devant eux, & qui font succéder une lu-

miere éblouissante à la lueur incertaine de l'aube & de l'aurore... le char est entourré des heures qui forment une danse. Le *Tempesta* a peint deux frises de cette galerie : dans l'une, il a représenté le triomphe de l'amour, qui a subjugué toutes les nations & tous les âges : cette peinture est traitée dans le goût des bas-reliefs, parfaitement dessinée, & d'un coloris fort gracieux; l'autre est un triomphe dans le costume asiatique... Les quatre paysages à fresque, sont de *Paul Brill* : on y retrouve l'élégance & le fini de ses meilleurs tableaux.

Les deux salons qui accompagnent cette galerie, sont meublés de tableaux de prix, parmi lesquels, Samson qui renverse les colonnes de la salle où sont assemblés les chefs des Philistins, à un festin solemnel ; le Samson est de taille héroïque. L'étonnement & l'effroi que dût causer un désastre si peu attendu, y sont exprimés avec force, la table est culbutée : les uns sont écrasés, les autres à l'instant de l'être ; Samson soutient encore une partie de la colonne à laquelle il est attaché, mais le dessus de la voûte se détache & va l'accabler.... e triomphe de David, après avoir vaincu Goliath. Le jeune Héros rapporte la tête du géant ; il a l'air modeste & toutes les graces de la jeunesse ; les filles de Sion chantent devant lui, & jouent de divers instrumens; dans le fond est Michol sur un balcon, avec ses femmes : Saül est placé sur le devant du tableau, on voit que la jalousie sombre s'empare de son cœur, & qu'il est plus irrité des chants d'allégresse des jeunes filles, que satisfait de la victoire de David : la composition en est vraie & fort sage : ces deux tableaux du *Dominiquin*, sont très-grands, & du plus beau coloris... Sophonisbe qui s'empoisonne pour n'être pas conduite prisonniere à Rome : elle est entourée de sa Cour, qui est dans l'affliction; & on remarque dans toute sa physionomie les progrès du poison qu'elle vient de prendre ; il y a beaucoup d'expression dans ce tableau, par le *Calabrese* (*a*)... Renaud qui tient

---

(*a*) Cette Sophonisbe étoit femme de Siphax, roi de Cirthe en Numidie, & fille d'Asdrubal, Général des Carthaginois; le Roi son époux ayant été vaincu & fait prisonnier par l'armée de Scipion, au combat de Cirthe, elle vit dans l'instant le sort cruel dont elle étoit menacée; & ne craignant rien autant que de tomber au pouvoir des Romains, elle s'adressa au

un miroir devant Armide qui se pare, grand tableau de l'*Albane*, & très-gracieux.... Eve qui présente la pom-

roi Masinissa, Africain & Numide comme Siphax, & lui demanda, sur toutes choses, de ne pas permettre qu'elle fût exposée à être esclave des Romains..... Les Dieux, votre valeur & la fortune, vous ont donné tout pouvoir sur moi. Mais je vous prie, par cette majesté royale qui brille en vous, & dans laquelle j'étois il y a si peu de tems, je vous conjure de me soustraire à l'empire superbe & cruel des Romains, & si vous n'en avez pas d'autre moyen, délivrez-moi par une mort prompte de ce malheur affreux.

Elle étoit belle & dans la fleur de la jeunesse, Masinissa en fut épris, il lui promit tout ce qu'elle lui demandoit; mais connoissant le génie altier des Romains & leur dessein sur Siphax & Sophonisbe, qu'ils vouloient faire passer à Rome; son amour lui suggéra un expedient qu'il crut infaillible; ce fut d'épouser sur le champ Sophonisbe...... Elle étoit belle & dans la fleur de la jeunesse.... Le Numide ardent & sensible, comme tous ceux de sa nation, subjugué par l'amour de sa captive, prit de la passion même un conseil imprudent & téméraire.... La précaution fut vaine, Scipion ne respectoit pas assez la passion du Roi barbare, pour changer rien aux desseins qu'il avoit formés sur Sophonisbe, comme épouse de Siphax, & comme fille d'Astrubal: il fit un très-beau discours à Masinissa sur la continence, & lui dit que son prétendu mariage,

me à Adam, par Jacques *Palma* : la fraîcheur du coloris peint la beauté des arbres du Paradis terrestre...... une

━━━━━━━━━━━━━━━━━━━━━━━━━

qu'il n'avoit pu contracter, sans son agrément, avec une femme qui étoit sa prisonniere, n'empêcheroit pas qu'elle ne fût conduite à Rome, où le Sénat décideroit de son sort.

Alors Masinissa ne songea plus qu'à la soustraire à l'esclavage dont elle étoit menacée ; il lui tint parole en lui envoyant du poison, pour mettre par ce moyen sa liberté à couvert, en lui faisant dire : .... que Masinissa auroit fait son bonheur de lui garder la foi qu'il lui avoit donnée en qualité d'époux, mais qu'une puissance irrésistible l'en empêchant, il lui tenoit au moins la seconde promesse qu'il lui avoit faite, en lui fournissant le moyen de ne pas tomber vivante au pouvoir des Romains ; qu'elle se rappellât son Pere, sa Patrie, les deux Rois dont elle avoit été l'épouse, & qu'elle décida de son sort..... C'est avec cette réponse que se présenta l'esclave fidéle de Masinissa : qui, suivant la coutume des Rois de ce pays, avoit la garde du poison réservé pour se soustraire aux coups inattendus du sort... Armé de la coupe fatale, qui rendoit la Reine maîtresse de son sort...... je reçois, dit Sophonisbe, ce présent nuptial, il ne me déplaît point, dès que mon nouvel époux n'a rien de plus précieux à m'offrir : dites-lui cependant que je mourrois avec plus de gloire, si le flambeau d'un second hymen n'éclairoit pas mon trépas. .. Elle ne s'emporta point, & elle but avec la plus

Sainte famille, de Simon *Da Pesaro*, tableau qui a souffert, mais où on remarque encore des beautés frapantes.. un buste de Scipion en verd-brun d'Egypte, d'un travail fini.... une statue antique de Minerve dans le stile grec... une Diane, ouvrage moderne, parfaitement imité de l'antique. Il y a plusieurs autres bustes & statues dans ces deux salons, & dans la galerie ; je ne rapporte ici que ce que j'ai remarqué sur le champ.

4. *Villa Aldobrandini*, située au midi, dans la partie la plus élevée du Quirinal. Le jardin en est très-agréable, autant par sa position & le bon air que l'on y respire, que par ses plantations & ses eaux : j'y ai vu en plein hyver un oranger découvert, chargé des plus beaux fruits. Ce n'est pas cependant ce que l'on y va voir ; mais la célébre peinture antique, connue sous le

Villa Aldobrandini.

___

grande tranquillité la coupe empoisonnée, qui trancha sur le champ la trame de ses jours.....
Il y a bien de la vraie grandeur d'ame dans tout ce procédé, & Sophonisbe, quoique moins célébre, est bien au-dessus de Cleopatre....
V. Tit. Liv. *l.* 30, *c.* 12 & 15, *ad An.* 549.

nom de nopce *Aldobrandine*, parce qu'elle fut tirée des ruines d'une maison de Mécénas sur le Mont-Esquilin, sous le pontificat de Clément XIII, *Aldobrandin*. On la conserve dans un petit salon qui est à une des extrémités du jardin. Elle est très-connue, par les estampes & les copies qui en sont répandues par-tout ; je n'ai rien à ajouter à ce que l'on en sçait déja, sinon qu'elle est si fort décolorée, qu'elle ne ressemble plus qu'à un clair obscur ; mais l'élégance & la correction du dessein sont d'une perfection au-delà de laquelle il n'est pas possible d'aller. En la comparant aux autres peintures antiques que l'on conserve à Rome, & sur-tout avec celles trouvées à Herculanum, on ne peut pas douter qu'elle ne soit plus ancienne, d'artistes Grecs & d'un tems où l'on ne connoissoit pas encore les régles de la perspective, on ne sçavoit que placer les figures sur un même plan, & à un même point de vue ; mais on connoissoit bien les régles du dessein, & la vérité de l'expression. J'en ai déja parlé ailleurs. Cette peinture est la preuve de la solidité des enduits sur lesquels on peignoit à fresque.

La face principale du palais est ornée

de plusieurs bas-réliefs antiques de la plus grande beauté de dessein, d'expression, & même d'intelligence dans la position des figures : on voit en les examinant combien les meilleurs artistes ont profité à cette espéce d'étude : c'est une des premieres maisons que j'aye vû à Rome, j'avois l'idée très-présente de toutes les peintures de Bolongne ; & je trouvois mille traits de ressemblance entre ces bas-reliefs, & des tableaux fameux du Guerchin, du Guide, des Carraches, &c. Dans un de ces bas-reliefs qui représentent des Sénateurs qui paroissent s'entretenir ensemble, & qui sont de grandeur naturelle, vus jusqu'aux génoux, j'ai cru reconnoître l'idée principale du fameux tableau de St Pierre du Guide, qui est au palais Zampiéri, à Bologne. Il y a encore un sacrifice, & plusieurs médaillons choisis & de la plus belle exécution...

Palais *Albàni*. Dans la premiere gallerie on voit une tête d'*Ecce Homo* de *Leonard de Vinci*, de la plus grande beauté. Au même rang sont trois têtes du Guide, qui perdent à avoir dans leur voisinage un tableau de cette force... la mort de la Sainte Vierge, par *Carlo Maratti*. L'une des plus belles pro-

Palais Albani.

ductions de ce maître, composée dans la maniere du Poussin, & avec tout son esprit, mais infiniment plus gracieuse... une famille sainte, du même, où il a encore imité le Poussin, & avec beaucoup de succès. Le genre de Carlo Maratti étoit le gracieux, & voilà pourquoi il a si bien réussi dans les Vierges, mais quand il a pu parvenir a la force de l'expression, à la vraie poësie de la peinture, il s'est en quelque façon surpassé lui-même... une Vierge qui donne à tetter à l'enfant Jesus, de grandeur presque naturelle. Les graces, la douceur, la noblesse, la modestie, tout est réuni dans la figure de la Vierge, avec la plus grande vérité dans le dessein & l'expression, & un coloris séduisant; on ne peut pas rendre la nature avec plus d'exactitude, & d'une maniere plus intéressante.

La piéce la plus curieuse de cette collection, est l'esquisse coloriée du célébre tableau de la Transfiguration par *Raphaël*: on est sûr que c'est l'original, & il est conservé au point qu'il semble sortir des mains de son auteur; le génie ne se fait pas remarquer avec plus d'excellence dans le tableau même que dans l'esquisse... la Vierge en pied, le petit Jefus & St Jean, tableau que l'on dit l'original de Raphaël, de la même taille que le femblable du même artifte qui eft au Palais Royal ; il y en a un tout-à-fait pareil à Naples, que l'on dit auffi Original ; tous les trois font vraiment dignes du pinceau de Raphaël : il eft à croire que ce fujet lui avoit plu, que fes meilleurs éleves l'avoient peint fous fes yeux, qu'il avoit retouché leurs ouvrages, & les avoit rendu femblables à l'original forti de fes mains, tellement qu'il eft impoffible de les diftinguer les uns des autres. Les connoiffeurs les plus au fait des différentes manieres des peintres conviennent qu'il eft très-difficile de ne fe pas tromper en ce cas. J'avois acheté à Bologne une petite Vierge peinte à l'école du Guide, le petit Jefus qui dort eft de la plus grande beauté & vraiment digne de ce maître. La Vierge eft très-gracieufe ; le tableau paffoit pour être d'un de fes éleves appellé *Hercole Maria de San Giovani*. J'ai vu quantité de connoiffeurs le prendre pour un des tableaux du Guide, y retrouver toutes les graces & les fineffes de fon pinceau, & ne pas douter que ce grand artifte ne l'eût mis au point de perfection où il est.

Une grande suite de desseins de peintres célébres tels que les Carraches, Polidore, Lanfranc, l'Espagnollet, le Cignani, où on voit la force de leurs premieres idées, qui ne sont point embellies par la magie du coloris, & qui ne subsistent que par leur mérite.

En général les tableaux de ce palais sont bien conservés, tenus avec soin, & en bien meilleur état que ceux des palais Barberini & Borghese, qui sont beaucoup plus riches, mais tellement négligés, que le tems & les intempéries de l'air agissent sur eux avec plus de rapidité qu'ailleurs, parce qu'ils sont dans des appartemens bas & humides.

Le Cardinal Alexandre Albani, homme de goût & curieux, a commencé cette collection & l'augmente tous les jours, il y réussit d'autant mieux que personne à Rome ne sçait mieux que lui se procurer ce que les arts ont de plus beau & de plus précieux, tant dans l'antiquité que dans le moderne.

Palais Barberini.
5. Palais *Barberini* bâti dans l'emplacement du premier Capitole ou forteresse

de Rome, que fit élever le roi Numa sur l'extrémité du Quirinal. L'architecture extérieure du côté de la *Strada felice*, où est la porte principale, est du *Bernin*. Il a été construit sous le pontificat d'Urbain VIII, qui a regné long-tems. Les plus illustres artistes qui vivoient alors à Rome, y ont travaillé à l'envi les uns des autres; ainsi il n'est pas étonnant qu'il soit l'un des plus riches de Rome en peinture & en sculpture. Il renferme plusieurs excellens tableaux de Raphaël, des Carraches, du Guide, de Pierre de Cortone, d'Andrea Sacchi, &c. C'est-là où l'on voit le célébre tableau de la Magdelene par le *Guide*, plus grand que le naturel & d'une beauté admirable : le coloris en est extrêmement clair & fort en même tems, ce qui vient de ce qu'il est éclairé de façon que la lumiere semble percer à travers les ombres... la mort de Germanicus par le *Poussin*, tableau qui semble avoir été fait, pour prouver que les modernes pouvoient égaler les anciens, en ce que le génie & la force de l'expression s'y font remarquer avec autant d'avantage que dans le fameux tableau de Timanthe, qui représentoit la mort d'Iphigénie, & dont on a fait de si pompeuses déscriptions : ici le peintre

François paroît au moins égal au peintre Grec; il a choisi le moment où Germanicus exhorte ses amis à venger sa mort, & à protéger sa femme & ses enfans... Le premier devoir des amis n'est pas de s'abandonner à une lâche & inutile tristesse sur la mort de leur ami, mais de se souvenir de ce qu'il a voulu, d'exécuter ce qu'il a ordonné... Montrez au peuple Romain la petite fille d'Auguste, mon épouse, parlez-lui de mes six enfans, accusez hardiment les auteurs de ma mort, il s'intéressera pour vous : en vain les cruels allégueront les ordres injustes qui les ont fait agir : on ne les croira pas, on ne leur pardonnera pas... (*Tacit. An. l.* 2.) Les amis de Germanicus attentifs & chagrins, l'assurent par leurs regards qu'ils souscrivent à sa volonté, trois de ses enfans augmentent l'intérêt, Agrippine qui est debout, voilée comme Agamemnon dans l'ouvrage de Timanthe, laisse voir dans toute l'attitude de son corps, l'accablement & la douleur où elle est : cette composition est vraiment un chef-d'œuvre de génie.

Le portrait de la maîtresse de *Raphaël*, peint par lui-même. Elle a le teint brun & obscur, les yeux noirs & tristes, les cheveux fort noirs & lisses, qui lui accompagnent le visage dans toute sa longueur, le nez bien fait, & quelques graces dans la bouche, la figure est peu agréable; ce tableau peint sur bois est d'autant mieux conservé, qu'il paroît que Raphaël lui-même avoit fait ajuster les deux petites portes de bois noir qui l'enferment dans le quadre. Il y en a une copie faite par Jules Romain, d'un coloris beaucoup plus dur, & qui n'a aucun agrément... Une grande Vénus du *Titien*, fort semblable à celle qui est dans la galerie de Florence, & que l'on appelle sa maîtresse... Un jeune homme qui perd son argent contre des filoux avec lesquels il joue; les physionomies sont de la vérité même de la nature. Dans les uns, c'est la ruse & la fripponnerie qui s'étalent avec satisfaction, sans inquiétude d'être remarquées; dans l'autre, c'est la simplicité même, l'embarras & la crainte de perdre son argent, par *Michel-Ange de Caravages*.

Les deux beaux plafonds de Pierre *de Cortone* & *d'Andrea Sacchi*, regardés comme des ouvrages capitaux de ces deux grands artistes, exigent que j'en fasse quelque mention : le premier a pour sujet les vertus héroïques d'Urbain VIII, repréſentées par pluſieurs figures ſymboliques, toutes en mouvement, pour faire ſon Apothéoſe, en plaçant au ciel les armes des Barberins, ſurmontées de la tiare & des clefs de l'Egliſe. Cette grande compoſition eſt très-bien entendue; la multitude des figures ne fait aucune confuſion; le coloris eſt de la plus grande beauté & vraiment éclatant, & la lumiere y paroît être ſurnaturelle : en quoi ſur-tout on reconnoît la ſcience de P. de Cortone, qui a caractériſé ſon idée de cette maniere, tout-à-fait nouvelle; l'autre repréſente la ſageſſe de ce Pape. Il y a moins d'action que dans le premier; les figures ſont dans un repos de contemplation, le coloris en eſt gracieux, la lumiere douce : cet ouvrage a quelque choſe de tendre & de ſuave, qui reſpire la paix & la douceur.

Les tableaux de ce Palais ſont peu ſoignés & même ſe conſervent moins qu'ailleurs, dans leur beauté originale; quoique l'on prétende que l'on y en trouve toujours le même nombre. Ceux qui ont été à Rome en ſçavent la raiſon.

Parmi les peintures antiques, un enlevement d'Europe en moſaïque, d'un goût

goût de dessein très-sage; il faisoit, dit-on, partie des ornemens du fameux Temple de la fortune à Préneste (Palestrine) si célèbre dans l'antiquité, & si riche, qu'il donna lieu au bon mot de Carnéade, rapporté par Cicéron (l. 2. de Divin), que la fortune ne lui avoit jamais paru plus fortunée qu'à Préneste.

Une vieille femme assise par terre, qui tient une quenouille entre ses deux genoux, sur lesquels elle a les mains croisées, peinture antique à fresque, détachée d'une muraille, qui a souffert dans l'opération, mais encore assez bien conservée, pour que l'on puisse juger de son mérite; il y a peu de morceaux antiques de ce genre, d'un caractère de dessein aussi vrai. Il est de la sagesse de celui de Raphaël, & fort dans son goût; ce qui me porte à soupçonner la légitimité, de même que du tableau de deux jeunes garçons, dessinés dans le goût d'expression & de graces du Correge, & d'un pinceau aussi moëlleux. Ce dernier morceau est sous une glace. On pourroit avoir le même soupçon sur le jeune Platon endormi, autour duquel volent des abeilles. Si ces trois morceaux sont antiques, ils sont une preuve du mérite des Anciens dans ce genre, & on peut les regarder comme ce que l'on connoît de plus précieux, sur-tout pour la beauté du coloris; mais on sçait combien la découverte de la nôpce Aldobrandine fit fabriquer de ces faux antiques, si bien imités, qu'il est fort difficile de les discerner des vrais: on en trouve encore à acheter à Rome & que l'on tient à un prix assez haut.....

Par-tout on voit dans ce Palais des statues & des bas-reliefs antiques du plus beau choix, parmi lesquels on distinguera une Vénus de grandeur naturelle, endormie, & couchée sur un lit, d'un caractére admirable: c'est vraiment la Déesse de la beauté, dont tous les traits sont dans le repos le plus parfait... Adonis blessé & mourant : il expire avec douleur, & il conserve même dans l'altération de ses traits, encore une beauté sensible... un Satire couché.... plusieurs idoles Egyptiennes de granite & de basalte... une idole de l'Abondance en bronze, d'un travail très-fini... un Faune... une statue singuliere d'un esclave qui mange le bras d'un homme... le consul Brutus avec ses deux fils, statues très-rares... les bustes de Sylla

& de Marius... un autre dit de Tullia, femme de Tarquin le Superbe... la chêvre Amalthée, qui alaite Jupiter en haut relief, de grandeur presque naturelle, d'un très-beau style Grec, & qui ne peut avoir servi qu'à la décoration d'un temple. Le détail des antiques rares & précieux que renferme ce Palais exigeroit seul un volume, & c'est ce qui s'y conservera le plus long-tems.

Palais *Chigi* Alcorso, il y a de très-belles choses à y voir en peintures modernes, & en statues antiques... une Nativité de *Carles Maratte*, admirablement peinte dans le goût de l'Albane, avec autant de finesse de dessein, de vérité d'expression, & un coloris bien plus frais & plus gracieux. Les figures n'ont qu'environ un pied de hauteur : c'est un des plus charmans tableaux de ce genre, qu'il soit possible de voir, & qui est très-bien composé... une bataille de *Salvator Rosa*, l'un des meilleurs tableaux que j'aie vu de ce maître, & qui pourroit faire le pendant de celui de P. de Cortone, qui est au Capitole... une grande Magdelene pénitente, du *Guerchin*... trois enfans qui jouent, de Fréderic *Barroccio* : celui que les deux autres élevent en l'air, est d'une

Palais Chigi Alcorso.

D ij

finesse & d'une vérité d'expression admirables, le coloris est digne du Correge... Vénus dans le bain, accompagnée des Nymphes qui la servent & des Graces, composition très-aimable de l'*Albane* & de son bon tems... un paysage de *Claude le Lorrain*, bien dans la nature, & où la perspective aërienne est à un haut degré d'intelligence... une Judith, qui tient la tête d'Holopherne dans un panier, accompagnée de sa servante : tableau presqu'entierement de relief, & qui fait illusion, par *Polidore de Caravage*.... une grande Vénus de *Rubens*.... un Satyre qui tient une corbeille de fruits, avec une vieille femme dont on voit seulement la tête, du même, tous deux bien conservés & très-beaux.... Jesus attaché à la colonne, par le *Guerchin*... une Assomption, par le *Lanfranc*. La collection de ce palais peu nombreuse a été faite avec goût, & on n'y a rien admis que d'excellent.

Parmi les antiques, il faut voir un grouppe d'Apollon & de Marsias : le Dieu s'approche du Satyre pour le punir de sa témérité, il a déja une main sur son épaule, & de l'autre il tient le couteau fatal, ils se regardent tous deux, de maniere à faire voir les sentimens dont ils sont animés; Marsias voit avec horreur le supplice cruel qu'il va subir; mais il ne songe ni à se défendre ni à s'échaper, la puissance du Dieu l'étonne; Apollon a vraiment l'air divin, il est prêt à se venger par justice & non par passion : cette derniere figure est excellente.... *Caligula*, buste en porphyre conservé en son entier dans le style des artistes Romains de son tems, qui étoit celui où l'on prétend que la sculpture étoit à Rome à son point de perfection : il est placé sur une colonne d'albâtre transparent (*a*).

(*a*) Il est difficile de travailler un marbre aussi dur, & de lui donner ce fini précieux qui semble rendre les traits & les couleurs dans leur état naturel ; le marbre statuaire qui est blanc, est plus susceptible de cette perfection ; on y est plus accoutumé, & on y retrouve plus aisément la vérité historique marquée par les signes ou traits caractéristiques des passions ; cependant on retrouve dans cette tête dont le travail est très-beau, beaucoup de ressemblance avec l'idée que Suétone a donnée de ce Prince..... *Calligula staturâ fuit eminenti, pallido colore, corpore enormi, gracilitate maximâ cervicis & curis, oculis & temporibus concavis, fronte lata & orsâ, capillo raro ac circa verticem nullo,*

Un Siléne yvre & couché sur une urne de vin, on ne peut rien peindre ni imaginer d'égal à l'expression de cet antique..... une Minerve qui paroît avoir servi à orner un cirque : elle porte une espéce de ceinture large qui pend jusqu'à ses pieds, sur laquelle sont gravés plusieurs gladiateurs; singularité que je n'ai remarquée dans aucune autre statue de cette Déesse.

Palais Pamphili. Palais *Pamphili* est un des plus grands édifices de Rome, & la maison la plus vaste qui soit dans cette ville. Il a été bâti à trois reprises différentes, & à trois faces principales : l'une sur la place du collége Romain : l'architecture en est du Borromini, & c'est la plus noble des trois, quoique la plus

---

hirsutus cætera..... Vultum verò naturâ horridum ac tetrum etiam ex industria efferebat, componens ad speculum in omnem terrorem & formidinem.... (l. 4. in cal.)

On ne peut rien de plus horrible que cet extérieur, mais l'intérieur étoit encore plus affreux; Ausone le peint en deux mots :

Cædibus incestisque de hinc maculosus ; & omni
  Crimine pollutum qui superavit avum.....

ancienne; la seconde sur le Cours, plus moderne que la premiere, & très-chargée d'ornemens; la troisieme du côté de la place de Vénise, & du même goût que la seconde; les appartemens sont grands & nobles, & d'une belle distribution. Dans la partie qui regarde le Cours, il y a quatre grandes galeries très-ornées, qui rentrent les unes dans les autres, & qui ont été faites pour servir de promenades; les cours entourées de colonnades & de portiques ouverts, sont un des principaux ornemens de ces trois Palais qui communiquent les uns aux autres par ce moyen.

La collection des tableaux que l'on y voit, est des meilleurs maîtres, & de la plus belle conservation : voici quelques notes sur ceux qui m'ont fait le plus de plaisir.

Adonis qui dort, & Vénus qui le rafraîchit avec une espece d'éventail : l'amour regarde sa mere avec l'attention & le sérieux d'un joli enfant, qui voit quelque chose d'extraordinaire; composition très-agréable, de Paul *Véronese*, & de belle couleur... naissance de l'amour, à laquelle l'abondance, les talens & les arts assistent, tableau symbolique de l'*Albane*, qui paroît avoir rapport à quelque événement particulier : les figures n'ont qu'environ un pied & demi de haut; quoique le tableau soit assez grand, tout y est gracieux, & le paysage est fort beau... grande Académie de musique, tableau dont les ombres sont fort noircies; mais à remarquer, à cause des attitudes & du mouvement des figures, par le *Valentin*... un grouppe d'enfans qui se battent, tableau charmant du *Gessi*, beau de couleur, d'un dessein vrai, & d'une expression très-naturelle... une jeune femme dans le bain écoute attentivement une vieille proxenete qui lui parle, par *Michel-Ange de Caravage*..... la Vierge & l'enfant qui dorment, un Ange vu par le dos, qui joue du violon, St Joseph qui le regarde & l'écoute attentivement, composition de caprice du *Giorgion*, mais de la plus grande vérité, & très aimable : on ne se lasse point de regarder la Vierge & l'enfant, la fraîcheur de leur teint, la douceur de leur sommeil, leur air vivant : on les voit respirer; ce tableau si gracieux, est du plus beau coloris. Je l'ai examiné quelquefois la nuit, à l'heure de la conversation de la princesse Doria, la Vierge paroissoit encore plus belle à la lumiere qu'en plein jour, épreuve que peu de tableaux peuvent soutenir... un jeune soldat, qu'un vieux homme veut arrêter, figures de grandeur naturelle, vues jusqu'à mi-corps, par le *Passignani*... une Vierge en contemplation, par *Sasso Ferrata*, d'un coloris riche & éclatant, & d'un air vraiment céleste... Agar qui fuit désolée, Ismaël qu'elle abandonne mourant, & l'Ange qui vient à sa rencontre, beau & grand tableau du *Calabrese*... le meurtre d'Abel, très-grand tableau de *Salvator Rosa*, d'un pinceau fier & vigoureux... Jesus-Christ devant Pilate, au prétoire: l'Assemblée est nombreuse, & la variété des attitudes & des figures est remarquable, par Paul *Véronese*.. l'Assomption, l'adoration des Rois, la fuite en Egypte, & J. C. que l'on porte au tombeau, quatre tableaux d'*Annibal Carrache*, de quatre pieds de largeur, sur trois & demi de hauteur: les figures n'ont qu'environ un pied de proportion, & cependant on y remarquera la beauté du dessein, la force de l'expression & le génie de cet excellent maître, qui a peu travaillé dans ce genre; les paysages sur-tout, qui représentent les quatre points du jour, font très-beaux. Il semble que ces tableaux ayent donné au Pouſſin le goût de ces riches payſages que l'on connoît de lui, & que même ils ayent contribué à le former... le pere de famille qui reçoit l'enfant prodigue à ſon retour, figures plus grandes que nature, & vues juſqu'aux genoux, par le *Guerchin*, d'une grande expreſſion, & d'un excellent ton de couleur.... Erminie qui reconnoît Tancréde bleſſé, par le même, bien deſſiné, mais d'un ton de couleur tout-à-fait différent de celui qui le précéde : on peut les comparer enſemble pour prendre une idée des deux manieres du Guerchin, la ſeconde & la troiſiéme... Dédale qui attache les ailes à Icare, l'inquiétude eſt vraiment peinte ſur le viſage du pere, par Andrea *Sacchi*.... une Magdelene qui conſidere une tête de mort, d'une expreſſion forte & vraie, & d'un coloris excellent... une Madone avec l'enfant.... l'adoration des bergers à l'inſtant de la naiſſance, deux petits tableaux du *Parmegianino*, dont le dernier eſt admirable, & peint avec le plus grand ſoin... une chambre pleine de portraits, du Titien, de Vandick, de Paul Véroneſe & des meilleurs maîtres, parmi lesquels une femme qui se peigne, par *Vandick*... Machiavel, par le *Bronzin*... & Dona Olympia Maldachini, en pied & de grandeur naturelle, par P. *Véronese*..

Je me rappelle d'avoir vu dans cette maison un bas-relief antique de bonne main, qui représentoit la délivrance d'Androméde, le Monstre est mort, Persée aide à descendre la Princesse du rocher, qui est habillée très-décemment, pendant qu'il est absolument nud; il est certain que c'est un quiproquo de l'Artiste, ce qui n'est pas ordinaire, surtout dans les Anciens...

Palais *Altieri*. L'architecture de la Cour, par Antoine de *Rossi*, est très-belle; il y a une multitude de tableaux dans les appartemens qui sont d'un beau choix & des meilleurs maîtres... une tête d'*Ecce Homo*, par le *Guide*, d'un ton de couleur très-vigoureux, & de la plus belle expression; il tient beaucoup du Correge... une Cléopatre, du même, de sa grande & belle maniere... la fable de Térée, & le mauvais riche à table, deux tableaux de même grandeur du *Calabrese*; les ombres en sont tranchantes & dures, mais le dessein & l'expression en sont excellens.... une des-

Palais Altieri.

cente de J. C. au tombeau..... St Sébastien mort, percé de fléches, que deux femmes Chrétiennes arrachent avec respect & attention : tous les deux sont des effets de nuit, & ne sont éclairés que d'une lumiere extrêmement sombre, mais très-sçavamment traités, & du ton de couleur le plus vrai & le plus beau, par le *Schidoné*... deux Jurisconsultes âgés, qui paroissent disputer sur le passage de la loi, ils tiennent chacun un livre ouvert ; on croit qu'on va les entendre parler, tant l'action est vraie & bien représentée, par l'*Espagnolet*.... le jugement de Paris, de l'*Albane*, dans lequel on reconnoît avec plaisir le pinceau gracieux de ce maître... un petit portrait d'un jeune homme, par le *Titien*, du plus beau de ce maître, & très-bien conservé... une femme qui a sur une table devant elle des fleurs & des fruits, charmant tableau de portraits, par *Carles Maratte*... une Visitation du *Burrocci* : ce tableau n'a pas la beauté ordinaire du coloris de ce maître, mais la composition en est grande & bien entendue, la Vierge y est dessinée avec toutes les graces, la beauté & la noblesse possibles : tout ce qui l'environne, Ste Elisabeth, St Joseph, les domestiques grouppés sur divers plans, l'admirent, & semblent placés pour la rendre encore plus admirable. Il y a plusieurs tableaux de *Salvator Rosa*, qui peignoit la nature, & sur-tout les paysans d'une maniere grande & forte.

7. Palais Borghese, bâti sous le pontificat de Paul V, qui étoit de cette maison. Il a la forme d'un clavessin & pour cela on l'appelle à Rome *Cembalo Borghese*, cette idée est singuliere, mais la construction en occupe tant d'espace, qu'on ne s'apperçoit pas dans les appartemens de son irrégularité ; la cour est grande, & entourée d'une galerie soutenue par des colonnes couplées d'ordre dorique, qui portent une galerie supérieure soutenue de même par des colonnes couplées d'ordre ionique, qui sont pour la plus grande partie de granite d'Egypte. On voit sous les arcades de la cour trois belles statues antiques, *Maximæ*, de Julia pia... de Faustine la Jeune.... & de Sabine. L'appartement du rès-de-chaussée que l'on n'habite pas, est rempli d'une collection de tableaux, la plus nombreuse & la plus belle qui soit à Rome. On dit qu'elle est composée de plus de douze cens originaux des meilleurs maîtres, depuis le rétablissement de la peinture, jusqu'à

Palais Borghese.

nos jours. Il y a sur-tout plusieurs morceaux du Titien, qui sont encore de la plus grande beauté, dont un salon est entierement garni, parmi lesquels deux Vénus couchées, Léda... Io... une jeune femme nue avec un homme... Psiché qui découvre l'Amour qui dort, qui, à en juger par le coloris, l'expression, la richesses de la composition & des ornemens, paroît être du plus beau tems de Paul *Véronese*... le maître d'Ecole du *Titien*, tableau fameux à Rome : c'est ainsi que l'on appelle un homme assis dans un fauteuil, les deux poignets l'un sur l'autre, vu jusqu'à mi-corps, composition où l'on trouve l'esprit, la beauté, la force, le dessein, le coloris, enfin toutes les parties de la peinture au plus haut degré où on puisse les imaginer... le cardinal Borgia & Machiavel, tableau vivant, dans lequel la nature est rendue avec la plus grande vérité, digne de *Raphaël*, par la beauté de l'expression & du dessein, mais qui ne peut avoir été peint que par le *Titien*... un tableau du *Parmesan*, peint sur bois, où je retrouve le génie, le feu, & presque le coloris du divin Correge, qu'il vouloit égaler, c'est un sposalitio de Ste Catherine : les graces de l'enfant, la noblesse & la beauté de la Vierge, la satisfaction de Ste Catherine, sont au-dessus de toute expression; le dessein en est correct, & il approche de ce pinceau moëlleux, de cette beauté de coloris, qui met le Correge dans un rang où personne ne s'est encore placé que lui... une Ste Cécile, par le *Correge*, que l'on peut regarder comme un des premiers essais de pinceau de ce grand homme, lorsqu'il sortit de l'école du *Mantegna*; la Sainte est à son clavessin, par derriere entre un jeune homme qui reste étonné à la vue des Anges qui la couronnent: toute la maniere de ce tableau est dure & roide, & tient encore du goût des peintres Grecs, mais les passions y sont déja à un haut degré d'expression, & il y a une intelligence de lumiere qui annonce ce que le Correge devoit être un jour.

On trouve dans ce Palais de très-beaux tableaux des meilleurs maîtres, depuis Jean *Belin*, dont il y en a plusieurs, jusqu'à Carlo Maratti & ses Eléves. Ce seroit vraiment un service à rendre aux arts, de placer par ordre de dates tous ces tableaux; on jugeroit des progrès de la peinture, depuis son rétablissement, jusqu'à nos jours. Les Possesseurs de ces trésors se contentent de sçavoir qu'ils les ont ; ils croient qu'ils dureront toujours, mais ils se trompent fort. On s'apperçoit sur la plupart de ces tableaux des ravages du tems, d'une maniere d'autant plus sensible qu'on les tient dans des appartemens bas, fort humides, qui ne sont point habités, & que l'on n'ouvre que pour les étrangers qui veulent les voir : il faut y entrer sur-tout après l'hyver, pour sentir le goût fétide, & l'humidité qu'y ont répandue les brouillards qui y pénétrent ; mais c'est le malheur de la plus grande partie des palais de Rome, que l'on peut regarder comme des magasins d'excellens tableaux, qui y périssent insensiblement.

L'appartement du dessus est occupé par le Prince & la Princesse ; tout au haut il y a un appartement neuf, orné avec autant de goût que de magnificence. Les plafonds sont peints par *Corradi*, peintre Napolitain ; le salon est orné de huit grands tableaux de *Vernet*, les plus beaux qu'ait fait cet excellent paysagiste. Ils ont pour sujet les quatre points du jour, les quatre autres sont différens paysages, parmi lesquels on ne se lasse point d'admirer un orage : la foudre tombe, un homme, qui passe sur un pont, & qui est près de l'endroit où elle a frapé, a dans toute sa figure les marques de la frayeur la plus vive, ses cheveux sont hérissés, ses yeux, sa bouche, ses bras, tout marque le sentiment qui l'occupe, il s'arrête à l'endroit où il se trouve dans cet instant ; les nuages se mêlent avec les montagnes, & répandent une horreur générale sur tout le paysage, & cette sorte de fraîcheur sombre dans toute la campagne, qui suit les orages d'été. Ce spectacle a la vérité même de la nature, les arbres y sont d'un feuillé précieux, il est difficile de mettre plus de poësie & d'expression dans un tableau de paysage, & de le rendre aussi intéressant. Les parquets & les tapisseries des piéces qui suivent, sont d'un goût excellent & fort riches. Les tables, les revétissemens des portes & des cheminées, sont de marbres antiques ou d'albâtres très-précieux : cet appartement aussi beau & aussi élégant que j'en eusse vu même dans les palais des Souverains, est tout-à-fait moderne : ce qui contribuera à le conserver dans sa beauté, c'est que l'on y fait par-tout du feu en hyver, pour le garantir de l'humidité qui est terrible à Rome, & qui détruit tout ; il n'y a que les pierres

& les marbres qui y réfiftent. Le jardin de ce palais eft petit & orné de belles eaux, & de quelques ftatues, dans lefquelles une bonne copie antique de la Vénus Médicis. Il eft terminé du côté du port de Ripetta, par une galerie qui a la forme d'un clavier.

Dans les falles où font les tableaux, on voit des baffins & des tuyaux qui y forment dans l'été des nappes & des jets d'eau, pour en augmenter la fraîcheur, précaution excellente pour cette faifon, mais qui y entretient continuellement cette humidité deftructive dont j'ai parlé.

L'efcalier principal eft à vis, & monte fans repos du bas de la maifon en haut; il eft foutenu dans toute fon étendue par des petites colonnes couplées d'un très-joli effet, le deffein eft du Bramante, & beaucoup plus ancien que le palais actuel. Toute l'architecture en eft noble & fage, les deux grandes portes font décorées de colonnes de granite, d'ordre ionique, qui foutient les frontons décorés des armes de la maifon.

Palais Rufpoli. 8. Le palais *Rufpoli* a le plus bel efcalier de Rome, partagé en quatre rempes bien éclairées, d'une conftruction solide, & hardie ; il est en entier de beau marbre de Carrare. On y voit quelques statues antiques assez bonnes, parmi lesquelles une omphale plus grande que le naturel : elle est coëffée de la dépouille du lion Néméen, qui lui pend sur les épaules, & est attachée au-dessus de la poitrine par les deux pates : elle tient la massue de la main droite.

Palais *Verospi* au Cours. Une statue antique de Pallas d'environ quatre pieds de hauteur, le corps est d'un seul morceau d'albâtre, beau comme une agathe orientale, la tête, les mains & les pieds sont de bronze ; je crois qu'on peut regarder ces antiques comme les idoles les plus précieuses que l'on vît dans les temples. J'ai vu dans cette maison trois corps de clavessin, à différens jeux, qui devoient tous répondre à un seul clavier, & former une symphonie complette. Cette machine m'a paru très-compliquée, & alors même elle étoit dérangée : on louöit beaucoup cette invention, & son effet étonnant dans la musique. Palais Verospi.

Palais Farnèse, achevé sur le dessein de Michel-Ange, la corniche qui est à la façade, & qui regne autour de cet édifice absolument isolé, est formée des Palais Farnèse.

matériaux mêmes du célébre Collisée ou amphitéâtre de Vespasien. Quelque belle qu'elle soit, on ne peut la voir sans indignation, sur-tout, quand on se rappelle que ce sont les dépouilles du plus superbe édifice que l'antiquité eût connu, qui avoit échapé à la fureur des barbares, & qu'un faste mal entendu a employé à la décoration d'une maison particuliere, dans laquelle rien ne répare la perte qu'elle a pu causer.

C'est dans ce Palais qu'est la fameuse galerie peinte par *Annibal Carrache*, & ses freres, si connue par les descriptions que l'on en a faites, & par les gravures & les desseins que l'on en a tirés, que l'on trouve par tout : le coloris en est encore bien conservé, & frais dans bien des parties; elle a soixante-cinq pieds de long sur vingt de large.

Les statues antiques de ce palais sont d'une grande beauté : on voit sous la galerie ouverte de la cour, l'Hercule Farnèse, les Gladiateurs & la Flore, dont on a les desseins dans tous les recueils d'estampes. Dans ce même endroit est la grande urne ou tombeau de marbre parien, revêtu d'arabesques d'un travail précieux, trouvé dans le monument élevé pour placer les cendres de

Cecilia Metella, femme du riche Crassus, que l'on appelle aujourd'hui Capo-di Bové, hors la porte St Sébastien... dans la galerie des Carraches, un Mercure aussi beau que l'Antinoüs du Belvédère, & de même taille à-peu-près... un buste de Sénéque : il a, comme dans toutes ses statues, l'air sévere & farouche, & même d'un misérable, les cheveux négligés, l'extérieur d'un Stoïcien outré, ce qui s'accorde mal avec son état de courtisan & sa grande opulence; on est porté à croire en voyant ces différentes statues, qu'elles ont été faites après que le Philosophe, ne pouvant obtenir ni la retraite ni la sureté de sa vie en cédant tous ses biens au cruel Néron, passa un assez long espace de tems dans l'attente d'une mort cruelle, qu'il n'eut pas le courage de se donner, comme le souhaitoit Néron, & à laquelle il ne se détermina qu'en vertu des ordres réitérés du Prince, qui cependant ne cessoit de l'assurer de sa bienveillance, & de l'intérét qu'il prenoit à sa conservation (a).

_____

(a) *Senecam præceptorem ad necem contulit; quamvis sæpe commeatum petenti, bo-*

Une tête d'Homére de marbre de Gréce, du style le plus parfait & bien catactérisé; mais il ne faut pas croire pour cela qu'il lui ressemble : l'idée de faire des portraits imaginaires des grands hommes, paroît avoir pris faveur peu avant Pline, ainsi qu'il le rapporte. l. 35. c. 2... je ne dois pas omettre une invention nouvelle. Non seulement on place dans les bibliothéques les images de ces hommes immortels, dont le génie s'y fait encore entendre, & que l'on connoissoit; mais on fait d'imagination les portraits de ceux dont

―――――――

nisque cedenti persanae jurasset ; suspectum se frustra, periturumque potius quàm nociturum ei.... Suet. in Nero l. 6. *His adjecit complexum & oscula, factus natura & consuetudine exercitus, velare odium fallacibus & blanditiis.....* Tacit. an. l. 14. Ces circonstances rendent la trahison encore plus odieuse dans un homme, qui, pour satisfaire sa cruauté, n'avoit pas besoin d'avoir recours à ces petits moyens, qui sont dans notre siécle la honte de l'humanité, & qui ne paroissent plus réservés qu'à une espece de gens nés méchans, foibles & hypocrites: *quibus beneficia eò usque lata sunt dum videntur exsolvi posse, ubi multum antevenere odium pro gratia redditur.* Tacit. an. l. 4.

on n'a jamais connu les traits, ainsi qu'il est arrivé pour Homére. Un excellent buste d'une jeune Vestale, la tête couverte d'une draperie légere en forme de capuchon, qui passe par-dessous le menton, & entoure le visage: son air est celui d'une beauté simple & innocente, dans l'âge où elles s'instruisoient des cérémonies sacrées, état qui duroit dix ans; elles en passoient autant à servir, & les dix dernieres étoient employées à élever les jeunes Vestales. Denys d'Halicarnasse, *l.* 2... Vénus acroupie, qui paroît jouer avec Cupidon à qui elle a enlevé l'arc & les traits, une fois grande comme le naturel (*Majores*), les airs de tête sont très-beaux.... un excellent buste de Caracalla, où le caractére de ce Prince féroce est fortement exprimé (*a*)... le

___

(*a*) Bassianus Antoninus Caracalla, appellé *Ausona Fera*, nom qui le caractérisoit, & dont il se glorifioit. *Dion. Cas. l.* 17.....
Il violoit toute bienséance, méprisoit tout usage, & ne cherchoit à se distinguer que par sa férocité & un air extérieur qui l'annonçât....
Vivebat in exercitu contra mores institutaque majorum, sed etiam proprium genus indumenti in modum penulæ excogitavit, id barbarum

Faune ou berger qui porte un chevreau sur ses épaules, antique grec de la plus grande beauté, & célébre à Rome... deux petites statues d'environ deux pieds de haut, qui représentent Hercule & Omphale, toutes deux d'un travail fini & précieux : Hercule avec une quenouille, & le fuseau à la main, affecte un air gracieux, il sourit, & semble faire effort pour paroître délicat & efféminé; Omphale couverte de la dépouille du lion, le regarde fièrement & semble lui dire qu'il s'en faut beaucoup qu'il s'approche du but auquel il tend. L'expression de ces deux figures

---

discissumque & consutum erat ex multis partibus, eoque indutus erat semper, ex quo & Caracalla cognominatus est.... (Id. l. 78...)
S'il fut terrible, il n'en fut pas moins ridicule & méprisable aux yeux du peuple, qui sur-tout ne supportoit pas qu'il eut adopté le beau nom des Antonins.

Dissimilis virtute patri., & multò magis illi
   Cujus adoptivo nomine te perhibes.
Fratris morte nocens, punitus fine cruento.
In risu populi, tu Caracalla, magis....
Auson.

est

est excellente, spirituelle & fort singuliere.

Dans la grande salle est un grouppe colossal, formé de la statue d'Alexandre Farnèse, couronné par la Victoire avec deux figures à ses pieds qui représentent les Pays-bas vaincus & subjugués. Cet ouvrage médiocre par lui-même n'est remarquable que parce qu'il a été taillé en entier dans un morceau de colonne du Temple de la Paix, dont on peut estimer la grosseur par la partie qui sert de piédestal à tout le grouppe. Cette salle est décorée de plusieurs autres statues antiques & modernes de Gladiateurs en différentes attitudes.

Sous un appentis dans la cour de derriere le palais, est le magnifique grouppe d'Amphion & Zéthis, qui, par ordre d'Antiope leur mere, attachent Dircé aux cornes d'un taureau sauvage; ce grouppe est le plus grand de tous ceux qui ayent été connus dans l'antiquité, taillé dans un seul bloc de beau marbre blanc, haut de treize à quatorze pieds, & de dix pieds environ de largeur, mesurés à la base du rocher sur lequel le grouppe dont il fait partie est placé. On ne peut pas douter de son antiquité, il étoit placé devant la maison d'Asinius Pollio, historien célébre, qui fut Consul sous le regne d'Auguste, l'an de Rome 713 (*a*). Ce grouppe est d'une maniere grande & vaste; on n'y trouve pas cette délicatesse, ce fini précieux que l'on remarque dans la plupart des belles statues grecques, mais il faut distinguer les genres; ces sortes de compositions d'une grande taille & faites pour être vues de loin n'exigeoient pas un fini aussi soigné que les statues destinées à la décoration des Temples, ou des lieux d'assemblées publiques. Le grouppe fut transporté ensuite dans les bains de Caracalla où il fut trouvé sous le ponti-

----

(*a*) Cet Asinius Pollio imagina le premier, dit Pline, (l. 35, c. 2). d'avoir une Bibliothéque publique & d'y placer les portraits des grands hommes ou faits à leur ressemblance ou imaginaires, & fit des productions de leur génie un bien commun... On peut voir dans le même Auteur (l. 36, c. 5.) le detail des statues précieuses que Pollio avoit fait venir de Gréce, parmi lesquelles étoit le fameux grouppe de Zéthis, Amphio & Dircé, & du Taureau & de la corde, taillés dans le même bloc de marbre par Apollonius & Tauriscus, Sculpteurs célebres à Rhode, ou ce monument precieux fut sculpté......

ficat de Paul III. Ce qu'il y a de singulier, c'est que la corde dont Pline fait mention, qui est longue & d'un beau travail, a résisté à toutes les injures du tems & des Barbares, & n'a point été brisée, pendant que des parties beaucoup plus solides ont été fort altérées : elle est passée dans les cheveux de Dircé, qui n'est attachée que par ce seul endroit. Amphion désigné par sa lyre que l'on voit appuyée sur un tronc d'arbre, arrête par les cornes le taureau qui veut s'enfuir, & assure la corde que Zethis tient ferme de l'autre côté. Le taureau a l'air furieux, Dircé qui est représentée ayant encore tous les agrémens de la beauté, ne paroît pas éprouver d'autre sentiment que celui de l'honneur de son état, & le plus grand effroi. Elle éloigne machinalement un des pieds du taureau, qui est au moment de partir & de l'entraîner (*a*). Sous ce même appentis, parmi

---

(*a*) Dircé seconde femme de Lycus, roi de Thebes, remplaça antiope, qui fut répudiée, p... e qu'elle se trouva grosse de Jupiter : celle-ci eut beaucoup à souffrir de la jalousie de Dircé, qui la fit enfermer dans une prison obscure ; mais

quantité d'autres antiques la plupart mutilés, est une statue équestre, que l'on dit d'Auguste encore jeune. Il est nud avec un manteau à la grecque, négligemment jetté sur l'épaule gauche ; il approche la main droite de la tête du cheval, comme s'il vouloit le flater.

Le choix de ces statues est d'autant plus précieux, que l'on sçait que la plupart des meilleurs antiques qui soient à Rome furent retrouvés sous le Pontificat de Paul III, ou peu avant lui, & qu'il ne plaça dans ce palais que ce qui fut jugé plus parfait & plus beau.

Palais Boccapaduli. 9. Le Palais *Boccapaduli* a de très-beaux tableaux, entr'autres les Sacremens du *Poussin* aussi précieux que ceux de M. le Duc d'Orleans ; & un huitiéme de même taille & de même tems que les autres, qui représente le baptême de

---

étant accouchée à son terme de deux fils, Amphion & Zéthis, ils furent élevés à la campagne par des Bergers, auxquels ils avoient été abandonnés. Dès qu'ils furent en état de venger leur mere, ils tuerent Lycus, & attacherent Dircé aux cornes d'un taureau sauvage, supplice nouveau, qui la fit bientôt périr de la maniere la plus cruelle.

saint Jean dans le désert ; le ton de couleur en paroît même plus animé. Au-dessus sont huit tableaux du *Guerchin* de sa troisiéme maniere, dont les ombres sont si fortes & l'expression si vive. Ils ont pour sujet le retour de l'enfant prodigue, le frapement du rocher par Moyse ; St Sébastien du corps duquel on tire les fléches après sa mort ; le satyre Marsias écorché par Apollon ; les pains de proportion donnés à David ; Abraham qui reçoit les Anges ; Esaü vendant son droit d'aînesse : compositions pleines d'esprit où le costume est bien observé ; le plus gracieux est celui qui représente un soldat faisant quelques caresses à une jeune fille charmante, l'air du soldat est noble & amoureux ; deux autres tableaux de la même maniere du *Guerchin*, une charité Romaine, la fille alaite son pere à travers les barreaux de la prison.... Tobie à qui on applique le fiel du poisson sur les yeux : ce tableau est remarquable, en ce qu'il semble avoir donné naissance à la maniere que Salvator Rosa s'est faite depuis... Dalila qui tient Samson endormi sur ses genoux : le devant du tableau est occupé en partie par les chefs des Philistins, qui l'encouragent à lui couper les cheveux ; la figu-

E iij

re de la femme est très-agréable, du *Romanelli*, bien composé, beau de couleur & de dessein... Les trois Parques, grand tableau du même... Susanne avec ses femmes, & les deux vieillards qui arrivent, par *Charles*, fils de Paul *Veronése* : le ton servile de l'imitation s'y fait sentir par-tout, cependant on y reconnoît quelques-unes des graces naturelles du modèle qu'il s'étoit proposé, le coloris en est brillant.. Une décollation de saint Jean, petit tableau d'Antoine *Carrage*, bien sagement dessiné.

Palais Furietti.

Au sujet des Centaures que j'ai vû chez le Cardinal Furietti, & autres antiques trouvés à Tivoli, dans les ruides de la Villa Adriani, il est bon de sçavoir que toutes les constructons antiques appartiennent à la Chambre Apostolique, & que l'on ne peut y fouiller ou les détruire que du consentement de cette Chambre. Ceux qui prevoient qu'ils trouveront des effets précieux dans des terreins qui ont été décorés autrefois de monumens considérables & qui pour la plupart sont recouverts de façon qu'il n'y a rien qu'une grande connoissance de l'antiquité qui puisse les faire connoître, achetent de la Chambre Apostolique la permiſſion de faire des fouilles, qui ſe vend à proportion de l'importance du terrein.

Le Cardinal *Furietti*, étant encore Prélat, obtint une permiſſion de fouiller dans la Villa Adriani. Son travail ne fut pas inutile : il trouva des appartemens ſouterreins, qui ſans doute avoient été habités par l'empereur Adrien, à en juger par la beauté des Moſaïques qui leur ſervoient de pavement, & dont j'ai vu pluſieurs tables chez ce Cardinal, au Capitole & au palais Quirinal. Il avoit chez lui quatre tableaux antiques, de même genre, que l'on regardoit comme les plus parfaits que l'on connût, par la beauté du travail, la correction du deſſein, & la vivacité des couleurs. Le plus agréable eſt de quatre tourterelles ou pigeons de grandeur naturelle, qui paroiſſent jouer enſemble ſur les bords d'un baſſin de bronze rempli d'eau... un plus grand que l'on appelle une Chaſſe, où ſont raſſemblés différens animaux, tels que lions, éléphans, tigres : les arbres y ſont aſſez bien rendus, de même que la perſpective du payſage, ce que je n'ai vu dans aucun autre moſaïque ancienne... un troiſiéme qui eſt une eſpece de char triomphal, traîné par deux sangliers qui marchent de front.... Le quatriéme une guirlande de fleurs & de fruits d'une grande vivacité de couleurs, & bien dessinés; les ombres y sont marquées avec tant d'art, que la guirlande paroît être de relief.

Mais ce qu'il y a de vraiment précieux dans ce palais, ce sont les deux centaures de Pierre de Parangon trouvés dans le même endroit, ils sont entiérement conservés, & peuvent être regardés comme un des plus beaux ouvrages que jamais artiste Grec ait exécuté : ainsi c'est le travail même qui assure l'authenticité de l'inscription que l'on lit sur la pierre, sur laquelle sont posés les deux centaures, & qui est du même bloc dans lequel ils ont été taillés...

Ils sont l'un & l'autre d'un âge différent, & tous deux mâles; le plus vieux a l'air mélancholique, mais fort doux, les mains croisées sur les reins, comme si l'amour qu'il portoit, & dont on voit encore la place, eût eu dessein de les lui attacher : il est d'une proportion agréable, & paroît encore dans la vigueur de l'âge. L'autre beaucoup plus jeune a un air moqueur, il a sur le bras gauche la dépouille d'une bête fauve, & tient de la même main une massue pliante, dont la tête est posée sur son épaule. Il regarde l'autre en riant, & semble se mocquer de l'inaction où le tient l'amour qui est figuré par ses deux bras croisés sur le dos, tandis que la massue & la dépouille qu'il porte, marquent sa vie occupée & sa satisfaction, qui est exprimée dans toute sa physionomie (*a*). L'allégorie est aisée à deviner. J'ai remarqué que l'artiste leur a fait les oreilles d'une forme différente : l'une est ronde comme celle d'un homme, l'autre est pointue comme celle d'un satyre. On ne peut rien voir de plus parfait & de mieux conservé que ces deux antiques, qui l'emportent sur presque tous ceux que l'on connoît & que l'on a été obligé de restaurer, ce dont on s'apperçoit très-bien, tant il est difficile aux artistes modernes d'i-

---

(*a*) Je trouve dans Pline, 1.36, c. 5. que parmi les statues Grecques que l'Orateur Asinius Pollio avoit rassemblées chez lui, on y voyoit des Centaures qui portoient des Nymphes. Ceux-ci étant de taille à être aisément transportés, l'Empereur Adrien a pû les faire passer de Rome à sa belle maison de Tivoli.

miter le style des anciens; il n'y a peut-être que l'Hercule Farnèse à qui il manquoit une jambe & un pied, & qui furent si proprement réparés par Guillaume *Della Porta*, que quand on eut trouvé les véritables, on laissa les modernes, qui, dans la comparaison, parurent aussi beaux que les anciens. L'Apollon, l'Antinoüs, le Luccoon du Belvédere, qui tiennent le premier rang parmi les statues antiques, n'ont pas été rétablis avec tant de succès, & on s'apperçoit de ce qu'ils ont souffert des injures du tems & des barbares.

Palais Santa Croce.   Palais *Santa Croce*... Job qui écoute les reproches de ses amis, tableau de belle expression & d'un pinceau vigoureux, par *Savaltor Rosa*... St Sébastien mort avec les marques de chevalier Romain.... St Jérôme dans le désert.... Putiphar que Joseph fuit... un homme qui semble vouloir arrêter une femme qui lui échappe, & qui est le pendant du précédent... deux grands tableaux de Sibylles: ces six tableaux sont du *Guerchin*, & de son meilleur tems; le second & le troisiéme sur-tout, ont beaucoup d'agrémens & une grande beauté de coloris... une femme de grandeur naturelle, à demie nue, couchée sur un lit, à côté un petit amour qui essaye la pointe d'un dard, par *Constanzi*, Peintre moderne, qui à l'exemple du Titien, a eu la noble ambition de peindre la chair sur le blanc. Long-tems avant lui Blanchard, peintre François en 1638, avoit travaillé dans le même goût & avec succès : ses tableaux sont connus en France ; & on en voit quelques-uns à Vénise & dans la galerie du roi de Sardaigne.... les quatre saisons de l'*Albane*, grands tableaux ovales : ils ont souffert, & le paysage est fort noirci, ce qui fait que les enfans sortent davantage, & que la maniere paroît plus forte que celle de ce maître ; mais ce n'est qu'un défaut du tems qui fera périr ces peintures qui ont été très-belles... une Madone de grandeur naturelle, vue jusqu'à mi corps : elle regarde l'enfant qui est étendu & qui joue : le coloris en est bien conservé, le dessein correct, & l'expression fort noble ; on le dit de l'école de *Raphaël*, & je le crois de *Jules Romain*... le reniement de St Pierre à l'instant que la servante lui parle, beau tableau de l'*Espagnolet*, & où l'effet de la nuit est bien représenté... St Jean dans le désert, demi-grandeur, très-beau de dessein &

de coloris, par *Polidore de Caravage*... l'Hymen qui enleve le voile dont eſt couverte une femme, qui a toutes les graces & la naïveté de la pudeur... deux petits Amours qui écrivent avec un trait ſur une plaque de bronze, petit tableau de deux pieds de large, ſur environ un pied & demi de haut, l'un des plus agréables qu'il ſoit poſſible de voir dans ce genre; il eſt peint ſur bois parfaitement bien conſervé; on le dit du *Correge*, & il en eſt digne, tant l'expreſſion en eſt charmante, & le pinceau gracieux; l'hymen veut jouir de ſes droits, & rougit en arrachant le voile que la pudeur retient encore, mais avec peu de réſiſtance : elle ne ſe défend plus que par habitude; les deux Amours ſemblent écrire le traité d'union de l'hymen avec la pudeur, & le gravent ſur le bronze; ſi l'expreſſion de tous les tableaux étoit auſſi parfaite qu'elle l'eſt dans celui-ci, on ſent que la peinture prêteroit beaucoup à la poëſie : la ſimple expoſition de celui-ci eſt l'argument d'un poëme entier.

Palais Spada.

10. Palais Spada. Il eſt de belle architecture, pluſieurs bas-reliefs ſont incruſtés autour des murailles de la cour; on dit qu'ils ont été trouvés à Ste Ag-

nes hors des murs, les uns appartiennent à l'antiquité profane, les autres sont des premiers tems de la Religion Chrétienne. Il y a quelques autres antiques, mais celui qui attire toute l'attention est la fameuse statue dite de Pompée, haute d'environ douze pieds, l'unique qui soit à Rome; & la même au pied de laquelle on prétend que Jules César fut assassiné. Elle soutient un globe de la main gauche, & sur le même bras porte un manteau attaché aux épaules, l'autre main est étendue comme s'il parloit en public; il est armé d'un grand poignard antique, passé dans un baudrier léger, qui ne descend qu'au dessous du teton gauche. Le globe qu'il tient à la main, & qui désigne l'Empire du Monde, a fait croire à quelques-uns que cette statue étoit plutôt d'Auguste que de Pompée; il paroît en effet singulier qu'un Républicain eût osé se faire représenter avec les marques de la puissance absolue; mais il n'a point le sceptre qui la désigne plus spécialement : & ce globe représente l'Univers, ou si l'on veut l'Empire Romain, dont Pompée avoit étendu les bornes, & affermi la domination par le bonheur attaché si long-tems à ses armes; ainsi on ne peut rien conclure de ce globe contre l'authenticité de la statue. On assure qu'elle a été retrouvée dans l'endroit même où étoit la Cour de Pompée, sous les fondations d'un mur qui servoit de séparation à deux caves; de sorte que la tête étoit dans l'une, & le reste du corps dans l'autre, ce qui occasionna un procès entre les deux propriétaires voisins, chacun voulant avoir la statue. Le Juge se croyant un nouveau Salomon, prononça que la statue seroit partagée en deux, & que chacun auroit la partie qui étoit sur son terrein: ainsi le malheureux Pompée couroit risque de perdre une seconde fois la tête dans le seul monument qui resta de lui. Le Cardinal *Capo di Ferro*, grand amateur des beaux arts, instruit de ce jugement bisarre, en arrêta l'exécution; il en fit son rapport au Pape Jules III, qui regnoit alors, qui acheta la statue quinze cens écus, & en fit présent au Cardinal; elle fut placée dans la salle où elle est encore: ce monument est l'un des plus précieux de l'antiquité Romaine, & si bien conservé que l'on ne s'apperçoit pas qu'il ait été restauré. Parmi les autres antiques de ce Palais, j'ai remarqué une très-belle ſtatue Grecque, d'un Philoſophe que l'on croit être Antiſthène, & que l'on dit un Sénéque, ſur quelque traits de reſſemblance, mais ſi légers, qu'ils ne ſuffiſent pas pour appuyer cette opinion : l'ouvrage eſt Grec, & il y a grande apparence qu'il a été apporté d'Athènes à Rome, après que L. Mummius eut ſubjugué l'Achaïe, lorſque l'on fit paſſer de Gréce en Italie une multitude de ſtatues qui y répandirent le goût des arts, environ l'an 610 de Rome.... l'Amour couché dans un berceau antique, de marbre blanc un peu mutilé, curieux en ce qu'il prouve que certains uſages ſe conſervent très-long-tems dans le même pays; il eſt de la même forme que les berceaux dont on ſe ſert encore à Rome, qui ſont des corbeilles ovalles peintes ou dorées, ſuſpendues à deux pilaſtres en bois arrondis comme le fond d'un bateau, pour donner, quand on le veut à la machine, ce mouvement léger qui ſert à endormir les enfans. On remarque dans ce Palais une perſpective formée par une colonnade qui va toujours en s'abaiſſant, la voûte, les corniches & les autres ornemens ſont en ſtucs, imités de l'antiquité : ce petit ouvrage du Boromini, célébre Architecte, a donné au Bernin l'idée du grand escalier du Vatican, appellé *Scala regia*.

Dans les appartemens du haut, il y a plusieurs bonnes fresques, mais dont il est inutile de rien dire attendu qu'elles dépérissent tous les jours, comme les meilleurs ouvrages de ce genre qui sont dans les quartiers de Rome les plus exposés à l'humidité & aux brouillards du Tibre, dont ce Palais est très-voisin : cependant il y a quelques tableaux distingués, encore très-bien conservés.... une charité Romaine peinte d'une maniere nouvelle : l'enfant qui est à côté de la mere, pleure & se désole de ce qu'elle donne à tetter à son grand pere ; l'attention de la femme est partagée entre son enfant qu'elle tâche d'appaiser, & son pere dont elle veut prolonger les jours : cette composition ingénieuse traitée dans la grande maniere du Guide, par le *Pesarese*, qui étoit son éleve, est de la plus belle composition, & très-bien dessinée ; l'enfant sur-tout très-heureusement imaginé pour donner à ce sujet si connu les graces de la nouveauté, est peint avec beaucoup de soin.... Caïn qui tue Abel, figures plus grandes que nature; l'air furieux & sombre de Caïn est effrayant, par le *Pesarese*, qui a tout-à-fait & très-heureusement imité le même tableau du Guide, qui est au Palais public de Bologne..... La prise de Jesus-Christ au jardin des Olives, par *Gherard de la Notté*: la scène se passe pendant la nuit; le tableau n'a d'autre lumiere que celle d'un flambeau, qui est très-bien ménagée & entiérement dans le vrai.... un magnifique St Jérôme de l'*Espagnolet*.... Marc-Antoine & Cléopatre assis à table, Antoine a l'air martial, mais noble & galant; Cléopatre est peinte avec toute la beauté & les graces imaginables, elle tient une coupe où elle est à l'instant de mettre fondre sa fameuse perle; ce tableau a tout le gracieux de l'école Vénitienne; la reine d'Egypte & le grouppe de femmes qui l'accompagnent, sont dignes de Paul Véronese. Le coloris en est beau & vigoureux, par le *Trevisani*. J'observerai que la figure & les traits d'Antoine & de Cléopatre dans ce tableau, sont pris d'après les pierres gravées de leurs tems; Antoine y est représenté dans la force de l'âge, les traits sont grands & nobles, son regard est fier & en même-tems fort amoureux, le cou un peu épais, & la courone de laurier sur la tête. Cléopatre est une beauté brune, qui a de grands yeux noirs, pleins de feu, de tendresse & d'esprit, le nez bien fait un peu large du dessus, la bouche petite & charmante, le front bien ouvert, la forme du visage arrondie & très-agréable, coëffée du diadême royal, & les cheveux arrangés de façon qu'ils ne sont rien perdre de la beauté de ses traits, il est à présumer que des figures peintes avec ce soin & sur les idées prises d'après les Artistes contemporains, doivent être très-ressemblantes (*a*).

(*a*) Le récit de cette débauche extravagante est fort exact dans Macrobe (*l. 3. Saturn. c.* 17). Après avoir parlé des loix portées contre le luxe des anciens Romains, il ajoute qu'il ne veut pas rapporter une loi somptuaire de M. Antoine le Triumvir, qui dans ses débauches avec Cléopatre, surpassa de beaucoup tout ce que la prodigalité ou le luxe le plus outré avoient imaginé..... *Cùm Antonius quidquid mari aut terrâ, aut etiam cælo gigneretur, ad satiandam ingluviem suam natum existimans, faucibus ac dentibus suis subderet, eaque re captus, de Romano Imperio facere vellet Ægyptium regnum.....* Mais Cléopatre qui ne pré-

Didon sur le bucher qui vient de se percer le corps de part en part avec

---

tendoit pas que les Romains dussent l'emporter sur elle par leur luxe, gagea qu'elle dépenseroit à un repas plus de cent sesterces : cela parut merveilleux à Antoine qui accepta la gageure. Numatius Plancus fut choisi pour arbitre. Le lendemain Cléopatre fit servir un repas, qui ne parut pas extraordinaire; alors la Reine souriant de la surprise d'Antoine, se fit apporter une coupe où elle mit du vinaigre fort vif, & détachant une des perles pendues à ses oreilles, elle la jetta dans le vinaigre où elle se fondit promptement, & l'avala : elle avoit gagné la gageure, la perle valoit cent sesterces; cependant pour donner une preuve de sa prodigalité, elle vouloit faire fondre la pareille, lorsque Numatius l'arrêta, & prononça qu'elle avoit vaincu. Ce trait confirme ce que les Historiens Romains ont dit de l'ambition, de la prodigalité & du luxe de cette Princesse.... *Cleopatra modum neque rei venereæ, neque avaritiæ statuere noverat, multa per ambitionem prodigalitate, multa etiam temeraria superbia, utens: regnum Ægyptium amore paraverat, ac eadem arte Romanum quoque adipisci intendens, & hoc non consecuta est & suum insuper perdidit; quumque duos viros Romanorum suo tempore maximos sub se redegisset, propter tertium necim sibi ipsa conscivit.* .... Dio. Cass. l. 51.

La perle qui resta & qui fut apportée à Rome après la mort de Cléopatre, parut si belle

l'épée même du pieux Enée, qui lui

---

qu'on la partagea en deux pour en faire des pendans d'oreille à la ftatue de Vénus, qui étoit au Pantheon. (*Macrob. ibid.*) Ce luxe de Cléopatre fut imité dans la fuite par les Romains :

Filius Æfopi detractam ex aure Metellæ ;
(Scilicet ut decies folidum exorberet) aceto,
Diluit infignem Baccam. . . .

Horat. Serm. 11. Sat. 3.

Il eft queftion dans ce paffage de Clodius, fils du célébre comédien Efope, & probablement de Metella, femme du riche Craffus ; les mœurs ont bien changé depuis ce tems, & les Romains font fort éloignés de ce goût extravagant pour la dépenfe dans leurs feftins ; on n'y fouffriroit plus un comédien auffi impertinent que ce Claudius : ce goût a paffé plus loin.

Ces perles d'une groffeur confidérable, & fans doute de belle eau, ont toujours été l'ornement le plus précieux des Dames Romaines ; Céfar en fit préfent de la plus belle que l'on eût vue à Rome, à Servilie mere de Brutus. . . . . *Ante alias dilexit M. Bruti matrem Serviliam, cui & proximo fuo confulatu, fexagies H-S. Margaritam mercatus eft. . . .* Suet. in Cæf. c. 50. J. B. Egnatius Vénétus dans fes notes fur Suétone, fait monter cette fomme à 150000 Du

en avoit fait présent. On ne sçait trop pourquoi (a).

Il semble qu'en expirant la reine de Carthage fasse ses derniers adieux à sa sœur (b).

C'est le moment que le Peintre a choisi & tout le sujet du tableau, dont l'expression est forte & très-touchante. A côté est un beau grouppe de femmes désolées : dans la perspective le port de Carthage & les vaisseaux d'Enée qui s'éloignent à pleines voiles ; l'Amour en larmes s'envole de l'appartement de

---

cats d'or, la fameuse perle de Cléopatre, estimée cent Sestercet, à 250000.

(a). . . . . *Ensemque recludit*
Dardanum, non hos quæsitum munus in usus..;

(b) *Moriamur, ait, sic, sic, juvat ire sub*
umbras.
Hauriat hunc oculis ignem crudelis ab alto,
Dardanus, & nostræ secum ferat omina mortis;
Dixerat atque illam media inter talia ferro
Collapsam aspiciunt comites, ensemque cruore
Spumantem sparsasque manu. . . . .

Virgil. Enéid. IV.

Didon; cette magnifique composition est du *Guerchin*, extrêmement animée & du plus beau coloris; cependant ce n'est qu'une copie du tableau original qui fut envoyé à Marie de Médicis, reine de France; mais cette copie fut faite sous les yeux du Guerchin, il y travailla lui-même, & en fit présent au Cardinal Bernadino Spada son protecteur.... L'enlevement d'Hélene par Pâris à l'instant de l'embarquement; la figure de Pâris est admirablement dessinée par le *Guide*, qui a souvent traité ce sujet, & dont il y a beaucoup d'excellentes copies que l'on donne pour des originaux...... Dans une autre piéce, le portrait du Cardinal Bernadino Spada par le *Guide*; ce tableau peut aller de pair avec tout ce qu'on connoît de plus parfait en ce genre; on voit que le Guide l'a travaillé avec un soin particulier, & il en a fait un chef-d'œuvre...... le jugement de Pâris par *Jules-Romain*: on y admire la correction & la fierté du dessein de ce premier éleve de Raphaël; il a répandu sur ce sujet, gracieux par lui-même, toutes les graces & l'esprit que l'on peut y souhaiter, le coloris en est assez bien conservé, & ce tableau est très-précieux....... Lucréce appuyée sur un lit qui retire le poignard de son sein, où elle vient de le plonger; elle est au milieu de sa famille, on y reconnoît sur-tout Brutus & Collatin son mari, dans lesquels le sentiment de la vengeance l'emporte sur celui de la douleur, par *Daniel Saiter*, Allemand.... Le tems qui enleve la jeunesse, tableau allégorique de *Solimeni*, qui se soutient à côté des plus grands maîtres d'Italie, par la beauté de son génie & la force de l'expression qu'il met dans ses tableaux, dont le coloris est rarement bon.

11. Palais *Corsini*. Il a été rebâti dans ce siécle par les princes de ce nom: l'architecture en est médiocre, mais son aspect est riant, & la maison partout bien éclairée: sa situation presque au pied du Mont-Janicule, est la cause d'une grande partie des agrémens des vastes jardins qui l'accompagnent, & qui s'étendent jusqu'au-dessus de la montagne, par plusieurs terrasses de bosquets, & des allées couvertes, décorées de statues, & sur-tout de belles eaux.

On y voit une belle suite de tableaux précieux des meilleurs maitres, bien con-

Palais Corsini.

servés ; dans lesquels j'ai remarqué une sainte famille de Frédéric *Barroccio*, dont la fraicheur & l'effet de lumiere sont admirables : le tableau est sans ombre & éclairé de tous côtés, c'est la singularité la plus brillante que l'on puisse voir en peinture.

Cette maison a une belle Bibliothéque très-nombreuse dont on permet l'entrée presque tous les matins; on y trouve une collection considérable d'estampes de tous les pays de l'Europe où la gravure est en honneur.

C'est dans ce palais qu'a habité, & qu'est morte en 1689, la célébre Christine, Reine de Suéde.

J'ai trouvé à Rome des personnes assez bien instruites de ce qui regardoit cette princesse, qui prétendent que son changement de religion n'eut jamais d'autre cause que l'ennui de la décence attachée au trône; elle vouloit être libre & indépendante, & elle imagina avec raison qu'elle jouiroit plus surement de ces avantages à Rome qu'en aucun autre endroit de l'Europe; elle y alla, y fut parfaitement bien reçue; & y auroit joui d'une grande considération, si elle eût respecté au moins extérieurement les usages du pays qu'elle
habitoit

habitoit, mais elle ne cessoit de les fronder & de les tourner en ridicule. Les Officiers attachés à sa personne, vivoient dans le plus grand désordre, & insultoient ouvertement la religion & ses pratiques les plus respectables. Un maître d'hôtel entr'autres affectoit surtout pendant le carême les excès les plus marqués; on m'a assuré qu'ayant fait préparer un très-grand repas en gras, & annoncé un bal le jour même du Vendredi-Saint, il fut tué du tonnerre, ce qui effraya beaucoup la Reine, & fut une espece de triomphe pour les Romains, irrités de tant de désordres impunis, jusqu'à ce moment où le ciel s'en vengea. Si les lettres que l'on a données sous son nom en 1759, sont vraiment d'elle, il est étonnant qu'ayant quitté Rome peu après les avoir écrites, elle y soit retournée; (a) mais je crois qu'il n'y avoit plus

─────────────

(a) Voici deux traits de ces prétendues lettres, l'une écrite de Rome à la Comtesse de Sparte, le 6 Janvier 1656.

Ne croyez pas que quoique je sois dans un pays que les plus grands hommes de la terre ont habités, & où il y a encore des restes merveilleux & éclatans des actions de ces Héros; ne

d'autre séjour dans l'Europe qu'elle pût habiter ; elle passa en France, où elle ne se fit ni aimer ni estimer ; elle se montra en Suéde, d'où on la força de sortir ; elle revint à Rome, toujours sous prétexte de son attachement à la religion, & de son amour pour les sciences & les arts, dont elle s'amusoit effectivement, elle y vécut malgré ses propos licencieux & ses sarcasmes continuels, comblée des attentions des

---

croyez pas que ce soit ici le pays des Sages & des Héros, ni l'asyle des talens & de la vertu. O César ! ô Caton ! ô Ciceron ! maître de la terre, votre Patrie si illustre par vos vertus & par vos exploits, devoit donc pour la honte & le malheur de l'humanité, être un jour en proie à l'ignorance grossiere, & à la superstition aveugle & absurde. Il n'y a plus ici que des obélisques & des palais somptueux, mais des hommes, non !

L'autre au Baron Gillenstierna.

Je cours risque de mourir de faim à Rome, si Dieu ne m'aide. Vous croyez peut-être qu'on trouve ici des amis & des prêteurs : sçachez qu'il n'y a que des *Fursanti*, des *Coïoni*, des *Histrioni*, des *Illustrissimi Fanchini*, des donneurs de bénédictions, & qu'il en pleut de ces gens là qu'on trouve par-tout, & qui par-tout sont *fastidiosi*.

Papes & des Cardinaux, qui respecterent toujours en elle la majesté du trône auquel elle avoit renoncé. Pasquin seul fut assez hardi pour dire ce qu'il en pensoit, & la peindre avec des couleurs fortes mais naturelles.

Pazza, gobba è zoppa, vienne dal norte
Del monarcha invitto l'indigna filia
. . . .
Vuol parer' dotta ed è rossa pedante.....

Et le reste où ses mœurs ne sont pas plus ménagées que sa figure & son érudition, elle logeoit alors au palais Farnèse en 1656... Voyez l'Espion Turc t. 4 l. 29. Voici le portrait que Misson en fait & qui la vit à Rome en 1688. Elle étoit fort grasse & fort grosse; elle avoit le teint, la voix & le visage mâle, le nez grand, les yeux grands & bleus, un double menton parsemé de quelques longs poils de barbe, la lévre inférieure un peu avancée, les cheveux châtains clair, longs comme le travers de la main, poudrés & hérissés sans coëffure, en tête naissante, (goût qui avoit passé à Charles XII, son petit neveu) un air riant, des propos libres & des manieres tout-à-fait obligeantes. Pour habillement un juste-au-corps d'homme de satin noir, tombant sur le genou, & boutonné jusqu'au bas; une jupe noire fort courte qui découvre un soulier d'homme, un nœud de ruban noir au lieu de cravatte, une ceinture par-dessus le juste-au-corps, laquelle bride le bas du ventre, & en fait amplement paroître la rondeur. Elle parut en France en 1658, à peu près dans cet équipage, excepté qu'elle portoit une perruque, & que je n'ai vu nulle part faire mention de cette ceinture singuliere dont parle Misson.

Petit Farnèse.

12. Le petit palais Farnèse au-delà du Tibre (*Farnesia alla longara*). La galerie qui sert de vestibule au reste des appartemens, a été peinte par Raphaël, & ses meilleurs éleves tels que Jules Romain & François Penni, pour Auguftin Chigi, noble Siennois, qui faisoit à Rome la profession de banquier. Toutes ces peintures sont à fresque, & comme cette galerie a été long-tems ouverte & très-voisine du Tibre, l'humidité les avoit beaucoup gâtées. Carlo Maratti en a rétabli quelques unes, & a mis un fond bleu aux tableaux du plafond, & à ceux de côté, qui fait ressortir les peintures avec beaucoup de

vivacité, mais qui rend le coloris très-dur. Les sujets des deux grands tableaux du plafond, sont dans l'un : l'assemblée des Dieux, & Vénus qui vient se plaindre à Jupiter de Cupidon, qui osoit malgré elle avoir une passion si vive pour Psiché, qu'il vouloit l'épouser. L'Amour sans bandeau, sans arc & sans carquois, se défend d'un air très-suppliant : on voit que la pensée de ce tableau est grande, que l'ordonnance & le dessein la rendent bien, mais le coloris en est devenu si désagréable & si pésant, que toute la chair y ressemble à de la brique ; il en est de même du second tableau qui représente le banquet des Dieux, dans lequel le mariage de l'Amour avec Psiché est approuvé, & où elle est reçue au nombre des Divinités : ces deux grands morceaux peuvent fournir d'excellens modèles de dessein, & de figures de caractére bien rendues. On voit dans le premier la différence des trois freres, Jupiter, Neptune & Pluton, peints avec un génie merveilleux, qui les caractérise en leur conservant la ressemblance qui doit se trouver entre les enfans d'un même pere : *Mesto Plutone*, dit le Bellori, *fiero Nettuno, benigno*

Giove, in tale semblanza lisinge, ché nella loro dissimilitudine, ritengono la simiglianza fraterna, non discordando d'ella loro origine, é riconoscendo si tutti tré nati aa un medesimo pare Saturno.... Le Jupiter sur-tout appuyé sur son coude, qui écoute attentivement l'Amour, a un caractére de bonté & de majesté qui est vraiment divine. Dans le second, la variété n'est pas moins belle; les Dieux y boivent ensemble le nectar & l'ambroisie, ils sont tous gais, mais la gaieté de Neptune & d'Amphitrite, ne ressemble pas à celle de Proserpine & de Pluton. Parmi les tableaux qui sont dans les lunettes & les triangles, ceux de Vénus sur son char qui conduit par les rênes deux colombes blanches, de Mercure qui enléve Psiché pour la porter au ciel, & d'une des Graces, conservent encore quelque beauté de coloris : s'ils ont été réparés par Carlo Maratti, il seroit à souhaiter qu'il eût aussi bien réussi dans tous les autres, en travaillant à conserver les ouvrages du grand Raphaël, il eût beaucoup fait pour sa propre gloire.

Dans les appartemens du haut on voit la Galathée de Raphaël, peinture connue par les estampes & par sa réputation; mais elle n'a plus rien qui attache que la maniere dont elle est dessinée; le coloris en est absolument perdu, & ce qui reste des teintes les plus fortes est devenu noir; on y retrouve encore une sublimité d'expression, une pureté de style, qui justifie ce que la Renommée a publié de l'illustre Raphaël, qui le met au-dessus de tous les artistes : *Di costui fece dono al monpo la natura, quando vinta dall'arte per mano di Michel Angelo Buonarotti, vuole in Raffaele esseré vinta dall' arte è da i constumi insieme.* Le Vasari en donnant le prix à Raphaël au-dessus de Michel-Ange, le met incontestablement au premier rang, aussi ajoute-t-il : *Laonde si puo dire sicuramente che coloro, che sono possessori di tante varie doti, quante si videro in Raffaele da Urbino, siano non oominï semplicemente, ma se, cusi é lecito dire, dei mortali.* En voyant l'état où la plupart des chefs-d'œuvres de Raphaël sont réduits, on peut bien dire qu'il n'en restera un jour que le souvenir; & que l'on en parlera comme de ceux du Timante & des autres peintres Grecs, dont il ne reste plus que les descriptions, qui cependant conservent la splendeur de leur nom, dans l'espece d'immortalité à laquelle ils pouvoient prétendre; quoique le même Vasari leur promette une récompense bien plus durable; *Posso*, dit-il, *anche sperare d'avera a godere in cielo, condegno guidernone alle fatiche, è meriti loro.*

On voit sur une cheminée une peinture à fresque qui représente la forge de Vulcain : on l'attribue à Raphaël ou à Jules Romain : l'idée & le dessein sont dignes de l'un & de l'autre.

Dans la galerie où est la Galathée, sont quelque peintures du Sodoma, peintre contemporain de Raphaël, & qui avoit la ridicule ambition de vouloir se mettre en parallèle avec lui, quoiqu'on ne remarque rien dans ces tableaux médiocres, qu'un certain goût de dessein & de composition de l'école Romaine, dans un degré fort inférieur; ce qu'il y a de mieux est l'idée d'un tableau prise entierement dans l'Hérodote de Lucien (t. 1. de la Trad. d'Abl.)

« De notre tems, dit-il, Aëtion ex-
» posa publiquement aux jeux olympi-
» ques le tableau des Amours de Ro-

» xane & d'Alexandre.... C'est une
» chambre magnifique où l'on voit as-
» sise sur son lit Roxane toute écla-
» tante de gloire, mais plus brillante
» encore par sa beauté, quoiqu'elle
» baisse les yeux de honte, pour la
» présence d'Alexandre qui est debout
» devant elle. Mille petits Amours sou-
» riants voltigent autour, dont les uns
» levent son voile par derriere, comme
» pour la montrer au Prince, les autres
» la déshabillent. Quelques-uns tirent
» Alexandre par le manteau, comme
» un jeune époux plein de pudeur, &
» le présentent à sa maîtresse. Il met
» à ses pieds sa couronne en la com-
» pagnie d'Ephestion, qui tient un
» flambeau à la main, & qui s'appuie
» sur un beau garçon, qui représente
» l'hymenée : voila le principal dessein
» du tableau. A côté sont d'autres pe-
» tits Amours qui folâtrent avec ses
» armes : les uns portent sa lance tous
» courbés, comme des portefaix sous
» un fardeau trop pesant; les autres son
» bouclier, sur lequel il y en a un d'as-
» sis qu'ils menent comme en triom-
» phe, tandis qu'un autre est comme en
» embuscade dans sa cuirasse, qui les
» attend au passage pour leur faire

» peur; & cette galanterie n'est pas
» inutile, mais elle sert à faire voir
» l'humeur belliqueuse d'Alexandre,
» qui, au milieu des plaisirs n'abandon-
» noit pas le soin de la guerre. Voilà
» la description de ce chef-d'œuvre...
» & c'est exactement celle du tableau
du *Sodoma*, qui guidé par Lucien, a
fait la composition la plus gracieuse,
mais avec des talens dont la médiocrité se fait d'autant mieux sentir, que
l'idée en est plus belle. On voit encore
mieux sa foiblesse dans les deux autres
tableaux, dont l'un représente la tente
de Darius, & l'autre une bataille, dans
lesquels il n'a pas suivi les anciens qui
ne lui fournissoient point de description.

Au fond de cette même galerie, on
voit une tête de Faune deux fois grande comme nature, dessinée avec du
charbon au haut de la muraille : elle
est parfaitement conservée & très-belle;
le respect que l'on avoit pour les desseins de ce grand maître, a empêché
qu'on ne peignît cette partie de la muraille; on ne doit pas en être étonné,
puisque Pierre Aretin que l'on appelloit
le fléau des Princes & des Grands, qui
s'étoient faits ses tributaires, pour évi-

ter les traits de sa satyre, écrivoit à Michel-Ange en 1544... *Mà perche, Signore, non rimunerate voi la tanta divozione di me, ché inchino le celesti qualita di voi, con una reliquia, di quelle carte ché vi son' meno caré? Certo ché apprezzarei due seigni di Carbone in un foglio, più ché quante coppe è catene, mi presento mai questo principe è quello...* On peut juger par-là à quel point l'enthousiasme étoit monté : le génie fier & sublime de Michel-Ange avoit subjugué tous ses contemporains, même le mordant Aretin.

On a apporté du palais Farnèse quelques statues antiques dans cette maison, parmi lesquelles est la Vénus *Callipige*, ou aux belles fesses, qui a eu jadis des temples dans la Gréce (*a*), d'où il ne

───────────

(*a*) *Voluptati sic incubuere ejus ætatis homines ut Callipigo veneri templum ædificarint hac de causa. Rustici viri formosæ duæ filiæ in publicam viam egressæ, ambitiosius intra se decertabant uti pulchriores nates essent. Prætereunti juveni cujus pater senior erat, inspiciendas se ambas obtulerunt. Utramque ille conspicatus, natu majoris pulchriores esse judicavit, & ejus amore captus est. Reversus in urbem, cùm æger decubuisset, juniori fratri ex-*

F vj

paroît pas douteux que cette statue ne soit passée à Rome; ce peuple aimable étoit si sensible aux graces & à la

___

posuit quod acciderat. Rus ille profectus & Puellas contuitus, alteram amavit. Juvenum pater cùm instaret ut splendidius matrimonium sibi quærerent, idque persuadere non posset, puellarum non invito parente, illas evocat ex agro, & cum filiis collocat. Eas cives   nominarunt, ut narrat in ïambis Vercidas Megalopolitanus his verbis:

Syracusis Callipygon par fuit
Amplas facultates nactæ illæ, Veneri
Quam & Callipygon nominarunt, ædem construxerit.....

Athen. l. 12.

Il y a dans ce récit une sorte de naïveté qui peint la simplité des mœurs de ce tems, & combien elles étoient éloignées de toute dissimulation même dans le sexe que l'on croit le plus rusé & le moins sincere.....

Crede ratem ventis, animum ne crede puellis,
  Namque est feminea, tutior unda, fide.
Femina nulla bona; vel si bona contigit ulla,
  Nescio quo fato, res mala facta bona....

On attribue ces vers à Ciceron : ils sont à la suite d'une édition d'Ausone de 1595.

beauté, qu'il trouvoit quelque chose de divin dans toutes les formes sous lesquelles elles pouvoient se présenter; delà, les différens noms donnés à Vénus, la multiplicité de ses temples & de son culte. L'origine du nom de *Gallipige*, est une Anecdote curieuse de l'histoire grecque. La tête de cette excellente statue a été perdue, & on ne peut trop la regretter, si sa beauté répondoit au reste du corps, dont tout ce qui se voit de nud est au moins aussi parfait que la *Vénus de Médicis*; la drapperie qu'elle releve devant elle, est bien traitée, & d'une maniere simple: elle a la tête tournée tout-à-fait sur l'épaule, comme pour regarder par derriere; si véritablement il y a eu en Gréce des temples dédiés à Vénus *Callipige*, elle devoit présenter d'abord la beauté qui la faisoit honorer sous ce nom, & par conséquent avoir la tête absolument tournée du côté de ses fideles serviteurs; tous les plus célébres Artistes ont essayé de rétablir cette tête, & aucun n'a pu y réussir: on s'apperçoit combien le travail de celle que l'on y a adoptée, est inférieur au reste du corps. J'ai vû à Rome un jeune sculpteur François occupé à en faire une copie, qu'il devoit envoyer à Paris, elle étoit encore trop peu avancée, pour que l'on pût prononcer fur fon mérite. Je ne dis rien des autres antiques qui font dans ce Palais, & qui font d'un travail grec, parmi lefquels on croit reconnoître les buftes de Socrate, de Carneades, & d'Homere. J'ai déja dit pourquoi les infcriptions que l'on y a ajoutées ne méritent aucune foi.

Jardins, Vignes, Maisons de Campagne à Rome, & dans les environs.

13. Ce que les Romains appelloient *Villa* ou maison de campagne, étoit pour eux un objet de grande importance, non-seulement par l'utilité qu'ils en retiroient, mais par les agrémens qu'ils y trouvoient. Rome, centre de toutes les grandes affaires de l'univers, étoit toujours dans un tumulte, qui permettoit rarement d'y trouver les douceurs du repos, qu'il falloit aller chercher à la campagne. C'est-là qu'ils vivoient & qu'ils regnoient.

Idée des Vignes ou Jardins de Rome.

. . . . . Vivo & regno simul ista reliqui,
Quæ vos ad cælum effertis rumore secundo.

Hor. E. 10 l. 1.

Aussi le placement de ces maisons, leur construction & leur entretien ont toujours paru dignes de leurs soins & de leurs attentions; Varron & Columelle ont donné à ce sujet des préceptes qui sont de tous les pays & de tous les tems, & si conformes à l'utilité, que l'on ne peut, même à présent, mieux faire que de s'y conformer (a).

Un des priviléges des Empéreurs dans les élections tranquilles, étoit d'aller immédiatement après, passer quelques jours à leurs maisons de campagne; ils avoient encore celui d'y passer trente jours dans le tems de la vendange; les plaisirs auxquels on s'y livroit étoient conformes au goût des princes

---

(a) *Petatur aer calore & frigore temperatus. quem fere medius obtinet collis, quod neque depressus, Hieme pruinis torpet, aut torret æstate vaporibus; neque elatus in summa montium, perexiguis ventorum motibus, aut pluviis, omni tempore sævit. . . . Hæc igitur est medii collis optima positio, loco tamen paululum intumescente, ne cùm à vertice torrens imbribus conceptus effluxerit, fundamenta convellat. . . .* Colum. *de re rust.* l. c. 5.

Villam ædificandam, potissimum ut intra septa villæ aquam, si non quàm proximè, primum quæ ibi sit nata, secundum quæ influat perennis. Si omnino aqua non est viva, cisternæ faciendæ sub tectis, & lacus sub dio, ex altero loco ut homines, ex altero ut pecus, uti possit. . . . . . Varro. *de re rust.* l. 1. c. 1.

regnants. Les Antonins paſſoient ce tems à jouir des agrémens de la campagne, avec quelques amis ſages & choiſis. Les autres s'y livroient au plaiſir avec une pétulance & des excès, qui n'avoient d'autres bornes que l'impoſſibilité d'aller plus loin, on peut voir dans Tacite (l. 11. An.) ce qu'il rapporte des bacchanales que Meſſaline célébroit dans ce tems avec le beau Silius, qui s'y montroit ſous la forme de Bacchus & avec ſes attributs.

Quant à la magnificence des maiſons de campagne, on en peut juger par les ruines qui ſe voient, le long de la mer de Pouzzols à Cumes, par celles de l'empereur Adrien à Tivoli, & mieux encore par les deſcriptions de celle de Lucullus que les Romains appelloient *Xerxes Togatus*; & par l'idée que Pline le jeune (Ep. 17. l. 2.) donne de ſon *Laurentinum*, ou maiſon de campagne ſituée à dix-ſept milles de la ville ſur le rivage de la mer, entre Oſtie & Antium; & qui étoit d'une magnificence & d'une étendue à laquelle peu de maiſons de plaiſance, même des ſouverains de ce tems, peuvent être comparées.

Le tems de ce grand luxe eſt paſſé, les Souverains Pontifes eux - mêmes quand ils vont en villegiature à Caftel-Gandolfe, y menent une vie privée, où ils ne voient que ceux qui font marqués pour être du voyage, & quelques prélats particuliérement intéressés à leur faire la cour, ou à leur parler d'affaires preffantes.

Les princes Romains à Frafcati furtout & à Tivoli, vivent plus fplendidement & dans une fociété plus liée les uns avec les autres qu'à la ville. On trouve dans l'hiftoire anecdote de Rome plufieurs villegiatures fameufes par les affemblées nombreufes, les fêtes, les fpectacles, & les repas fomptueux qui s'y donnoient.

C'eft de ces maifons de campagne, vignes, ou jardins (comme on voudra les appeller) que je vais dire quelque chofe, plus par rapport à ce qu'elles contiennent de rare & de curieux, que par rapport à leurs fituations, & à la maniere dont elles font plantées ; il fuffira d'en donner une idée pour n'avoir pas à revenir fur cet article, à chaque changement de lieu ou de maifon.

Les étrangers & fur-tout les François, trouvent peu de beautés dans les jardins de Rome, parce qu'ils ne reffemblent pas à ceux de France, à ces parterres immenfes, à ces boulingrins qui ne présentent rien à la vue qu'une surface plate sur laquelle sont tracés quelques desseins dont le sable fait le fond : ils croient avoir tout dit, quand ils ont prononcé que les jardins d'Italie ne peuvent pas entrer en comparaison avec les jardins de France, pour l'agrément, & le goût léger de décoration.

On répond à cela, qu'ils sont d'un tout autre goût, & qu'ils ne doivent même pas se ressembler : le sable nécessaire à nos jardins manque entiérement en Italie; ensuite nos plantations légeres, nos parterres plats, nos boulingrins, y périroient promptement dans les chaleurs de l'été; ils n'auroient d'agrément qu'autant qu'ils seroient bien garnis de fleurs pendant les premiers jours du printems, encore le soleil y est-il alors fort vif, & les fleurs y passent beaucoup plus promptement que dans nos climats septentrionaux.

Pour se garantir des chaleurs de l'été, avoir des jardins & des promenades d'une beauté plus durable, & qui eussent de l'agrément, même dans la rigueur de l'hyver; on a préféré à Rome, à Naples, à Florence & à Gênes, les belles & fortes palissades de lauriers de toute espece, qui mêlés ensemble forment une agréable variété, & conservent dans le fort de l'hyver, une verdure qui n'a rien de la tristesse des arbres noirs, & qui alors même est entremêlée des fleurs du laurier thim, qui parent merveilleusement la palissade, & qui durent jusqu'à ce que les jasmins, les chévrefeuils & les roses reparoissent avec les premiers jours du printems. Ce goût de plantation a été suivi dans les jardins de Rome & des environs, qui tous cependant ont un parterre plat qui accompagne la maison, & dont la grandeur est proportionnée à celle de l'emplacement, & au point de vue qu'on a voulu lui donner. Dans celles qui occupent un vaste espace, comme les vignes Borghese & Pamphile, & que l'on peut regarder comme de très-grands parcs, il y a des plantations de toute espece, des bois même & des pâturages où l'on nourrit du bétail, ce qui cause une agréable variété dans les longues promenades que l'on y peut faire.

Il m'a paru encore que les plantations d'orangers, de citroniers, de grenadiers, & d'autres arbres à fleurs & à fruits de cette espece, étoient une beauté réelle dans ces jardins, où l'on trouve par-tout les plus belles eaux & en abondance.

Je conviens qu'il y a long-tems que les jardins de Rome font dans ce goût, que la vigne Borghèse est plantée depuis cent cinquante ans, & que l'on n'a rien changé à l'ordre qu'on lui donna alors; la vigne Estanse à Tivoli, celle de Pamphile à Frascati, font telles qu'elles étoient il y a plus d'un siécle; alors on les regardoit comme les merveilles du monde : les François même de ces tems les admiroient, & ne croyoient pas que l'on pût rien faire de plus magnifique. La beauté & l'abondance de leurs eaux, les formes variées fous lesquels elles s'échappent dans l'air, l'adresse des ouvriers Italiens dans ce genre les charmoit. Les choses font encore au même état, & on les regarde à peine, parce que la magnificence de Versailles a tout effacé; mais quelle comparaison à faire entre un gentilhomme Romain, décoré du titre de prince si commun en Italie, & le plus grand Roi de l'univers.

Leurs jardins m'ont paru beaux & bien étendus relativement au pays où ils font; ces épaisses & hautes palissades de lauriers, offrent dans l'hyver même des promenades agréables à l'abri des vents, & en été un couvert épais, impénétrable aux rayons du soleil, & une fraîcheur délicieuse; tout cela accompagné de belles eaux, peuplé de statues précieuses, enrichi de bas-reliefs & d'inscriptions qui semblent être placées là pour réunir tous les tems, tous les états & même tous les pays. Le granite & le porphyre d'Egypte, les marbres d'Afrique & de Paros, ceux de Sicile & d'Italie sont rassemblés; Apollon, Hercule, Jupiter, Vénus & Diane, Auguste, Cléopatre, les Agrippines & les Antonins, rapprochent les tems fabuleux & héroïques des plus beaux siécles de l'Empire Romain, qui ont encore quelque existence par ce moyen, & à côté desquels on voit Rome moderne & vivante dans ses princes & ses prélats qu'on trouve mêlés avec les demi-dieux, les consuls & sénateurs. Ce spectacle ainsi varié, est un livre toujours ouvert, qui me paroissoit aussi amusant qu'instructif, & qui rendoit les promenades de ces jardins très-agréables.

On me demandera peut-être s'il est facile d'y entrer, s'ils sont toujours ouverts? Les portiers ne manquent jamais de politesse & d'attentions pour ceux de qui ils ont reçu la *buona mancia*, & desquels ils l'espérent encore; cette clef ouvre toutes les portes à Rome, comme ailleurs.

14. La *Villa Médicis* des grands ducs de Toscane, aujourd'hui appartenant à l'empereur, se présente d'abord dans mes mémoires; de tous les jardins de Rome c'est celui où je me suis promené le plus souvent, il est vraiment public, & ouvert en tout tems; c'est le seul où on entre gratis. J'étois logé dans son voisinage sur la place de la Trinité, dans le quartier de Rome le plus élevé, & où l'air est le plus sain; sur le mont *Pincio*, qui domine absolument la ville, que l'on découvre dans toute sa largeur, qui de là jusqu'à l'extrémité du Vatican, n'est de guère moins de trois milles. Ce quartier outre la salubrité de la position est d'autant plus agréable à habiter, que l'on n'y est exposé à aucune incommodité de bruit, que la vapeur de toutes ces cuisines publiques qui infectent presque toutes les rues & tous les quartiers de Rome, ne peut pas s'élever jusques-là, & que très-souvent on voit le bas de la ville couvert d'un brouillard épais, tandis que l'on jouit sur cette

Villa Médicis.

montagne du plus beau ciel, & d'un soleil brillant.

Non est in totâ, lætior urbe, locus....
Martial.

On y monte de la place d'Espagne, par un des plus magnifiques escaliers qu'il soit possible de voir : il est entiérement construit de pierres de Tivoli, (Travertini) bien ouvert, & partagé en différens repos, ce qui fait que malgré sa hauteur qui est de cent trente-cinq marches, il est peu fatiguant; si cette construction étoit décorée de statues & de vases, comme elle le pourroit être, ce seroit l'une des plus belles choses de Rome. Les voitures montent de la place d'Espagne, à ce quartier par des rues qui y conduisent par une pente fort douce, entre le Quirinal & le Pincio.

La maison ou palais qui accompagne le jardin Médicis, n'a rien de plus remarquable que sa situation avantageuse, qui commande la plus grande partie de la ville; sa façade intérieure est revêtue de plusieurs bas-reliefs, d'un beau travail & bien conservés, parmi lesquels le combat d'Hercule contre le lion de Neméé

Nemée; un Horatius Cocles qui passe à cheval le Tibre à la nage; des sacrifices antiques qui paroissent avoir fait partie de quelques frises de temples; aux côtés sont plusieurs inscriptions, dont les plus remarquables sont celles qui ont rapport aux Rois, Mithridate, Tigrane & Ariobarsane... sous le portique six statues des Sabines. Les dames Romaines les honoroient de quelque culte religieux, à la fête appellée *Matronalia*, qu'elles célébroient le premier de Mars, en l'honneur du dieu Mars; parmi les différentes causes qu'Ovide donne à cette fête: la premiere est de ce que les Sabines enlevées par les Romains qui les épouférent, arrêterent par leurs larmes, la guerre cruelle qui étoit prête à s'élever entre leurs peres, leurs freres & leurs époux.

Aut quia committi stridis mucronibus ausa,
 Finierant lacrimi, Martia bella suis.

Ces statues sont dans le goût Romain, grand & majestueux, mais peu agréable.... une très-belle tête de Jupiter Capitolin que l'on croit la même qui étoit au-dessus de la porte du Palais des Empereurs..... dans des niches aux deux côtés du vestibule, deux statues des Rois captifs, les draperies sont de granite oriental, les têtes, les mains & les pieds sont de marbre; on voit beaucoup de ces statues à Rome toutes à-peu-près du même goût & dans le même style, peu agréables mais précieuses par leur ancienneté, & en ce qu'elles sont presque toutes de porphyre & de granite; les draperies en sont bien conservées, mais d'ordinaire les têtes, les pieds & les mains qui étoient d'autres marbres, ont été restaurés.... les deux lions, dont l'un antique & l'autre moderne, sur lequel est écrit le nom de Flaminius Vacca, sculpteur & antiquaire du seizième siécle..... vis-à-vis du vestibule, à la tête du parterre sont deux baignoires antiques, de granite d'Egypte, aussi curieuses dans leur genre que les obélisques : autant qu'il peut m'en souvenir elles ont vingt-deux pieds de longueur, onze de largeur, & quatre de profondeur; le fond en étoit si épais, que le Cardinal de Médicis, qui fut depuis le grand Duc Ferdinand II. en fit enlever les deux tables prodigieuses qui sont dans la grande galerie.

Au fond de la grande allée de ce Jardin qui va du midi au nord, sous un bâtiment fait exprès, sont placées les célébres statues de Phidias qui forment l'histoire de l'aventure tragique de Niobé: elles sont au nombre de quinze, y compris un cheval & un vieillard, disposées par grouppe de trois; toutes ces statues m'ont paru de grandeur naturelle, excepté celle de Niobé, qui a au moins sept pieds & demi de hauteur : elle est de la plus grande expression ; on voit cette Princesse orgueilleuse de sa fécondité (*a*), qui avoit osé mépriser Latone;

(*a*) Ausone s'est amusé à faire l'épitaphe suivante à Niobé....

Thebarum regina fui, sipileia cautes
  Quæ modo sum, læsi numina Latoidum.
Bis septem natis, genitrix læta atque superbo
  Tot duxi mater, funera quot genui.
Non satis hoc divis, duro circumdata saxo,
  Amisi humani corporis effigiem;
Sed dolor, obstrudis quamquam vitalibus, hæret,
  Perpetuasque rigat fonte pio, lachrimas.
Proh, facinus, tantæne, animis cælestibus, iræ?

pénétrée d'une douleur superbe & furieuse, de ne pouvoir souftraire fa malheureuse famille aux traits d'Appollon & de Diane; elle tient entre ses bras, sur son sein, enveloppée dans sa robe, la plus jeune de ses filles dont elle demande la vie : elle leve les yeux au ciel, elle crie!

Ultima restabat, quam toto corpore mater,
Tota veste tegens; unam minimamque relinque,
De multis minimam posco, clamavit & unam...

(*) Ovid. Met. l. 6....

C'est sur cette statue, sur son expres-

Durat adhuc Luctus, matris imago perit.

Le Poëte fait ici allusion aux sources qui étoient au pied des rochers de Sipilus dans la Péloponèse, & que la Mythologie regardoit comme produites par les larmes de Niobé, changée en ces rochers.

(*) Les Poëtes Grecs ne sont pas d'accord sur le nombre des enfans de Niobé, Homere dit qu'elle en eut douze, Euripide quatorze, Sapho dix-huit, Pindare vingt; d'autres trois seulement, ce qui n'est pas sensé; elle n'auroit pas eu de quoi s'élever si fort au-dessus de Latone. Phidias a préféré le sentiment d'Homere à tous les autres, car si tout son ouvrage a passé de Gréce à

sion même, qu'Ovide avoit pris ces idées qu'il rend avec tant d'élégance & d'esprit. je n'en dis pas davantage sur la beauté de cette statue. Les autres, quoique de la même main, n'ont pas une expression si frappante ; la figure d'un des fils qui est couché & qui est de beau marbre parien, est excellente : c'est la meilleure de toute la famille, par rapport à l'attitude, la pureté des contours, & la vérité même de la nature ; celle d'une de ses sœurs qui regarde en l'air, & qui paroît en se couvrant de son voile, vouloir se garantir du trait qui va la frapper, est encore très-belle. On peut douter légitimement si le vieillard qui est mêlé avec les autres, est de la même main ; ou il a été restauré pour la plus grande partie, ou il n'a été placé avec la famille de Niobé, que parce qu'il regardoit en l'air avec quelque

---

Rome, comme on ne peut pas en douter, & qu'on l'ait retrouvé complet dans ces derniers tems, il ne lui a donné que douze enfans, six fils & six filles..... *V. Aulu. l.* 20, *c.* 6. Pline l. 36, c. 5. dit que l'on doutoit si ces statues qui étoient dans le temple d'Apollon étoient de Phidias ou de Praxitelle. Ce doute est au moins une preuve de l'excellence de l'ouvrage.

effroi, comme s'il eût été menacé du même malheur. Ces ſtatues ont été trouvées en terre hors la porte St. Jean, ſur la fin du ſeiziéme ſiécle.

Mais de toutes les ſtatues qui ſont dans ce jardin, aucune ne m'a paru auſſi admirable que Cléopatre mourante, qui eſt dans une eſpece de niche ou de chapelle, conſtruite ſur les murs même de la ville, qui enferment de ce côté-là la Villa Médicis. Cette ſtatue a au moins douze pieds de proportion, d'un travail excellent dans lequel l'Artiſte paroît avoir déployé toutes les reſſources de ſon génie, pour rendre de la maniere la plus expreſſive & la plus frapante, le grand ſujet qu'il avoit à traiter : la reine d'Egypte eſt repréſentée avec toute la magnificence royale dont elle s'étoit parée l'inſtant avant ſa mort : *Veſte ſe omnium elegantiſſimâ induit, ac quàm potuit pulcherrimè exornavit, omnique habitu regio aſſumpto, vitâ exceſſit.* Comme ſa mort fut volontaire, qu'elle ſe la donna jouiſſant d'une pleine ſanté, elle a toute ſa beauté; elle expire ſans convulſions, ſans douleur, de l'effet d'un poiſon très-ſubtil, qui arrêtoit tout de ſuite le mouvement du ſang, ſans cauſer aucun désordre dans l'économie animale; quel étoit ce poison ? quel fut ce genre de mort ? on n'en est pas assuré. Suetone dit : que l'on croyoit qu'elle étoit morte de la morsure d'un aspic. Dion Cassius, l. 51. dit expressément que l'on n'avoit jamais sçu quel genre de mort avoit coupé le fil de ses jours. On trouva seulement quelques légeres piquures sur son bras gauche, occasionnées, ou par la morsure d'un aspic qu'elle se fit apporter, caché dans des fleurs, ou par l'application d'un poison si actif, que dès qu'il avoit touché une seule goutte de sang sortant du corps, il s'y répandoit avec une promptitude inconcevable; il ne falloit pour en éprouver l'effet, que se faire une légere piquure : on croit qu'elle se servit pour cela de son aiguille de tête... (a).

(a) *Alii acum ab ea qua capillum componere solita esset, veneno inundam tradunt: cujus ea fuerit natura, ut cùm corpori aliàs nullum damnum injungeret, ubi primùm tamen sanguinem vel minimum attigisset, mortem celerrimam & absque omni dolore adferret; hanc acum ab ea more suo in capite hactenus gestatam, tùm detractam, brachioque prius alia re sauciato sanguini immissam fuisse.*

Octave ayant appris que Cléopatre étoit mourante, en fut extrêmement surpris; il vint avec précipitation, lui fit donner des remédes contre le poison; fit appeller des *Pſylles*, eſpece d'hommes que l'on croyoit naître avec la vertu d'arrêter l'effet du poiſon, & de le faire ſortir du corps en le ſuçant, pourvû qu'il lui reſtât encore quelque principe de vie (*a*); mais l'effet du poi-

---

(*a*) Les Pſylles étoient des peuples de Lybie, qui avoient la vertu naturelle d'empêcher l'effet du venin des ſerpens les plus dangereux; de les arrêter & de les engourdir, & même de les faire mourir en les approchant. C'eſt ainſi qu'en parle Pline. *Hiſt. nat. l.* 7. Caton ayant à traverſer les déſerts de la Lybie, mena avec lui de ces Pſylles, pour qu'ils guériſſent tout de ſuite ceux qui ſeroient mordus par les ſerpens dont ces pays étoient infectés.

. . . . . . *Genus unica terras*
Incolit à ſævo ſerpentum innoxia morſu,
Marmaridæ Pſylli; par lingua potentibus her-
bis. . . . .

Lucan. Phars l. 9.

Ces peuples voyant la confiance que l'on avoit à leur vertu ſecrette, ſe répandirent en Italie, &

son étoit consommé : toutes les tentatives que l'on put faire pour tirer Cléopatre des bras de la mort, furent inu-

essayerent même au rapport de Plutarque, de la peupler des serpens & des scorpions d'Afrique, pour avoir par ce moyen plus d'occupation & gagner davantage. Le célèbre médecin Celse, qui étoit très-capable de juger de ce fait, qui avoit du rapport à l'histoire naturelle, dans laquelle il étoit habile, prétend que toute la science & la vertu des Psylles, consistoit dans l'assurance que l'habitude de sucer les plaies faites par les animaux vénimeux, leur avoit donnée, que le venin de la plûpart des reptiles & autres insectes, consistoit moins dans son goût ou dans sa propre substance, que dans l'action même de la morsure qui le communiquoit immédiatement au sang, en déchirant & en ouvrant les vaisseaux où il coule, & que quiconque sera assez assuré pour sucer tout de suite une plaie faite par un animal vénimeux, ne court aucun risque lui-même, & guérira infailliblement celui qui aura été blessé.... *Ergo quisquis exemplum Psyllis secutus exusserit, & ipse tutus erit, & tutum hominem præstabit*.... Cornel. Celf. l. v.

Aulug. l. 16, c. 11. prétend que les Marses en Italie descendans de Marsus, fils de Circé, avoient la même vertu sur les serpens, & *incantationibus herbarumque succis, faciunt medelarum miracula*...... Mais il falloit pour cela qu'ils ne se fussent point mêlés par le mariage avec aucun étranger. Ces Marses occupent au-

G v

tiles. Octave qui crut pouvoir alors regarder cette princesse sans péril, admira encore sa beauté, fut touché jusqu'aux larmes de la cruauté des destins qui l'avoient forcée de quitter la vie si

---

jourd'hui une partie de l'Abruffe, & je crois qu'ils n'ont rien confervé de la vertu de leurs ancêtres ; Aulugelle parle à ce sujet des Pſylles, que fur la foi d'Hérodote, il croit avoir péri dans les fables ; mais il eſt étonnant qu'il fe trompe auſſi lourdement, puiſque les autres Romains, contemporains, & même poſtérieurs à Auguſte, s'accordent tous à dire que ce Prince fe fervit des Pſylles, pour tâcher de retirer par leur moyen, Cléopatre des bras de la mort. Au reſte ce qui pouvoit avoir agguerri les Pſylles contre les morfures des ferpens & même des viperes, c'eſt que probablement elles étoient auſſi peu dangereuſes alors qu'elles le font encore à préſent dans ce pays. Les Arabes qui habitent les mêmes plaines arides dans lefquelles on fuppoſe que les Pſylles ont vécu, ou qui en font voiſins, manient encore impunément les viperes & les ferpens, dont la morfure n'eſt point vénimeuſe chez eux, ils les portent dans leur fein, & les mangent fur-tout en hyver. Il s'enfuivroit de-là que les Pſylles étoient des charlatans qui en avoient impofé aux Romains, & leur avoient fait croire qu'ils avoient une vertu particuliere & perſonnelle, tandis qu'ils ne la devoient qu'à la nature bénigne des reptiles de leur pays, qui étoient beaucoup plus dangereux en Italie.

promptement, & avec une préfence d'efprit, une fermeté, dont il ne fe fentoit pas capable; mais ce qui le toucha le plus, c'eft que cette mort inopinée, ôtoit à fon triomphe tout ce qui pouvoit le rendre plus glorieux : *Magnopere doluit, omni fe triumphi fui gloriâ fpoliatum effe ratus.* Il s'en dédomagea en faifant repréfenter cette Princeffe avec les attraits & la magnificence qui le frapoient; c'eft ce que l'Artifte a heureufement rendu, car quoiqu'elle foit repréfentée à l'inftant même de fa mort, on ne remarque d'autre changement fur fon vifage, qu'une paupiére qui eft plus abbaiffée que l'autre, & le menton un peu retiré. Cette ftatue eft l'une des plus précieufes qui foient à Rome, je la crois fupérieure à celle qui eft au Vatican, ce qui peut venir de ce qu'elle eft dans un jour plus favorable; Octave fit mettre Cléopatre dans un même tombeau avec Antoine, ainfi qu'elle le lui avoit demandé. Tous fes foins, pour conferver la mémoire de cette Princeffe, tournerent en quelque façon, moins à la gloire de fon triomphe, qu'à celle même de Cléopatre : quoique vaincue & captive, elle eft au comble de la gloire; fa parure

G vj

fait l'ornement de nos temples, & sa statue d'or est placée dans le temple de Vénus. Dio. *ibid.* Ainsi lorsqu'elle voyoit Octave prendre toutes les précautions possibles pour l'engager à se conserver la vie, & à se réserver pour son triomphe, elle avoit raison de dire à ses confidentes, *Non triumphabor.* Si elle ne put gagner Octave par ses charmes, elle le trompa par sa finesse & la fausse confiance qu'elle effecta, & sçut se soustraire à la honte & à la misere de l'esclavage.

Dans cette même grotte ou chapelle, sont quelques bas-reliefs d'un excellent travail, un entr'autres d'un vieillard couvert d'un mauvais manteau, & qui paroît demander l'aumône : on prétend qu'il représente Bélisaire, ce qui ne peut pas être, eu égard à la pureté du dessein, qui étoit inconnue dans le sixiéme siécle. On verra ailleurs que ce doit être le Dieu, *Bonus eventus.*

La galerie intérieure de la maison est remplie de plusieurs statues, dont quelques-unes sont bien conservées, & d'une grande beauté... une Vénus dans l'attitude d'une personne qui est dans le bain, excellent ouvrage grec... quelques Apollons dans différentes attitudes qui se ressemblent tous, & qui paroissent imités de quelque excellent modèle antique, dont on n'a pas l'original... un Siléne qui enseigne un jeune Faune, ou si l'on veut un Bacchus, à jouer de la flute, & qui paroît rempli, suivant l'expression d'un Poëte, de la divinité, dont il fait l'éducation.

Bassaridas, Satyros, Panos, Faunosque do-
 cebat
Ludere Silenus jam numine plenus alumno.

 Parmi ces statues, quelques-unes sont bien conservées; mais d'autres sont si mal restaurées, que l'on aimeroit mieux les voir dans l'état mutilé où on les a retirées de terre qu'avec ce mélange de travail moderne mal entendu, qui ne peut pas absolument se soutenir à côté de la beauté de l'antique : c'est ce que l'on verra sur-tout dans un Apollon qui a le bras droit élevé sur la tête; le corps est de la plus grande beauté, la tête est bien traitée; mais les bras & les jambes qui y ont été ajoutés, ne sont pas même dans les proportions justes au reste du corps.... le Marsias attaché à un arbre, & prêt d'être écorché, est une des meilleures statues antiques (*a*) qui soient à Rome : les mains, la tête panchée sur la poitrine, & tout le

―――――――――――――――――

(*a*) Aucun trait de l'Histoire fabuleuse n'a été plus souvent traité par les Artistes de l'antiquité, que la victoire d'Apollon sur Marsias : ce fut à Célene, ville autrefois capitale de la Phrygie que se passa la scène...... *Famaque ita tenet, Celænis Marsiam cum Apolline Tibiarum cantu certasse.* Tit. Liv. l. 38, c. 13. La source du Méandre étoit dans cette ville même. Cette avanture l'a rendue très-célébre.

Quis non certamina Phœbi
Nosset & illustres satyro pendente Celænas.

Sat. Theb. l. 2.

Servius, sur le troisiéme Livre de l'Enéide, prétend que la statue de Marsias, Faune ou Satyre, qui étoit sous la protection du Dieu Bacchus, *Liberi patris*, fut érigée dans les places publiques de toutes les Villes libres, comme une preuve de leur liberté : elle tenoit la main haute, elle sembloit dire que rien ne manquoit à la Ville. Sans doute que lorsque la liberté ne fut plus à Rome qu'un vain nom, la victoire d'Apollon sur le Satyre, fut représentée en mille manieres différentes.

Provocat & Phœbum, Phœbo superante pependit.

corps, sont d'un travail précieux, & de l'expression la plus vraie. Parmi les ouvrages modernes on verra un Mercure

―――――――――――――

Cæsa recesserunt à cute membra sua.

Ovid. l. 6. Fast.

Les statues furent extrêmement multipliées, & toujours dans son état de misere, pour prouver aux Romains que s'ils s'avisoient de revendiquer leur liberté, & de disputer aux Empereurs la souveraineté; ils ne pouvoient s'attendre qu'au sort de Marsias....

Clamanti cutis est summos direptæ per artus,
Nec quidquam nisi vulnus erat. ...

Metam. l. 6.

C'étoit auprès de la statue de Marsias, que les avocats de Rome s'assembloient dans la place, ainsi que l'apprend Horace, l. 1. Sat. 6.

Deinde eo dormitum, non sollicitus mihi, quod
    cras
Surgendum sit mane, obeundus Marsia. ....

Les criailleries des Plaideurs étoient si fortes, leurs assemblées si fréquentes & si nombreuses dans cet endroit, que Martial prétend, que s'il eût été possible, la statue même en eût pris l'habitude de plaider ou de parler procès.

de bronze, par Jean de Bologne, digne d'être comparé pour la beauté & pour l'élégance, à tout ce que l'antiquité a produit de plus parfait; il servoit autrefois à décorer la fontaine qui est vis-à-vis de la porte extérieure.

Villa Ludovisi.

15. *Villa Ludovisi*, sur le mont Pincio, n'est séparée de la Villa Médicis, que par le chemin qui conduit à *Porta Salara* ou *Pinciana*, & occupe comme la précédente une grande place du terrein sur lequel étoient situés les jardins de Salluste. Celle-ci, comme toutes celles dont il me reste à parler, n'est point publique, on n'y entre que sous le bon plaisir du portier. Ses plantations sont belles & assez bien tenues; elles sont disposées de façon que l'on est assuré d'y trouver sur-tout en été une fraîcheur & une solitude très-agréables: les statues dont ces jardins sont décorés, sont la plupart de très-bon goût; la maison, bâtie sur les desseins du Dominiquin, est d'une architecture légere

---

Fora litibus omnia fervent :
Ipse potest fieri Marsia causidicus.

℄. 2. Ep. 64.

& convenable à une petite maison de plaisance; au-dessus de la porte est incrusté dans la muraille un bas-relief d'un travail admirable, il représente un Empereur sur son thrône, que l'on croit être Marc-Aurele le Philosophe, auquel le préfet du prétoire présente Commode & Annius Verus à la tête des troupes, afin qu'il leur accorde le titre de Césars. Sous un voile soutenu par deux esclaves, est la figure d'une femme vue jusqu'à la ceinture, que l'on croit être Faustine la jeune, celle que l'on appelle la mere des armées, & qui mourut à ce que l'on prétend d'une mort violente pour être entrée dans une conspiration contre l'Empereur son époux : dans ce tems, dit Dion Cassius. l. 72. Faustine mourut ou de douleurs de la goute ou par quelque autre cause. Ce magnifique ouvrage paroit avoir été le devant d'une urne cinéraire.

Les dedans de la maison sont ornés de plusieurs statues d'un beau choix, parmi lesquelles on verra les deux Gladiateurs qui se reposent, celui qui a un Amour à ses pieds peut être Charinus que l'impératrice Faustine la jeune aima éperdument. L'histoire de Faustine est si connue que je n'ai rien à en dire, ce que Julius Capitolinus raconte de la mort du Gladiateur ne l'est pas autant. Il dit que Faustine ayant avoué à l'empereur Marc-Aurele sa passion folle pour cet homme ; ce Prince par le conseil des Chaldéens, sorte de devins alors assez communs à Rome, fit tuer le Gladiateur, & ordonna à l'impératrice de se laver dans son sang, & que par ce moyen elle vaincroit les desirs dont elle étoit agitée : le reméde ne pouvoit manquer de réussir ; mais il prétend encore que la nuit d'après que Faustine eut fait cette opération, elle conçut Commode, & qu'ayant alors l'idée frapée de ce qui s'étoit passé la veille, ce fut la cause par laquelle Commode conserva toujours les inclinations d'un Gladiateur.

Une grande tête de Bacchus, bas-relief antique de marbre rouge d'Egypte : il est à examiner pour la forme de la bouche & des yeux, qui peuvent donner une idée du méchanisme des Oracles...

Un grouppe antique en marbre blanc qui représente le jeune Papirius Prætextatus, & sa mere qui veut tirer de lui le secret du Sénat : l'expression en est excellente, on voit toutes les inquiétudes & les empreſſemens de la mere, & en même-tems la ſatisfaction du jeune homme qui la contente; & qui l'intéreſſe en imaginant tout de ſuite un conte très-plaiſant qu'elle prend pour une vérité : il a été queſtion au Sénat, lui dit-il, de décider s'il ſeroit plus utile à la république qu'un mari eut deux femmes, qu'une femme eut deux maris. Il ajoute que la choſe avoit paru très-importante, que la déciſion en avoit été rémiſe au lendemain (*a*). Ce jeune

───────────────

(*a*) Cette réponſe plaiſante porta l'alarme & le trouble dans l'eſprit de la mere de Papirius; elle ſortit de chez elle, alla raconter le fait à toutes les matrones de ſon quartier, qui le répandirent bien vîte dans le reſte de la ville; deſorte que l'on vit le lendemain toutes les meres de famille à la porte du Sénat, demander inſtamment & avec larmes, qu'il fût ſtatué que toutes les femmes euſſent déſormais deux maris. Les Sénateurs étonnés les crurent vraiment inſenſées; mais le jeune Papirius les tira de peine, en leur racontant ce qui avoit donné lieu à cette plainte. On ſentit alors l'inconvénient qu'il y avoit à permettre l'entrée du Sénat aux enfans des Patriciens, & il fut réſolu que le ſeul Papirius y ſeroit admis dans la ſuite, au rang & avec la robe des Sénateurs, d'où il eut le ſurnom de *Prætextatus*. Cette aventure doit être placée à l'an de Rome 440, & peut ſervir à faire connoître le na-

homme a sur la physionomie la naïveté & la gaieté de son âge, & une sorte de finesse qui paroît bien n'être que pour le moment, car on ne voit rien dans ses traits qui en indique l'habitude. Ces sortes de statues antiques qui rappellent une action particuliere & bien connue, sont les plus capables de faire juger de la perfection de l'art, parce que l'on sent mieux si la nature est représentée comme elle doit l'être... un très-beau Marc-Aurele dont le buste est de porphyre, & la tête de bronze... un buste rare de Pessennius Niger, compétiteur de Sévére à l'Empire, qui fut tué en Syrie; on remarque dans ses trais cette fierté que lui avoient inspirée le Sénat & le peuple Romain, qui avoient eu recours à lui & penchoient plus à lui déférer la puissance souveraine qu'à ses compétiteurs. Dion Cassius (l. 73 & 74.) auteur contemporain

---

turel des femmes; étant arrivé dans un tems où les mœurs Romaines étoient dans toute leur intégrité.

J'ai dit que je croyois le grouppe du tems d'Auguste, parce qu'il rétablit l'usage d'admettre les jeunes Patriciens au *Sénat*, pour les accoutumer de bonne heure aux affaires.

& Sénateur, raconte fort en détail tout ce qui se passa à Rome dans ce tems, ce qui peut bien faire connoître ce Prince & ses concurrens.

Un très-beau grouppe antique d'Arrie & de Pétus, d'un travail Romain, d'un grand style, & d'une composition si vraie qu'elle remet sous les yeux les malheurs de ces deux personnages illustres, que leur vertu seule conduisit à cette fin tragique. Arrie y tient le prémier rang; Cécinna Pétus son mari condamné à mort, hésitoit & paroissoit trembler; elle le rassura en lui donnant l'exemple de ce qu'il devoit faire, quoiqu'il lui fût très-libre de vivre... Arrie, dit Dion Cassius l. 60. le rendit célébre d'une autre maniere. Epouse du Consul Cecinna, la vie lui parut odieuse après avoir perdu son mari (elle auroit cependant pû la conserver sans honte, étant alliée & considérée de Messaline) comme il hésitoit a se donner la mort, elle prit le poignard, s'en frappa, & le rendit a Pétus en lui disant: tu vois cher époux qu'il ne m'a point fait de mal... Ce genre de mort les rendit illustres; les malheurs publics étoient au point qu'il n'y avoit plus de sureté pour la vertu que dans une mort volontaire....

Cette action a été extrêmement célébrée (a). Les deux grouppes dont je viens de parler, sont comptés parmi les an-

---

(a) Cette expression *Non dolet*, a paru si héroïque dans la suite, qu'elle a été très-célébrée.

Casta suo gladium cùm traderet Arria Pœto,
 Quem de visceribus traxerat ipsa suis.
Si qua fides, vulnus, quod feci, non dolet;
 inquit;
Sed quod tu facies, hoc mihi, Pœte, dolet.
           Mart. Ep. 14, l. 1.

Præclarum illud, ejusdem ferrum stringere, perfodere pectus, extrahere pugionem, porrigere marito, addere vocem immortalem ac pene divinam, Pœte, non dolet. Plin. l. 3. ep. 16....
Cecinna Pétus qui mourut sous l'empire de Claude & sa femme Arria, ne doivent pas être confondus avec Thraseas Pétus, & Arria son épouse; desquels Tacit. (An. l. 16) dit: *Trucidatis tot insignibus viris; Nero virtutem ipsam exscindere concupivit, interfecto Thrasea Pœto, & Barca Sorano*.... Ce Thraseas étoit de Padoue, & ressembloit en tout aux Romains les plus vertueux, il n'avoit d'autres crimes que la vertu, qui l'avoit rendu odieux à Néron. Sa femme Arria que l'on vouloit forcer à vivre, se brisa la tête contre un mur, reprochant à sa fille & à son gendre Helvidius de l'avoir mise dans la nécessité de périr de cette maniere cruelle, en ne

tiques les plus précieux de Rome.

Pluton qui enleve Proserpine, excellent grouppe du Cavalier Bernin..... une Nymphe qui sort du bain, statue moderne dans le goût grec, très-gracieuse & d'une expression charmante.

Dans le petit pavillon ou *Casino*, le célébre tableau de plafond qui représente l'aurore qui chasse la nuit, par le *Guerchin*; la lumiere qui sort des ténébres, y est peinte avec une intelligence admirable. On voit dans une caisse un corps d'homme pétrifié, curiosité naturelle que l'on prétend unique au monde, & qui fut donnée au pape Grégoire XV, de la maison Ludovisi, par un étranger, qui avoit trouvé cette pétri-

---

lui permettant pas de se poignarder. Voilà où en étoit réduite la vertu Romaine au désespoir. Tous ces forfaits impunis, avoient tellement aveuglé Néron, qu'il disoit qu'avant lui aucun Prince n'avoit connu l'étendue de son pouvoir. Il ne donnoit qu'une heure de tems à ceux qu'il avoit condamnés à mourir, & crainte qu'ils ne tardassent davantage à exécuter ses ordres: *Medicos admovebat qui cunctantes continuò juvarent, ita enim vocabat venas mortis gratia intercidere.....*

Sueton. *in Nerone* l. VI.

fication dans le fable de la mer fur les côtes de Syrie; il eſt certain que le corps eſt pétrifié, mais il m'a paru fort douteux que ce fût un corps humain, on n'y reconnoît aucune articulation : le vifage eſt recouvert d'une croûte de vafe & de fable qui permettent à peine d'en diſtinguer la forme; de forte que ce pourroit être auſſi-bien une ſtatue de bois qui auroit fervi à la décoration de la pouppe ou de la proue d'un vaiſſeau, que le corps d'un homme : pour s'aſſurer de la vérité du fait, il faudroit en briſer quelque partie conſidérable, & en vérifier la configuration intérieure.

Les jardins font peuplés de pluſieurs ſtatues précieuſes, parmi lefquelles une Fauſtine coloſſale... un buſte d'Alexandre Sévére, dont le vifage ſeul a quatre pieds de hauteur... un Satyre en pied de grandeur naturelle, par *Michel-Ange*; il eſt auſſi beau que les antiques grecs les plus parfaits.. une urne cinéraire ornée de bas-reliefs d'un excellent travail grec, qui repréſente une bataille entre les Grecs & les Romains... un Silène antique, la tête appuyée fur un outre & endormi.

Silenum

Silenum pueri somno vidére jacentem,
Inflatum hesterno venas ut, semper, Iaccho...
Virgil. Eclog. VI.

Il semble que ce soit le même que Virgile avoit vu.

Villa Montalta ou *Negroni* formée en partie sur les termes ou bains de Diocletien dont on voit quelques restes à l'extrémité orientale. Sixte V fit planter ce jardin pendant qu'il étoit cardinal, & d'un très-bon goût pour ce tems; il y a de belles allées de cyprès & des bosquets bien entendus. La principale fontaine est décorée d'un Neptune porté sur un triton, par le Cavalier *Bernin*. On verra à la tête d'une des allées principales, un terme ou buste posé sur une gaîne: il représente un Hercule coëffé de la dépouille du lion, en maniere de capuchon de Franciscain. Il a tous les traits de Sixte V. Sous le vestibule de la maison dont l'architecture est de Dominique Fontana, sont deux statues consulaires antiques plus grandes que nature, que l'on dit être de Marius & de Sylla.

Villa Giustiniani auprès de St Jean de Latran. Ses jardins fort négligés méri-

<small>Villa Montalta.</small>

<small>Villa Giustiniani.</small>

tent d'être vus à cause d'un très-grand vase antique chargé d'un bas relief qui représente une bacchanale, de la forme la plus élégante, & du plus beau travail.... une très-grande statue de l'empereur Justinien I : l'ouvrage n'en est pas mauvais pour le tems où elle a été faite, si elle est véritablement du sixiéme siécle (*a*). Quoi qu'il en soit, une inscription moderne gravée sur le piédestal apprend que c'est la figure de ce Prince dont les Giustinianis de Rome prétendent descendre, ce qui leur est disputé par la maison du même nom qui est établie à Gênes : il n'y a que celle de Vénise qui contente de son ancienne origine très-connue, ne perce pas les ténèbres des siécles d'ignorance & de barbarie, pour aller chercher son au-

---

(*a*) Elle peut même passer pour colossale, car elle paroît avoir au moins 24 pieds de hauteur ; & quoiqu'elle ne soit pas comparable par la grandeur aux anciens colosses dont il reste des fragmens ou des têtes au Capitole, & aux Vignes Mathei, & Ludovisi ; cependant elle l'emporte en ce qu'elle est entiere, & que quoique mal restaurée, elle ne l'est qu'avec les fragmens antiques que l'on auroit pu rajuster plus adroitement.

teur dans le même Prince. La maison de ce jardin, est revêtue de quelques bas-reliefs, & de médaillons très-précieux; mais on en a si peu de soin, que la plupart sont prêts à se détacher des murs.

Les jardins Farnèse occupent la plus grande partie du mont Palatin, qui n'a plus rien de l'ancienne splendeur que lui avoient communiquée les Empereurs qui y avoient fixé leur séjour.

Ecce Palatino crevit reverentia monti,
Exultatque habitante Deo.....

On n'y voit plus que quelques ruines qui sont la plupart cachées par de grandes plantations de lauriers & d'autres arbres de cette espece. Il y a environ quarante ans que l'on découvrit plusieurs salles ou chambres qui avoient fait partie des bains de Néron, on en enléva les revêtissemens & les colonnes qui étoient en partie de verd antique de porphyre & d'autres marbres précieux. On reconnut que cet édifice avoit été ruiné par le feu; on prétend que toute cette montagne, quoique couverte de jardins & d'arbres à fruits, est entiérement minée par dessous, & percée de

Jardins Farnèse.

tous les côtés de fabriques antiques, dans, lesquelles on ne pénétre plus : il n'y en a plus qu'une seule que l'on a réservée pour satisfaire la curiosité des amateurs de l'antiquité, qui vont pleurer sur les ruines de tant de beaux monumens. il est certain que cette salle a été de la plus grande magnificence : on voit qu'elle a été couverte de peintures divisées par compartimens, à fonds d'or & d'azur, qui formoient le camayeu le plus brillant. Les bordures qui séparoient les différents cartels, étoient formées de lapis lazuli, de jaspes & d'agathes, & autres pierres précieuses. Le feu & ensuite l'humidité ont fort altéré ces beautés antiques, dont il reste à peine quelques vestiges qui puissent faire juger de leur prix.

Au-dessus de l'entrée principale sont deux statues fameuses à Rome : elles représentent deux dames Romaines assises; la premiere que l'on croit être celle d'Agrippine mere de Néron, est d'une grande force d'expression; elle a les mains croisées sur ses genoux, occupée de quelque dessein très-sérieux, & qui l'inquiétoit fort : elle paroît être à ce tems auquel elle délibéroit si elle iroit trouver Néron à Baïes, dont elle avoit sujet de se défier. La seconde est celle de Sabina Poppea femme de Crispinus, enlevée par Néron, & donnée en garde à Othon. *Poppeam Sabinam principale scortum, ut apud conscium libidinum (Othonem) deposuerat donec Octaviam amoliretur... Tacit. An. 15...* C'est cette Poppée si fameuse par sa beauté, sa délicatesse & son luxe, qui vouloit que les cordes même qui servoient à attacher les mules qui portoient sa litière fussent tressées d'or: cinq cents ânesses qui avoient nouvellement mis bas, lui fournissoient tous les jours du lait dans lequel elle se baignoit pour conserver la douceur de sa peau; aussi étoit-elle si attachée à sa beauté, que quand son miroir lui apprenoit qu'elle avoit souffert quelque altération, elle souhaitoit plutôt de mourir que de vieillir : c'est cette Poppée qui d'ailleurs étoit fort impérieuse, qu'il est question de reconnoître dans la belle statue dont je parle. Elle est assise sur sa chaise, panchée négligemment en arriere, avec un air très-mélancolique; mais avec les traits de la beauté & de la délicatesse; ses jambes sont étendues en avant, ses mains croisées sur ses genoux, le pouce de la droite passé dans la gauche. Toute l'expression en est touchante; on ne sçait si la mélancolie est son état habituel, ou si elle a quelque chagrin secret, ce que l'on peut croire, c'est qu'elle avoit de l'humeur, & que ce fut la cause de sa mort violente : Suétone, *in Nérone c.* 35. l'indique assez clairement lorsqu'il parle de sa mort: il la tua, dit-il, à coups de pieds, étant enceinte & malade, parce qu'elle lui fit des reproches de ce qu'il s'étoit amusé trop long-tems à conduire des chars.... elle comptoit & sur sa beauté & sur l'attachement de ce monstre cruel qui l'immola si brutalement. Elle compte trop dans cet instant sur sa beauté & sur l'attachement de Néron, qui la fit périr brutalement d'un coup de pied. Au reste il la regretta toujours, & sa mémoire le porta à des extravagances que lui seul pouvoit imaginer pour soulager son chagrin (*a*).

(*a*) Voici ce que Dion Cassius nous apprend (l. 72). *Nero tanto ejus desiderio teneri cœpit, ut puerum liberum, is Sporus nominabatur, exsecari jusserit, quod Sabinæ simillimus erat,*

17. *Villa Mathei alla Navicella*, ainsi appellée du nom du quartier où elle est, dont on voit l'enseigne vis-à-vis la porte; c'est un petit vaisseau antique de marbre, de huit à neuf pieds de long. Sa situation sur la partie la plus élevée du mont Célius, est cause sans doute de la salubrité de l'air que l'on y respire; le jardin est planté de façon qu'il paroît beaucoup plus vaste qu'il n'est, par la maniere dont les allées sont disposées : il y en a une partie qui a la forme d'un théâtre antique, dans le fond duquel est un buste colossal inconnu, & que l'on dit d'Alexandre le grand : la

Villa Mathei.

---

eoque in cæteris rebus pro uxore usus sit. Quin etiam progrediente tempore cum in uxorem duxit, quanquam ipse nuptus Pythagoræ liberto, dotemque ei per syngraphum constituit: quas nuptias ipse populus Romanus publicè celebravit unà cum cæteris gentibus. . . . . Tacit. *An.* 15, rapporte le même fait : *Paucos post dies uni ex illo contaminatorum genere, in modum solemnium conjugiorum denupsit. . . . .* A quel point étoit alors l'avertissement des peuples & leur bassesse pour applaudir publiquement à ces horreurs, qui devoient leur paroître nouvelles, & les célébrer par des fêtes générales dans tout l'Empire?

tête a du menton jusqu'à la racine des cheveux six pieds de hauteur, & prise dans son entier elle doit en avoir huit ; ainsi toute la statue avoit soixante-quatre pieds de hauteur, & par conséquent la plus haute qui fût à Rome. Vis-à-vis ce buste est un obélisque antique formé de deux piéces, la partie supérieure est entiérement couverte de caractéres hiéglorifiques. Il n'y a point de maisons ni de jardins à Rome où il y ait une aussi grande collection d'urnes sépulchrales de toutes les formes & de toutes les grandeurs.

La maison qui est au milieu de ce jardin n'a d'autres ornemens que plusieurs statues anciennes & quelques modernes, qui semblent être placées là pour faire comparaison les unes avec les autres... un grouppe d'Apollon qui attache le Satyre Marsias pour l'écorcher : ce sujet a été traité si souvent & de tant de maniéres par les anciens, qu'il est difficile de le présenter d'une maniere nouvelle & piquante, toute l'attention de l'artiste, *Olivièri*, sculpteur moderne, s'est portée ici à caractériser le Satyre, en quoi il paroît avoir bien réussi...... un cheval de bronze antique de demigrandeur ; il est écorché, & il a les veines, les nerfs & les muscles découverts, ce morceau est parfait dans son genre, & paroît avoir été fait pour servir d'étude dans une école vétérinaire... une statue de Vénus dont le corps, le bras gauche, la draperie qui la couvre, & les jambes sont antiques, la tête & le bras droit qui sont modernes ne répondent point au reste; mais on ne peut rien voir de plus gracieux que la belle proportion & le contour de ce qui est antique... une statue moderne de l'amitié, par *Olivieri* : elle est représentée sous la figure d'une belle femme nue, qui tient sa main sur la poitrine qui est ouverte, ce qui marque la sincérité. Ce sujet est assez bien rendu, & l'ouverture à la poitrine, dont l'idée paroît révoltante, n'a rien qui choque; la candeur qui est exprimée par tous les traits du visage, explique cet emblême, & le rend intéressant...... Au bas on lit cette inscription :

Virginius, Ursinius, Ciriaco Mathæio amicitiæ monum....

Statuere illustrius me ipsa amicitia non potuit.

M. D. C. V.

Un Silène ou suivant de Bacchus asfis, la tête enfoncée dans les épaules, & fort rejettée en arriere; il a la bouche ouverte, le visage boursoufflé; il paroît prêt à étouffer de la trop grande quantité de vin qu'il a bue, & qui probablement est sortie de l'outre à demi-vuide, qui est à côté de lui, antique grec, traité d'un goût capricieux, & si vrai qu'on ne peut le regarder sans rire. Cette piéce est dans son genre l'une des plus rares qui soient à Rome, & d'un excellent travail... une figure de demi-grandeur, assise & couronnée de fleurs avec un masque antique sur le visage, très-bien travaillée & intéressante, en ce qu'elle est caractéristique d'un usage antique... Brutus & Porcia, beau grouppe antique & bien conservé, les figures de grandeur naturelle jusqu'à la ceinture; on y admire la généreuse résolution de la fille de M. *Cato*, qui pour conserver sa liberté entiere, ne sçachant comment terminer ses jours, se fit un poison d'une espece nouvelle, en avalant des charbons ardens : le statuaire ancien n'a pas imaginé de la représenter avec tous les traits d'une beauté tendre & délicate, comme quelques peintres modernes : Porcie est ici une beauté Romaine, fiere sans férocité, qui périt volontairement, indignée de l'iniquité des vainqueurs de son mari, le dernier des Romains : vous n'aviez point de poignard (dit Val. Max. l. 4. c. 6. de amore conjugali) & des charbons ardens vous en ont servi; votre mort est aussi courageuse que celle de votre pere. Mais, ne l'emportez-vous pas sur lui? le genre de sa mort n'a rien d'extraordinaire, & vous avez été forcée d'en imaginer un qui jusqu'à vous étoit inconnu (*a*)... une tête antique de Ciceron, le nez, les lévres & le menton sont modernes, ainsi je ne sçais sur quoi on peut prétendre qu'elle est très-ressemblante à cet orateur illustre,

---

(*a*) Je ne sçais si le Poëte s'est exprimé aussi heureusement sur ce même sujet, que l'Historien; on en peut faire la comparaison.

Conjugis audisset fatum, cum Porcia Bruti,
 Et substracta sibi quæreret arma dolor;
Nondum scitis, ait, mortem non posse negari,
 Credideram satis hoc vos docuisse patrem.
Dixit, & ardentes avido bibit ore favillas;
 I nunc, & Ferrum turba molesta nega.
      Mart. Ep. 43. l. 1.

à moins qu'on ne prenne le grand front découvert pour la seule pièce caractéristique de la physionomie.....

Une petite statue équestre d'Adrien, morceau rare & sûrement unique : on le dit antique, il en a tous les caractères, & il est singulier qu'il soit si bien conservé..... un Antinoüs entier qui dispute le prix de la beauté à celui du Belvédere, & qui a l'avantage d'être bien conservé..... deux très-grandes statues de Marc-Aurele, & de Faustine la jeune : celle-ci a une grace admirable dans toute la figure, & tant de beauté & de douceur, qu'on est porté à la plaindre plutôt qu'à la blâmer des excès auxquels elle se laissa aller. Il semble qu'on puisse faire dire a l'Empéreur :

Placet tibi factum ? non si queam
Mutare ; nunc cùm nequeo, æquo animo fero.

Terent. in Adelph.

J'ai vu dans cette maison une table de porphyre verd, antique que l'on dit unique au monde, & un très-beau vase de jaspe oriental, tant par la forme que par le travail.

Ces maisons & ces jardins avoient

sans doute beaucoup d'éclat dans leur nouveauté, mais à la longue les statues exposées à l'air se gâtent, les plantations se dégradent, les maisons sont négligées, & la plus grande partie ont l'air misérable : les belles statues dont elles sont peuplées, ressemblent à des héros retenus par enchantement dans une prison où ils sont déplacés.

Giardini Barbérini, situés sur une petite élévation fortifiée qui couvre le Vatican du côté du *Transtevere* : c'est à l'attaque de ce bastion que le Connétable de Bourbon fut tué. Néron a eu dans cette même place un petit palais, d'où il voyoit les courses & les combats qui se faisoient dans le cirque de Caïus : du côté du midi il y a quelques restes de bains anciens qui n'ont pas été construits avec magnificence. Ce qu'il y a actuellement à examiner dans les jardins est leur situation ; les vues en sont étendues. On découvre d'un côté la place St Pierre, tout le Vatican & la montagne qui est au-delà, de l'autre le cours du Tibre, & une très-grande partie de la ville, & du côté du levant tout le Transtevere. La plantation que l'on y a faite, y a très-bien réussi,

& elle est arrosée de belles eaux. La maison n'a rien de curieux.

Villa Pamphili. 18. Au-delà du Janicule, hors de la porte de St Pancrace, en suivant la Strada Aurela, est la *Villa Pamphili*, l'une des plus magnifiques, & la plus vaste de celles qui sont aux environs de Rome; elle a, dit-on, près de deux lieues de tour : on y trouve des promenades de toute espece, en bosquets, en prairies entourées de grandes allées d'arbres, en plantations d'orangers & d'autres arbres de cette espece belle & bien entretenue; en jardins à fleurs, parterres & potagers. Les cédrats y réussissent très-bien : j'en ai vu sur les arbres de fort gros, & d'un parfum exquis. Le jardinier chargé de cette partie, me fit voir un fruit nouveau auquel il prétendoit avoir donné l'existence : il est rond à côtes séparées; verd & jaune doré, quelquefois on y trouve des excrescences & taches comme sur la bigarrade, la feuille ressemble à celle de l'oranger aigre, la fleur moins grosse que celle du citronnier est plus longue & légerement marquée de rouge, & a l'odeur du cédrat : l'écorce n'en est point épaisse, le fruit à l'intérieur est formé par une substance divisée en plusieurs loges vesiculeuses & pleines de suc, dans lesquelles on trouve des graines ou semences, comme dans les autres fruits de ce genre; il a une singularité, c'est qu'une loge n'a pas le goût de l'autre : le jardinier me fit un mystere sur l'origine de ce fruit, qui est effectivement nouveau, & peu connu même à Rome, & qui me paroît un mélange du cédrat, & de cette petite orange que l'on appelle en Languedoc, *Amella Rosa* : je ne pourrois pas dire lequel des deux est enté sur l'autre, ni pourquoi ces fruits qui sont unis en donnent un à côtes distinguées.

Les fontaines y sont belles & abondantes ; il y en a de toutes les manieres, en cascades, en jets, en nappes, dans les parties les plus éloignées de la maison, elles coulent en liberté, & forment un ruisseau qui arrose les piéces de prairies.

Le théâtre d'eau qui est par derriere la maison, est très-bien entendu & décoré de vases & de statues ; au fond dans une grotte est une orgue hydraulique, dont je fais mention parce que c'est la mieux entretenue de toutes celles qui sont aux environs de Rome, &

dans la ville où ces machines font affez communes; les airs de celle-ci font juftes & fort agréables, & fe répétent en écho. Toute la machine eft en cuivre & en plomb, & paroît encore folide.

La maifon principale qui eft fituée au centre & fur la partie la plus haute de la vigne, eft un pavillon quarré, duquel s'éleve une tour de même forme, entourée d'une terraffe fort large : au-deffus de la tour eft une feconde terraffe, d'où on a la vûe la plus belle & la plus variée qui foit aux environs de Rome, & fur laquelle on feroit placé avantageufement pour faire des obfervations aftronomiques, car elle domine fur prefque tout le cercle de l'horifon.

Cette maifon ne paroît pas avoir été conftruite à autre deffein que d'y faire une collection de ftatues & de tableaux. Les derniers Princes de la maifon Pamphile, ont habité de préférence le Cafino ou petite maifon, qui eft au pied de la belle & curieufe plantation d'orangers & de cédrats, dont les meubles font fimples, mais commodes, de bon goût, & faits depuis peu de tems; tout y eft en taffetas & en toiles peintes des Indes.

Il y a actuellement peu de tableaux, ils ont presque tous été transportés au palais Pamphile à Rome. Les statues en font l'ornement le plus curieux. J'y ai remarqué un Philosophe cynique nud, il tient à la main gauche un pot plein de lupins, la mal-propreté de ses cheveux & de sa barbe, l'attitude où il est, son air dur & effronté, rendent d'une manière très-expressive l'idée que l'on a de cette secte : l'ouvrage en est grec & très-beau... Marsias attaché à un arbre, figure grecque de demi-grandeur...

Publius Clodius en habit de femme pour entrer aux mystéres de la bonne Déesse (*a*), statue très-rare ; il est re-

---

(*a*) Les mystéres de la bonne Déesse se célébroient par les femmes seules. C'étoient des espéces d'orgies secrettes, dont il n'étoit pas permis aux hommes d'approcher, sous peine de la vie. Ils avoient été institués à Rome, à l'honneur d'une Nymphe ou Driade, femme du Roi Faunus. Lorsqu'un Préteur, un Consul, ou un Souverain Pontife, étoient en tour pour les faire célébrer ; il falloit qu'ils quittassent la maison avec tous les esclaves mâles ; les femmes en restoient seules les maîtresses, qui alors préparoient entre elles tout ce qui étoit nécessaire pour la célébration du mystere qui ne se faisoit que pendant la

présenté dans l'état même où il fut surpris. Son aventure fit le plus grand éclat à Rome : vous sçavez sans doute, écrit

---

nuit ; & dans lequel on employoit la musique, le chant, la danse, & d'autres jeux secrets, qu'il n'étoit pas permis de révéler. .... Plutarq. *in Cæsare.*

Femineæ loca clausa deæ, fontesque piandos
  Impune & nullis sacra retecta viris....
             Proper. l. 4. Eleg. 10.

    Mais l'aventure de Clodius, prouve que lorsque la licence eut succédé à la régularité, on ne respecta plus rien ; & que les femmes même se servirent souvent de ce prétexte pour tromper leurs maris :

Exhibit quam sæpè, cave, seu visere dicat
Sacra, bonæ, maribus non adeunda, deæ.
             Tib. el. 6. l. 1.

    Ou comme le dit Ovide, il n'étoit pas permis aux hommes d'y entrer, à moins que la Déesse elle-même ne les y appella....

Cùm fuget à templis, oculos bona diva, virorum
  Præterquam si quos, illa venire, jubet....
             De Art. l. 3.

Ciceron a Atticus, que P. Clodius fils d'Appius a été surpris en habit de femme dans la maison de C. César, lorsque l'on y faisoit un sacrifice par le peuple. Servilie l'a sauvé, en le faisant sortir. Cette avanture a parû si grave qu'elle a été déférée au Sénat par Q. Carnificius.....

Il n'étoit permis qu'aux femmes d'entrer à ces mystéres; aussi furent-ils regardés comme profanés par cette entréprise, contre laquelle Ciceron déclama beaucoup, & en public & en particulier; & qui fut cause que César re-repudia sa femme Pompeïa, fille du grand Pompée, dont Clodius étoit amoureux. Quoiqu'il ne fût pas fort scrupuleux, il prétendit que la femme

---

Indépendamment de l'usage où l'on étoit de célébrer ces mystéres dans les maisons particulieres, les Romains lui avoient encore élevé un temple sur l'Aventin......

Templa patres illic oculos exosa viriles,
  Leniter acclivi constituere jugo.

Ovid. Fast. l. 5.

Il n'en subsiste plus rien que la place où l'on dit qu'il a été situé.

de César ne devoit pas même être soupçonnée d'infidélité. Ce Clodius, fameux par ses débauches, eut assez de crédit pour contribuer autant qu'aucun autre Romain à la perte de l'illustre Cicéron, qu'il insulta plusieurs fois impunément (a). Il faut croire que ce fut

---

(a) Cicéron n'avoit parlé de Clodius, que parce que son age, les services qu'il avoit rendus, & le rang qu'il tenoit dans la République, l'autorisoient à dire son sentiment : cependant cet homme perdu ne lui pardonna jamais, & ne cessa de cabaler contre lui. Pendant le premier exil de Cicéron, Clodius fit une consécration dérisoire de la maison du Consul, à la liberté publique : *Ubi signum meretricis pro libertatis simulacro collocavit*, ce dont Cicéron se plaint fort dans le discours qu'il adressa aux Pontifes, *pro domo sua*. Il ne cherchoit à faire connoître cet ennemi opiniâtre, que pour lui enlever l'espèce de crédit dont il jouissoit, & qui étoit odieux à tous les gens de bien. *Non pluris fecerat*, dit-il ailleurs, *bonam Deam quam tres sorores quas constupraverat*. (Ep. ad Lent).

Ces trois sœurs de Clodius, étoient Clodia, mariée à Lucullus, Terentia à Martius Rex, & la troisiéme surnommée Quadrans à Metellus Celer. Elle fut appellée *Quadrans*, par la même raison à-peu-près qui a donné lieu au proverbe François. A femme avare, galant escroc : *Quadrans cognominata est eo quod quidam adolescens qui*

moins par son autorité, que parce qu'il sçut flater à propos la possession de gens plus puissans que lui, & qui le servirent dans sa vengeance, ne croyant travailler que pour leurs intérêts. Le goût de ces intrigues odieuses n'est pas perdu...

Faustina, Jules César, Vespasien, Tibere, Galba, Marius, beaux bustes antiques... un petit Morphée qui dort, tenant trois têtes de pavôt dans la main gauche, petit antique Grec très-joli....
une statue du Nil, couché sur une corne d'abondance; de demi-grandeur, en basalte noir, & d'un travail excellent & très-fini....

Une statue en pied d'une Hermafrodite, antique très-curieux; les traits du visage ont l'agrément & la délicatesse de ceux d'une jolie femme, la gorge bien faite & très-marquée; & le sexe le

---

eam amabat, pro argentei nummis quadrantes æreos immisit in loculum puellæ, quæ, cum quadrantibus pro pretio concubitus illusa fuisset quadrantis meruit cognomen..... Ces particularités sont tirées d'une vie de Ciceron, publiée sous le nom de Plutarque, & composée, à ce que l'on croit, par Léonard Aretin, *Secrétaire de la République de Florence, mort en 1444.*

plus apparent, est le masculin... une petite statue d'environ trois pieds, représentant une *Præfica*, antique bien conservé, & de la plus grande vérité d'expression. Ces femmes tenoient un rang distingué dans les convois funébres, on les louoit pour pleurer les morts, & donner aux autres le ton sur lequel ils devoient se lamenter ; elles relevoient avec des grands éclats de voix, les belles actions des défunts ; s'arrachoient les cheveux, se déchiroient le sein, crioient ou hurloient, si l'on veut, & faisoient du bruit à proportion du prix qu'elles recevoient.

Hæc quidem, Hercle, opinor, præfica est
Nam mortuos collaudat......

       Nævius. . . .

Deux grands tombeaux ornés de basreliefs, de la conservation la plus entiére & d'un travail précieux, les figures sont presque tout-à-fait détachées. Sur le premier, on voit la chasse où Méléagre tua le sanglier de Calidonie, & sur le couvercle sa pompe funébre; sur le second, Diane qui descend du ciel pour voir Endimion.

Antinoüs Bacchus, couronné de

pampres, antique bien restauré, le corps est d'une délicatesse singuliere...... Jacob qui lutte avec l'Ange, de grandeur naturelle... deux grouppes d'enfans qui se battent, chacun de trois... les bustes de Panfilio Panfili, frere d'Innocent X, & de Dona Olimpia Maldachini sa femme, qui établit solidement la fortune de cette maison, en se rendant la maîtresse de l'administration des revenus de la chambre Apostolique pendant le regne de son beaufrere... le buste d'Innocent X, en porphyre avec la tête & les ornemens de bronze ; tous ces ouvrages sont de l'Algardi, & le disputent en beauté à tout ce que le ciseau des meilleurs Artistes de l'antiquité a produit.

Parmi les tableaux, un St Jérôme de l'*Espagnolet*, d'un pinceau vigoureux, & d'une expression fiere... une grande Vénus du *Titien*, couchée, & qui se présente de face, elle est absolument nue, & d'une très-grande beauté de coloris... Psyché qui découvre l'Amour qui dort, tableau charmant de *Guido Cagnaßi* de Bologne : l'Amour est de la taille d'un jeune homme de quinze ans, beau comme lui-même. On ne peut pas peindre deux figures plus gracieuses....

un triomphe de Bacchus, tableau ou deſſein en clair obſcur, par Jules Romain; l'une des plus belles choſes que j'aie vu de ce maître... un petit St Jean peint ſur bois, que l'on dit du Schidone, & qui eſt effectivement du plus beau ton de couleur.

Au-deſſous de la Villa Pamphili, ſur un côteau, entre le Célius & le Janicule, eſt la *Vigne Féroni*, curieuſe à cauſe de ſes belles plantations d'orangers, de citronniers & de cédrats, placées ſur différentes terraſſes, & entretenues avec grand ſoin; je n'ai vu aucun jardin aux environs de Rome mieux ſoigné que celui-là. La maiſon eſt ſimple, mais d'une propreté recherchée.

Villa Corſini.

Villa Corſini, dans une belle ſituation ſur le Janicule, l'entrée principale eſt vis-à-vis la porte de *San Pancrazio* ou *Porta Aurelia*. Cette maiſon bâtie probablement ſous le pontificat de Clément XII, eſt d'un très-bon goût d'architecture, le ſalon du haut, la grande galerie découverte qui l'entoure, & la terraſſe dont il eſt terminé, ſont de belle conſtruction; il n'y a point de jardin d'agrément, tout l'emplacement eſt utilement cultivé, & on n'a réſervé réfervé de promenades que les allées bordées de paliffades de lauriers, qui féparent les différentes piéces de terres ou de vignes.

Villa Giraud, fituée dans ce même quartier, mérite d'être vue, à caufe de la maifon qui en eft le principal ornement : on peut la dire unique dans fon efpece, bâtie fur le modèle d'un grand vaiffeau de guerre, dont elle repréfente fi parfaitement toutes les parties extérieures, qu'il n'y manque que les voiles & les mâts, elle eft même pofée d'une maniere toute pittorefque fur un rocher feint par les pierres brutes, qui forment le rès-de-chauffée. On peut dire que c'eft le caprice fingulier d'un Artifte, qui n'a point eu d'imitateurs.

Villa Giraud.

Bafile *Bricci*, peintre Romain, & fa fœur Plautille, en donnerent les plans & les firent exécuter pour l'Abbé Benedetti, Romain, qui avoit fervi utilement le Cardinal Mafarin à Rome.

La forme extérieure de cette maifon n'empêche pas que la diftribution n'en foit fort agréable ; elle eft ornée des portraits de tous les Princes & Seigneurs de la Cour de France, & furtout des Dames galantes du tems où elle a été conftruite : il y a encore beaucoup d'emblêmes, & de devises amusantes, en différentes langues peintes sur les boisures & aux plafonds des galeries, en voici quelques-unes:

Un nemico è troppo, è cento amici non bastano

Chi non sa' nienté, non dubita di nienté

Gran pazzia il viver' povero, per morir' ricco

Buon' Ré degli altri, è Ré di se stesso

Chi paga debito, fa capitale.......

Chi non s'avventura, non ha ventura.

Villa Borghese, ou Pinciana.
Mais quelques beautés qu'ayent les maisons de plaisance ou vignes dont je viens de parler, il faut convenir que la *Villa Borghese* l'emporte sur elles par la quantité des statues antiques & de bas-reliefs du plus beau choix, dont elle est enrichie. Elle occupe tout l'espace qui est entre les portes *Pinciana* & *del Popolo*, en tirant de la ville au *Teverone*: son circuit est de trois milles ou d'une lieue de France; ses deux entrées sont voisines des deux portes auxquelles elle répond. On peut dire que cet endroit est délicieux par la beauté de ses plantations, de ses bois, & de ses

eaux; il est peuplé de chevreuils, de daims, de lièvres & de faisans que l'on y voit en troupes, & par-tout l'utile y est mêlé à l'agréable, avec autant d'ordre que d'élégance. Cette promenade qui est à la porte de Rome, est très-fréquentée, sur-tout le matin.

Le palais est placé à-peu-près au milieu de ce parc, dans la situation la plus élevée & la plus avantageuse pour la vue qui, de tous les côtés, est agréable & variée : son architecture n'a rien de beau ni de frappant, mais il est revêtu d'une multitude de bas-reliefs, de médaillons, de bustes antiques, & de statues plus curieuses qu'elles ne sont belles. On peut regarder son extérieur, comme un recueil sçavant d'antiquités Egyptiennes, Grecques & Romaines, que l'on peut étudier avec fruit pour s'instruire du culte religieux, des cérémonies, & des principaux traits de l'histoire de ces différens peuples.

Parmi les ornemens extérieurs, on remarque le Curtius à cheval, qui se précipite dans le gouffre qui s'étoit ouvert dans le Forum Romanum. Cet antique précieux est de plein relief, de grandeur naturelle, & placé un peu haut; il doit être ainsi pour bien juger du travail de l'artiste. Le cheval est ramassé & semble faire effort pour s'élever du gouffre où il tombe. Curtius a la main gauche élevée & étendue, & on voit dans tous ses traits que l'effroi le saisit, & fait disparoître la satisfaction qu'il avoit eue d'abord de s'immortaliser en s'immolant pour sa patrie : l'homme qui périt force en quelque façon le héros à disparoître. Ce morceau est unique, il est bien conservé, & placé avantageusement pour être vu & dessiné.

Les Dieux n'eurent aucune part à son dévouement : c'étoit un jeune homme fort vif, déja connu par quelques exploits militaires, dévoré de l'amour de la patrie & du desir de se signaler pour elle : étonné comme les autres Romains de ce gouffre qui s'étoit ouvert au milieu de la place publique peut-être à la suite de quelque tremblement de terre, l'enthousiasme le saisit, il imagine que les Dieux demandent de lui quelque chose d'extraordinaire, & forme le projet de s'y précipiter, lorsqu'on étoit occupé des moyens de le remplir : Alors, dit Tite-Live, M. Curtius, jeune homme déja connu par ses exploits guerriers, regardant & les temples des Dieux immortels qui dominent sur la place, & le

Capitole, tendant les mains tantôt vers le Ciel, tantôt vers ce gouffre ouvert, où il croit voir les Dieux Manes, se dévoua; & étant monté sur un cheval bien enharnaché, il se précipita tout armé dans l'abîme..... Alors la multitude étonnée, hommes & femmes, le combla de présens de toute espece, de fleurs & de fruits, & sur-tout s'empressa de combler le gouffre, croyant les Dieux appaisés par un sacrifice si solemnel. Il semble que Tite-Live ait pris la plupart de ses idées d'après cette statue, qui sans doute existoit de son tems. Il fait à ce sujet une réflexion sensée, qui peut servir en bien d'autres occasions : Ce ne seroit pas sans peine que l'on découvriroit la route qui conduiroit à la vérité. A présent il faut s'en tenir à l'opinion commune, son ancienneté mérite du respect. Tit. Liv. l. 7, c. 6, A. R. 393.

De l'autre côté est un très-beau buste de l'empereur Titus, dont il ne faut pas perdre l'idée, pour le placer à côté de celui de Berenice qui est dans les appartemens.

On a enlevé de ce palais tous les tableaux qui y étoient pour les transporter à la ville; mais on y a laissé la plus belle collection de statues antiques, parmi lesquelles il y en a quelques modernes qui sont dignes de se trouver en aussi bonne compagnie, beaucoup de colonnes de jaune & de verd antique, d'albâtre, & de marbre précieux connu sous le nom de *Lumachella antiqua*. Plusieurs urnes de porphyre & d'albâtre oriental, dont on dit que quelques-unes ont servi à renfermer les cendres des Empereurs, la grandeur & les formes en sont différentes. Dans les statues j'ai remarqué.

Le Faune qui tient un enfant qu'il caresse, c'est ainsi qu'on l'appelle; mais il n'a ni les oreilles pointues, ni la petite queue qu'on donne ordinairement à ses semblables, ainsi je préférerois l'avis qui assure que c'est Saturne qui caresse Jupiter; il y a une excellente copie en bronze de cette statue dans la Villa Medicis.

La Venus aphrodite (*a*) sortant de l'eau avec l'Amour qui soutient une draperie, bas-relief antique fort saillant,

―――――――――――――――

(*a*) *Genitura spuma est, ideoque deam quæ rei venereæ præest Aphroditem nominarunt, vel quod è maris spuma sit nata*..... Cel. Rhod. L 16, c. 15.

dont la figure principale a environ vingt pouces de hauteur: je crois que c'est l'ouvrage grec le plus parfait qui existe à Rome, au moins je n'y ai rien vu qui m'ait fait autant de plaisir. L'Amour rit d'un air malin, sa mere le regarde avec des yeux où il y a autant de volupté que de tendresse, toute l'expression en est admirable; & le tableau est tel qu'il est sorti des mains de l'artiste, conservé dans son entier.

Deux statues des Camilles ou jeunes ministres des sacrifices dont j'ai déja parlé, la tête, les bras & les jambes sont de bronze, le corps & les draperies de marbre. On trouve plusieurs statues antiques de cette maniere, qui ont bien résisté aux injures des tems & aux révolutions de Rome, parce que les parties les plus délicates & les plus fragiles, étant d'un métal solide, elles n'ont pû se briser, ainsi qu'il est arrivé à plusieurs autres chefs-d'œuvre, dont il ne reste que les torses ou troncs.

Le Gladiateur qui saute en avant pour frapper son ennemi ; toute la figure est légere & agile : la rapidité & la force de mouvement avec lesquels il s'élance, paroît communiquer à ses nerfs & à ses muscles une sorte de vibration sensible, c'est autant à son adresse & à sa vivacité, qu'à la force qu'il devra la victoire. (*a*) Il y a tant de vérité dans cette statue, qu'il semble qu'elle quitteroit son piédestal s'il y avoit un ennemi devant elle : ce morceau célébre de l'antiquité est l'ouvrage d'un statuaire grec, nommé Agasias d'Ephese, ainsi que que l'apprend l'inscription gravée au

---

(*a*) Dans un Ouvrage publié en 1766, & qui a pour titre, *Traité des limites qui séparent la Peinture & la Poësie*. On prétend que le *Gladiateur Borghese* est la statue du Général Athénien Chabrias à l'instant de la bataille de Thébes, lorsqu'il arrêta les progrès des Lacédémoniens qui se croyoient vainqueurs pour avoir mis en déroute quelques troupes auxiliaires, en ordonnant à la Phalange qui étoit encore entiére, de jetter la lance, de ne présenter que le bouclier appuyé sur le génouil, porté en-avant, & de combattre avec l'épée. Agesilas ayant apperçû cette habile manœuvre, fit arrêter ses soldats & se retira. Les Athéniens pour immortaliser cette action de Chabrias, le firent représenter dans cette attitude, & placerent sa statue dans la place publique d'Athénes. On se fonde sur l'autorité de Cornelius Népos dans la vie de Chabrias. Ce sentiment est nouveau, il peut être vrai.

pied de la statue, qui fut trouvée à Antium, dans les jardins de Néron sous le pontificat de Paul V.

Un buste de Vespasien, dont la tête est antique & de porphyre. Malgré la difficulté de travailler une pierre si dure, l'artiste lui a donné une si belle expression qu'il fait tableau : on y reconnoît ce Prince, qui, suivant Ausone :

Quærendi attentus, moderato commodus usu,
    Auget, nec reprimit, Vespasianus opes :
Olim qui dubiam privato in tempore famam,
    Par aliis princeps, transtulit in melius.

On sçait que sa sage économie & l'ordre qu'il mit dans les finances le fit passer pour avare, sur-tout venant après des Princes dissipateurs qui prodiguoient le sang de leurs sujets, & les richesses de l'état avec une fureur égale.

Berenice, buste antique, d'un beau travail ; remarquable en ce que les cheveux de cette princesse ne sont ni nattés ni attachés, mais frisés à trois rangs de boucles placées perpendiculairement, dont les plus longues accompagnent le visage & tombent sur les épaules, dans le même goût que les femmes se coeffoient à la Cour de Louis XIV, dans le

I v

tems de la reine Marie-Thérèse d'Autriche. Ce buste peut donner une idée de cette Princesse que les Romains regardent comme une autre Cléopatre, qui dominoit sur Titus & l'Empire. Ses traits annoncent plutôt une femme tendre qu'ambitieuse.

L'amour de Tite pour cette Princesse, son goût décidé pour le plaisir, quelques-autres préjugés mal fondés sans doute, firent craindre aux Romains que ce Prince ne fût pour eux un Néron : son exactitude, dit Suetone, passoit pour cruauté ; on le soupçonnoit d'être trop passionné pour les femmes, à cause de son amour déclaré pour la Reine Berenice qu'il avoit même promis d'épouser..... Mais dès qu'il fut placé sur le trône des Empereurs, toutes ces craintes s'évanouirent : ce bruit tourna à son avantage, & devint la source des plus justes éloges, lorsque l'on ne trouva en lui que de grandes vertus sans mêlange d'aucun vice.... Il fit sortir de Rome la Reine Berenice, malgré lui & malgré elle.... Sueton. *in Tit. c.* 7. Ce trait de fermeté, la réforme qu'il mit dans sa maison, dont il bannit tous ces gens inutiles, que le luxe de ses Prédécesseurs, & la corruption des mœurs y avoient introduits, étonnerent les Romains, qui, de la crainte, passerent à l'admiration. *Ille cum primis admirabilis, qui sibi imperat, qui se habet in potestate, cùm facilius sit gentes barbaras vincere, quàm animum suum continere.* Son regne fut court, mais tranquille, & il fut vraiment l'amour & les délices de l'Univers :

Rapitur florentibus annis,
Expers civilis sanguinis, orbis amor.....
Auson.

Cette coëffure singuliere de Berenice, dont j'ai parlé plus haut, n'étoit point celle des Dames Romaines : elle n'étoit en usage que parmi les femmes de Judée, qui d'ordinaire la formoient avec des cheveux postiches, ou des especes de perruques blondes, que l'on appelloit *Galerus.*

Diane chasseresse, statue antique, les pieds, les mains & la tête sont de bronze, la draperie est d'albâtre oriental agathisé..... une *Zingana,* ou diseuse de de bonne aventure, traitée de même, sa figure doit être brune, mais elle est charmante; on voit le feu fortir de fes yeux, avec la malice attachée à cet état, qui ne cherche que des dupes. Ces deux statues de grandeur naturelle, font parfaitement bien conservées.

Deux têtes colossales, l'une de Lucius Verus, l'autre de Pertinax: celle ci fort rare..... un Platon traité dans le même goût que le Pertinax, & qui paroît être du même tems ; les traits en font à remarquer, il a le front quarré, plus large que haut, le regard férieux & doux, tout annonce en lui une grande tranquillité d'ame, & la réflexion la plus profonde; & en même-tems une fi grande douceur de caractére, que l'on reconnoît que les abeilles qui voloient autour de lui pendant le fommeil de fon enfance, annonçoient ce qu'ils devoit être un jour.

Pallas, bufte antique d'une grande beauté.... Crifpine, femme de Commode, bufte dont tous les traits font gracieux, & le travail bien fini. C'eft cette Crifpine qui avoit été d'abord réléguée à Caprée, & qui continuant dans fes défordres, fut mife à mort par l'Empereur fon mari : *Crifpinam quoque iratus Commodus adulterii causâ occidit.*

Dio. l. 72. Cette Crispine étoit fille de Marc-Aurèle Antonin, & de Faustine la jeune...... un autre très-grand buste de la même Crispine, d'un beau travail, quoique d'une expression moins fine que le précédent, mais remarquable par l'élégance de sa coëffure; ses cheveux sont rangés & frisés aux faces dans le goût que les femmes se coëffent à présent; les grands cheveux du derriere de la tête sont nattés & retroussés en rond. C'est la seule figure antique que j'aie vue traitée dans ce goût.

Le buste du Cardinal Scipion Borghese en marbre blanc, par le cavalier *Bernin*, d'une beauté de travail & d'expression qui égale ce que l'antique a de plus parfait. Ce célébre Artiste n'avoit qu'environ dix-huit ans, lorsqu'il fit ce buste; & le considerant quarante ans après, il le trouva si beau, qu'il dit avec chagrin: quels progrès ai-je fait pendant tant d'années de travail & d'application, si je maniois ainsi le marbre dans mon enfance ? *Oh, quanto poco profitto ho' fatto io nell' arte della scoltura, in un si longo corso d'anni, mentre io connosco, chè da fanciullo, maneggiava il marmo di questo mo-*

do...... Baldinucci, vita del Bernino.

Apollon & Daphné, du *Bernin*, grouppe excellent, égal à ce que l'antique & le moderne ont de plus parfait. Les deux figures font de grandeur naturelle. Daphné a l'air & la taille délicate de la Nymphe la plus charmante : elle eft déployée avec la légéreté que l'on imagine aifément devoir être dans une jeune perfonne qui court, & qui eft encore dans l'attitude de fuir, les jambes étendues, fes bras élevés & avancés. Elle eft moins faifie de fon changement d'état, car la métamorphofe commence encore, que de l'inquiétude qu'elle fent de ne pouvoir plus avancer, au moment même qu'Apollon la joint. Cependant l'écorce couvre déja une de fes jambes, & monte à la ceinture; l'autre qui prend racine eft tendue comme dans la courfe ; Apollon dont la taille & l'air font contrafte avec la Daphné, a la crainte & le defir peints fur le vifage, fa bouche eft entre ouverte ; il avance le bras pour l'arrêter, & il femble le retirer, il n'ofe, il l'aime trop pour lui déplaire ; il a toutes les graces avec lefquelles on peut repréſenter un Dieu beau, jeune & bienfait. (*a*). Les branches de laurier qui croiſſent autour de l'écorce, ſont belles comme le naturel, & finies avec ſoin; il ne manque à la perfection de cette ſtatue, que ce vernis, *Patina*, que le tems ſeul peut lui donner; elle eſt du plus beau marbre blanc. Cet ouvrage eſt de la premiere jeuneſſe du Bernin.

Le Cardinal Mafféo Barberini, Pape ſous le nom d'Urbain VIII, fit le

———————————————

(*a*) Auſone fait ſur cette fable deux Epigrammes, 100 & 101.

Pone arcum Pæan, celereſque reconde ſa-
    gittas,
Non te virgo fugit, ſed tua tela timet
Invide cur properas cortex operire Puellam,
    Laurea debetur Phœbo, ſi virgo necatur.

On voit le ſens de la premiere, celui de la ſeconde eſt plus embrouillé; il eſt difficile de conclure de-là, qu'Appollon, après une aventure auſſi étonnante, cueilla tranquillement une branche de ce laurier qu'il avoit vu naître & ſe former, de l'objet même de ſon amour, & s'en couronna, ainſi qu'Ovide le raconte.

diftique fuivant pour être gravé fur le piédeftal de ce grouppe :

Quifquis amans fequitur, fugitivæ gaudia formæ,
Fronde manus implet, Bacchas feu, carpit amaras.....

Belle moralité, mais peu fuivie, furtout dans le pays pour lequel elle a été compofée, où l'on dit que l'on craint moins qu'ailleurs l'amertume des fruits & l'inutilité des feuilles.

David, berger, du *Bernin*, il tient la fronde, où il ajufte le caillou qu'il eft prêt à lancer contre le front de Goliath. Il regarde de côté & de bas en haut fon objet, avec une fi grande attention, que tous les mufcles de fon vifage font en contraction. Son corps eft panché & porte tout fur la jambe droite, afin de fe donner plus de facilité & de force pour tirer jufte. cette ftatue eft extrêmement légere, elle peut foutenir jufqu'à un certain point, la comparaifon avec le Gladiateur dont j'ai parlé plus haut.

Enée, qui porte fur fes épaules fon pere Anchife tenant dans fes mains les

Dieux Penates, & le petit Iules qui le suit à pied :

Tu genitor cape sacra manu, patriosque Penates :

. . . . . *Dextræ se parvus Iulus Implicuit, sequiturque patrem non passibus æquis.*
Ponè subit conjux. . . . .

Virg. Eneid. 2. . . . . .

 Le grouppe est beau, le corps est celui d'un vieillard affaissé sous le poids des années, mais la tête est d'un âge tout different. Enée est trop droit, & marche trop aisément pour porter un fardeau si lourd; on reconnoît à ses traits son caractére pieux & craintif. Ascagne est si petit, que l'on a peine à croire qu'il puisse les suivre; comme Créuse, ne paroît pas sans doute qu'elle étoit déja perdue. On dit ce grouppe du *Bernin*, j'ai peine à le croire, quoique le marbre soit travaillé avec le plus grand soin, & que le dessein soit dans sa maniere. . . . . une très-belle tête antique d'Auguste, sur un buste moderne. . . . une grande statue de Junon, dont la draperie est de porphyre, & d'un travail excellent : c'étoit une idole du premier rang.

Le Seneque dans le bain, statue de marbre de parangon absolument noir. Ce morceau antique & parfaitement conservé est d'une vérité effrayante ; le malheureux philosophe déja affoibli par la perte de son sang, placé entre la vie qu'il est forcé de quitter, & la mort qui s'approche à pas trop lents, & dont il vouloit accélérer le moment en prenant du poison : il demande, dit Tacite, à Statius Anneus habile médecin, dont l'attachement lui étoit connu, le poison qu'il avoit préparé depuis longtems, le même que l'on donnoit à ceux qui avoient été condamnés par jugement public des Athéniens ; mais il le prie inutilement, son corps déja dénué de sa chaleur naturelle, étoit impénétrable à la force active du poison.... C'est-là l'instant où il est représenté, à peine peut-il se soutenir sur ses jambes à demi-pliées, ses cheveux sont négligés ; il a l'air farouche & égaré, ce qui peut être occasionné autant par l'horreur de son état, que par l'effet du poison qui n'agit qu'à demi ; les yeux qui font d'albâtre blanc, placés au milieu de cette masse absolument noire, contribuent encore à lui donner le regard plus effrayant, à rendre le sort du malheureux Philosophe plus horrible, & le Tyran dont il est la victime, plus détestable: le corps entier est travaillé avec le plus grand soin, c'est celui d'un vieillard exténué, dont on voit les nerfs & les veines sous la peau : c'est dans cet état qu'il entre dans un bain d'eau chaude, & alors la gloire de la philosophie, le vain étalage d'une fermeté dont il avoit paru jusqu'alors fort éloigné, peut-être la vanité de se montrer aussi grand que Socrate & aussi tranquille dans ces derniers instans, semble ranimer ses forces.... Jettant de l'eau sur les esclaves qui étoient près de lui, il dit qu'il offre cette liqueur à Jupiter libérateur.... on le tire ensuite du bain, étouffé par sa vapeur, & on le met sur le bucher sans aucun appareil. *Tacit. An.* 14. Ainsi mourut ce grand homme, que sa réputation & ses vertus sembloient rendre digne du trône aux yeux des Romains les plus raisonnables, las des perfidies de Tibere, des folies de Caligula, de l'incapacité de l'imbécille Claude, & de

la cruauté monstrueuse de Néron (*a*)....
une *Louve* antique de marbre rouge
d'Egypte, elle est de grandeur naturelle; les deux enfans qu'elle alaite sont
trop petits.... plusieurs *Faunes* antiques avec des instrumens de musique
champêtre.... le *Centaure Chiron*, & un
Apollon de bronze; le travail en est fini
& très-précieux.... *Venus Marina*,
ou Venus courbée, tenant une coquille
à la main; cet antique Grec d'une entiere conservation, & d'un travail pré-

---

(*a*) Seneque fut mis à mort sous prétexte qu'il
avoit été complice d'une conspiration tramée par
Pison : l'idée des principaux Conspirateurs, étoit
qu'après la mort de Néron, on devoit aussi se défaire de Pison, sur la vertu duquel on ne pouvoit pas assez compter, pour croire que la puissance absolue ne le corromproit point ; Seneque
leur paroissoit le seul, qui après une si longue
suite de malheurs, pût rétablir l'honneur de l'Empire, & celui du nom Romain, & ils espéroient
que les suffrages libres du Sénat & du peuple,
concourroient à placer sur le trône la Philosophie & la vertu ; c'est à ce projet que Juvenal fait
allusion, lorsqu'il dit :

Libera si dentur populo suffragia, quis tam
Perditus, ut dubitet Senecam præferre Neroni.

cieux, est d'une beauté qui semble parfaite; je citerai ici une épigramme d'Ausone, qui prouve que les vraies beautés que l'on admire dans la plûpart des statues antiques & modernes sont plus dans l'idée que se forment les bons artistes de la beauté que dans la nature même, dont cependant elles ne s'écartent point, mais qu'elles représentent dans toute sa perfection. Le Poëte parle de la Venus de Praxitele qui étoit dans le Temple de Cnide :

Vera Venus, Cnideam, quum vidit Ciprida,
    dixit :
  Vidisti nudam, me puto, Praxitele.
Non vidi, nec fas : sed ferro opus omne polimus :
    mus :
  Ferrum gradivi Martis in arbitrio.
Qualem igitur domino, scieram placuisse Citheren :
    theren :
Talem fecerunt ferrea cœla deam.

Ep. 66.

Voilà le secret des grands artistes que l'on ne peut leur dérober : j'en ai déja parlé ailleurs avec plus de détail.

La fameuse *Hermaphrodite*, statue rare & d'une entiere conservation, la plus belle de ce genre qui exiſte, & celle dont il paroît que l'on fait le plus de cas, car elle eſt enfermée dans un grand coffre de noyer, que l'on n'ouvre qu'en faveur des curieux. Elle eſt de grandeur naturelle, couchée ſur un matelas, tournée de façon qu'elle montre le dos & les feſſes qui ſont celles d'une femme parfaitement bien faite ; elle a la gorge belle & bien formée, les mains & les jambes ſont de la plus grande beauté, le viſage eſt celui d'une jeune perſonne délicate, mais qui a quelque choſe de mâle. Les parties génitales de l'homme ſont très-bien marquées au-deſſus de la puberté ; au-deſſous ſont celles d'une femme, moins apparentes. Le cavalier Bernin a fait le matelas de marbre d'Egypte, & la ſtatue y eſt ſi heureuſement placée, qu'elle ſemble y avoir toujours été. Elle fut trouvée entiere lorſqu'on bâtiſſoit l'Egliſe de Notre-Dame de la Victoire. Le Cardinal Scipion Borgheſe la demanda à condition de faire bâtir le portail de l'Egliſe à ſes frais.

Que l'on juge par-là du prix immenſe de ces ſtatues, & qui n'a pas diminué à Rome ; & quelle doit être la ſomme totale des richeſſes de ce genre que renferme une ſeule maiſon telle que la *Villa*

Borghese, où tout est du plus beau choix (*a*) ?

Le palais a été bâti & le parc planté par les soins du Cardinal Scipion Borghese sous le regne de Paul V son oncle : la tradition de Rome est qu'il en couta peu à ce Pape & à sa famille pour

---

(*a*) Outre les statues dont j'ai parlé, il y a dans ce Palais plusieurs idoles Egyptiennes, dont la plus curieuse est celle du Dieu Aeluros, ou du Dieu Chat. Cette figure singuliere est d'un marbre d'Afrique de différentes couleurs, qui représente assez bien la peau du Dieu : elle a le corps d'une femme nue jusqu'à la ceinture, la gorge absolument découverte & très-formée, la tête de Chat, avec cette espece de coëffure lisse que l'on voit aux autres idoles Egyptiennes, le modium sur la tête, & une flamme qui s'éleve du front ; cette Divinité étoit regardée par les Egyptiens comme la gardienne du feu, & les Chattes faisoient chez eux l'office de Vestales, quand après leur premiere portée, on leur avoit fait une opération qui les astreignoit à une continence perpétuelle ; le reste de la figure est enveloppée d'une espéce de draperie à l'Egyptienne, roide & sans plis ; elle tient à la main, le *fallus* ou *tau* d'Osiris, qui est la même marque que portent les Antonins sur leurs habits & leurs manteaux. On peut voir dans le livre II, d'Hérodote, toute l'histoire du Dieu Aeluros ou Chat.

faire cet établissement somptueux & riche. Un malheureux pere de l'ancienne maison de *Cenci*, que l'on croit avoir été une branche de celle de *Frangipani*, devenu amoureux de sa fille, au point de ne pouvoir plus résister à sa passion, voulut lui faire violence. Sa femme & sa fille outrée de cette abomination, s'en vengerent en précipitant cet homme forcené du haut de sa maison en bas, il mourut sur le champ. Ses fils avoient eu part au dessein de leur mere & de leur sœur. Le crime de toute la famille devint public ; les uns prirent la fuite, furent proscrits, & n'ont pas reparu; ceux qui furent arrêtés périrent dans les supplices, & tous leurs biens furent confisqués au profit de la maison Borghese.

Villa Albani.

20. *Villa Albani*, située hors de la porte *Salara*. C'est la derniere bâtie de toutes celles qui sont aux environs de Rome, d'un goût & d'une magnificence qui les surpasse toutes, où les beautés modernes se trouvent réunies avec les richesses de l'antiquité : en 1762 on travailloit encore à la décoration intérieure de la maison, & les jardins étoient à peine commencés; mais quand toutes ces parties seront achevées,

le

le séjour en sera délicieux. La grande galerie ouverte qui regne le long du bâtiment, est soutenue par de belles colonnes de marbre antique & de granite oriental du plus beau poli, & ornée de statues & de bas-reliefs : elle a de chaque côté pour perspective deux petits temples ou autels antiques, dans l'un desquels est la statue de Rome triomphante. Le salon d'en haut qui est la piéce principale de la maison, a un plafond par Meinss, peintre Saxon. Il a pour sujet Apollon sur le Parnasse au milieu des Muses, ce grand morceau, pour le dessein, la sagesse de la composition & la beauté du coloris, feroit honneur aux meilleurs éleves de Raphaël. Plus on l'examine, plus on reconnoît combien Meinss a étudié avec profit, l'antique & les ouvrages de Raphaël qui subsistent à Rome ; ce tableau est à présent d'autant plus agréable que toutes les figures principales sont des portraits connus. Ce salon est orné de bas-reliefs antiques de la plus grande perfection, les pilastres qui séparent les fenêtres sont revêtus de mosaïques modernes, & de camées de la premiere grandeur. Sur la cheminée d'une chambre voisine, on voit un

Antinoüs couronné de fleurs, qui tient une guirlande à la main, bas-relief de grandeur naturelle, entiérement conservé, & vraiment de la plus grande beauté.... dans un autre cabinet plusieurs petites idoles de bronze, deux Diogenes qui demandent l'aumône dans des attitudes différentes: ces petites statues sont d'Artistes Grecs, du plus beau choix & sur-tout d'un fini qui étonne, en ce qu'il laisse voir tout le soin & l'adresse de l'Artiste, sans rien ôter aux graces & à l'expression de la figure. Le très-grand vase antique de porphyre, au fond duquel est une tête de Meduse, & qui a servi de bassin à quelque fontaine, est un des morceaux les plus précieux qui existent dans ce genre : en général tout est dans cette maison du meilleur goût, & de la plus grande propreté : je l'ai vûe souvent & toujours avec un nouveau plaisir, surtout quand M. le Cardinal Alexandre Albani, à qui elle appartenoit, s'y rencontroit ; on connoît la vivacité de son esprit & ses agrémens ; il se plaisoit lui-même à faire remarquer la beauté des ornemens principaux de sa maison, non avec l'amour prévenu d'un propriétaire, mais avec le goût d'un vrai connoisseur, qui n'avoit rien admis dans cette collection précieuse, qui n'en fût digne.

Au fond du jardin vis-à-vis de la maison, est un xiste ou galerie dans le goût antique, ouverte en demi-cercle, & ornée de statues, d'urnes, d'Idoles Egyptiennes, la plûpart en basalte; on peut y remarquer la différence qui se trouve entre les idoles taillées en Egypte, & celles travaillées à Rome, après que l'on y eut élevé des temples à Isis, Osiris & autres Dieux Egyptiens. Les premieres sont tout-à-fait brutes & dans la forme des Momies, les jambes jointes, les bras attachés au corps, aucun trait n'est formé: elles ne sont recommandables que par leur antiquité, & la peine qu'ont eu les Romains de les apporter de si loin; les animaux Egyptiens tels que les Sphinx & les Lions, ne sont pas fabriqués avec plus de soin, & ces peuples, à en juger par leurs monumens, n'avoient aucun goût pour les arts. La matiere qu'ils y employoient étoit le basalte noir, une espéce de marbre rouge obscur & quelquefois le granite: les Romains ont suivi la forme des idoles antiques Egyptiennes, pour en fabriquer de nouvelles, mais ils leur ont donné plus d'expression; les visages sont formés, les mains & les pieds sont travaillés avec soin, quelques-uns même de bon goût: c'est d'après ces idoles que les peintres ont représenté les figures vraiment Egyptiennes, avec les cheveux tressés qui forment cette coëffure singuliere qui laisse les côtés de la tête & les oreilles tout-à-fait à découvert. Ces idoles sont des mêmes matieres que les anciennes, auxquelles on a donné le poli éclatant dont leur dureté les rend susceptibles: elles peuvent passer pour modernes, en comparaison des premieres, qui sont brutes & de la plus haute antiquité.

La grande galerie de la Villa Albani, les deux autres qui sont jointes par les côtés au corps du bâtiment principal: le xiste ou colonnade qui est au fond du jardin; les petits temples dont j'ai parlé, peuvent donner une idée de la maniere dont les Romains bâtissoient à la campagne: on peut comparer cette maison à la description que Pline le jeune donne de son *Laurentinum* (l. 11. ep. 17. On ne peut pas douter qu'ils n'eussent le goût des portiques, des colonnades & des galeries; la quantité innombrable de colonnes antiques qui font encore aujourd'hui l'un des plus beaux ornemens des Eglifes & des Palais de Rome en font la preuve. On voit encore que la plus grande partie a été apportée d'Egypte en Italie. Il en coûtoit peu pour le tranfport; on formoit de grands radeaux fur le Nil, au moyen defquels on les embarquoit; & les mots feuls *Senatus Populufque Romanus*, ou dans la fuite l'ordre de l'Empereur affiché fur le convoi, les mettoient en fureté. On les amenoit de port en port, & les Magiftrats de chaque endroit où elles arrivoient, étoient obligés de les faire tranfporter à leurs frais jufqu'au port le plus voifin, & ainfi de proche en proche jufqu'au Tibre, par lequel elles remontoient jufqu'à Rome, au port de *Ripagrandè*, dans les environs duquel on a trouvé en fouillant quantité de marbres d'Egypte, d'Afrique, de Sicile, & d'autres endroits, qui avoient été abandonnés, lors de la chute de l'Empire.

On trouvera peut-être que je fuis entré dans un détail bien prolixe fur les ftatues & les tableaux de Rome. Mais fi dans les plus beaux tems de cette ville, on a regardé ces ornemens comme une seconde population fixée & immobile dans son enceinte, digne de tous les soins des Romains & de l'admiration des étrangers; en doit-on penser à présent moins avantageusement? D'ailleurs j'ai fait en sorte de rendre ce détail intéressant, en ne m'attachant qu'aux ouvrages les plus distingués, à ceux qui tiennent à l'histoire de cette ville si célébre, qui en font partie, & qui appartiennent également à l'histoire des belles-lettres & des arts.

Je n'ai rien dit de la collection immense qui est au Palais Giustiniani, quoique je l'aye vue avec étonnement: elle est composée de près de quinze cents statues ou bas-reliefs antiques desquels on a donné une description en deux grands volumes in-folio, sous le titre de *Galleria Giustiniana*. Il y a dans ce Palais une collection très-nombreuse de tableaux de l'Ecole Romaine, sur-tout des éleves de Raphaël. J'ai compté dans une seule chambre vingt-sept tableaux de Vierge, qui paroissent toutes de ce tems, & dans la maniere même de Raphaël, pour le coloris, le dessein, & l'expression. On peut dire que les tableaux sont entassés dans les appartemens, comme les statues dans la galerie. Mais le goût des Princes & Barons Romains, est d'en rassembler autant qu'ils peuvent, de se faire une sorte de mérite par cette richesse de convention, de la substituer à leurs descendans, qui n'en jouiront pas plus qu'eux. Le seul de ces Princes qui s'en occupe, qui en jouisse, & qui en prenne réellement soin, est le Cardinal Alexandre Albani.

Cette espéce de luxe a été de tout tems dans le goût des Romains. Tibere le leur reprocha en plein Sénat: *Villarum infinita spatia.... œris Tabularumque infinita miracula.* Tacit. an. 3 Les Gouvernemens changent, les siécles se succédent; & toujours dans les mêmes pays, on trouve quelque ressemblance entre les coutumes anciennes & les usages modernes.

Aqueducs & Fontaines à Rome.

Aqueducs & Fontaines à Rome.

LEs Aqueducs qui apportent à Rome les eaux des lacs & des sources les plus éloignées, l'abondance de ces eaux, la continuité de leur cours, toujours égale : la décoration variée & souvent magnifique des Fontaines, sont l'ornement le plus précieux & le plus utile de cette Ville, quoique la beauté des bassins, les statues & les obélisques dont elles sont ornées, ne puisse pas entrer en comparaison avec celle des eaux & leur quantité.

Sixte V & Paul V, en réparant ce que les ravages des Barbares & la négligence des siécles d'ignorance avoient laissé périr de ses canaux, se sont rendus vraiment dignes de l'immortalité : ils ont procuré à la Ville un bien dont elle jouit tous les jours ; ils ont égalé par leurs travaux, ce que l'ancienne Rome avoit de plus beau dans ce genre ; ce qui lui donnoit alors un avantage dont elle jouit encore à présent, & que n'avoit aucune autre ville de l'Univers. Les citoyens de Rome, grands admirateurs de leurs antiques, regardent à peine leurs fontaines; l'habitude d'en jouir, a diminué en eux le sentiment d'admiration & de reconnoissance qu'ils devroient conserver pour ceux auxquels ils sont redevables de cette aisance. Les Etrangers sont plus sensibles à cette beauté réelle de leur ville; & quoiqu'elle se présente à chaque pas sous différentes formes & dans un goût varié de décoration, on ne peut s'empêcher de jetter avec satisfaction, les yeux sur cette industrie merveilleuse, qui a fait couler à Rome, non des fontaines, mais des rivieres considérables, que la distance des lieux, & les obstacles des montagnes, n'ont point empêché d'y conduire.

Pendant quatre siécles & demi, les Romains n'eurent d'autres eaux que celle du Tibre, des puits, & quelques sources qui couloient des collines qu'ils habitoient. Les fontaines dont l'eau étoit d'un usage salutaire, étoient pour eux des espéces de divinités, qu'ils honoroient d'un culte religieux. Ainsi Numa qui venoit jouir d'un repos délicieux dans les bosquets qui environnoient la fontaine Egérie (*a*), & qui ne vouloit point être troublé dans la retraite où il réfléchissoit sur la nouvelle forme qu'il prétendoit donner à son Etat naissant,

---

(*a*) La Fontaine de la Nymphe Egérie est hors de la Porte St Sébastien, dans le quartier dit la *Caffarella*, à plus d'un mille de la ville. A l'endroit même où commençoit la forêt Aricinienne qui avoit alors vingt mille d'étendue : *Lucus erat quem medium ex opaco specu fons perenni rigabat aqua, quo quia se persæpe Numa, sine arbitris, velut ad congressum deæ inferebat ; camœnis eum lucum sacravit, quod earum sibi concilia cum conjuge sua Egeria essent*..... Tit. l. 1. c. 21.

Cette fontaine est encore considérable par l'abondance de ses eaux & leur salubrité. La source est au fond d'une voûte très-antique, bâtie de bon goût, avec trois niches de chaque côté, & des revêtissemens en stucs, dont il reste encore des vestiges, au-dessus de la source est une statue mutilée de marbre, qui est celle d'une femme couchée, nue jusqu'à la ceinture, de la maniere dont on représente les Nymphes des fontaines : ce qui en reste est d'un très-bon travail, & postérieur au tems auquel la voûte a été construite ; à main gauche, en entrant, est une petite piéce quarrée avec une niche au fond : il y en avoit autant vis-à-vis, mais cette partie est cachée presqu'entiérement sous un éboulement

fit croire au peuple ignorant & superstitieux, que dans les conférences secrettes qu'il avoit eu avec la Nymphe, protectrice de ces lieux, il apprenoit mille secrets utiles qu'il venoit ensuite révéler au peuple. Sous ce prétexte il contentoit

---

du terrein supérieur ; tout cela prouve que l'on a rendu quelque culte à cette fontaine, dans des tems même postérieurs à Numa, qui avoit ordonné que les Vestales prendroient l'eau de leurs sacrifices dans cette fontaine. Cette grotte ou voûte est bâtie en partie sous la montagne même à laquelle elle est adossée : au-dessus étoit un petit temple antique consacré aux Muses, compagnes de la Nymphe Egérie.

Ægeria est quæ præbet aquas, Dea grata,
  Camænis,
Illa Numæ conjux, consiliumque fuit....
     Ovid. Fast. III.

Il ne reste plus que quelques colonnes cannelées de marbre blanc, avec des chapitaux Corinthiens; dont quatre sont infixées dans le mur à côté de la porte d'entrée. C'est aujourd'hui une chapelle sous le vocable de St Urbain.

 Cet endroit si célèbre dès les premiers tems de Rome, est tout-à-fait abandonné: le peuple va en foule boire de cette eau le premier Dimanche de Mai.

son goût pour la retraite, & rendoit respectables ses loix, que l'on regardoit comme émanées de la Divinité même, sans doute encore que ces eaux avoient quelque qualité, qui facilitoit l'accouchement des femmes : les Matrones Romaines, dit Festus, sacrifioient pendant leur grossesse à la Déesse Egérie, peut-être le nom de cette Nymphe leur donna-t-il cette idée, & elles crurent en conséquence, *eam opitulari partui egerendo.*

Appius Claudius fut le premier qui amena de l'eau à Rome de sept à huit milles, il la tira d'une source abondante qui étoit sur le chemin de Preneste. Cette entreprise utile rendit sa mémoire chere aux Romains : *Memoriæ tamen felicioris ad posteros nomen Appii quod aquam in Urbem duxit....* Tit. Liv. l. 9. c. 29. *ad An.* 441.

Agrippa, pendant son édilité, rétablit les fontaines & les canaux commencés par ses prédécesseurs, & multiplia les eaux de Rome, au point que chaque quartier, chaque place, chaque rue, chaque maison même eut une fontaine pour son usage. Il y fit venir la fameuse eau vierge, la plus pure & la plus salutaire de toutes, & fit bâtir ces

Aqueducs auffi beaux que folides, qui fubfiftent encore en grande partie, & qui fervent à leur premiere deftination: il lui donna le nom d'Augufte, ce qui fut fi agréable à cet Empereur, que le peuple fe plaignant de la difette du vin, il répondit qu'Agrippa avoit fuffifamment pourvû à ce que perfonne ne mourut de foif. . . . . . *Dio. Caf.* l. 54. La bonté de cette eau, fait que la populace de Rome, qui peut-être eft plus fobre à préfent qu'elle ne l'étoit du tems d'Augufte, dit hautement que l'eau de Trévi & celle de la Place d'Efpagne, eft préférable pour la fanté, au vin commun qui croît dans les territoires voifins. On peut voir dans la maifon *Bufalo*, derriere l'Eglife *S. Andrea delle Fratté*, une partie confidérable d'un des arcs qui portoient l'eau Vierge à la fontaine de Trévi, du tems d'Agrippa, avec l'infcription qui y fut gravée, lorfque Claude en fit rétablir les canaux, & qui eft confervée dans fon entier (*a*).

(*a*) *Tit. Claudius Drufi. F. Cæfar. Auguftus. Germanicus. Pont. Max. Trib. poteft V. Imp. XI, P. P. Cof. defig. IV. Aquæ duc-*

On retrouve donc encore dans Rome moderne, toute la magnificence que Rome ancienne a pu avoir à cet égard, & les choses y sont à un point d'aisance, de beauté, de décoration, d'intelligence dans la distribution & d'abondance, que l'on peut dire avec Strabon, & dans la plus exacte vérité : que les Aqueducs portent des fleuves dans la ville, & que chaque maison a des canaux qui y répondent & par lesquels elle en tire de l'eau. *L.* 5, *Geograph.*

Et non-seulement les endroits de la ville les plus bas sont arrosés de cette multitude de sources ; mais les places les plus élevées, le sommet même des montagnes, le Capitole, le Janicule, le Quirinal, le Mont-Pincio, ont autant de fontaines à leurs sommités, & des eaux aussi belles que la place Navonne, celle d'Espagne & tout le reste du champ de Mars : comment exprimer, dit Cassiodore, la magnificence de ces entreprises ? L'eau Claudia est conduite avec tant d'art jusqu'à la cime de La-

---

tns, *aquæ Virginis distributos per C. Cæsarem a fundamentis novos fecit ac restituit.*

ventin, que lorsqu'elle y retombe elle arrose ce sommet élevé avec autant d'abondance, que les vallées qui sont au-dessous. *Cass.* l. 7.

Il n'y a plus de naumachies ni de bains publics; mais ces eaux qui coulent toujours, & que l'on est obligé de laisser dégorger dans le Tibre, par des canaux souterrains, & qui servent à y entraîner toutes les immondices des Cloaques, les entretiendroient suffisamment, & il en couteroit très-peu pour rétablir cet ancien usage, si on le jugeoit à propos. Ainsi les aqueducs & les fontaines de Rome, ont encore la magnificence & l'utilité que les Poëtes ont célébrées, lorsque Rome conservoit la plûpart des embellissemens qui y avoient été faits dans le siécle d'Auguste.

Quid loquar aerio, pendentes, fornice rivos,
 Qua vix imbriferas, tolleret Iris aquas?
Hos potiùs dicam crevisse in sidera montes
 Tale Gigantæum, Græcia laudat opus.
Intercepta tuis, clauduntur flumina, muris,
 Consumunt totos, celsa lavacra lacus.

Rutilius, l. 1, *itin.*

La solidité des Aqueducs modernes ne le cède en rien à ceux de l'antiquité; si le goût de construction a moins d'étalage extérieur, il est plus durable, plus à l'abri des tentatives d'une main ennemie. Tous ils sont construits des matériaux les plus solides, & on ne néglige rien pour les entretenir dans cet état de solidité.

On a évité de tirer ces canaux en ligne droite, pour ralentir la rapidité du cours de l'eau, qui en auroit à la longue détérioré les parois intérieurs, par la force du frottement continuel: ils sont tortueux, & aux angles où ils doivent être plus solides que dans le cours direct, on a pratiqué des arcs plus épais, & formé des réservoirs plus grands, au moyen desquels se fait la subdivision des eaux par les quartiers qui en sont les plus voisins : c'est ce que l'on appelle arcs, châteaux d'eau, reservoirs. Anciennement on ne pouvoit en tirer que de l'agrément du Sénat & des Empereurs, & on achetoit ce droit une somme, qui étoit employée à l'entretien des canaux, & au payement des ouvriers chargés de la conduite des eaux & de l'entretien des fontaines.

La quantité que chacun pouvoit en avoir dans sa maison ou dans ses jardins, étoit reglée par l'importance de son état, sa dépense & la grandeur de sa maison. la distribution s'en faisoit par onces ou par pouces. La plus petite quantité étoit une demi-once, & la plus grande de quatre à six.

J'ai peine à croire que les eaux, même du tems d'Agrippa, qui, pendant son édilité, fit des choses admirables dans ce genre, fussent divisées avec autant de commodité & d'aisance pour le peuple, qu'elles le sont à présent: partout où je suis allé à Rome, j'ai vu des fontaines dans l'intérieur des maisons; les jardins même les plus petits, ne sont pas privés de cet avantage, qui est multiplié à tous les coins de ceux qui sont plus vastes, & dont les fontaines sont l'ornement principal; on en peut juger par toutes celles de la Villa Médicis, qui est dans le quartier le plus élevé de Rome. Ainsi toute la ville de Rome est traversée d'une multitude de canaux répandus dans les quartiers, & dont aucun ne paroît en dehors.

L'entretien de ces canaux est un objet d'une trop grande importance pour qu'il soit négligé. La plus petite altération est réparée sur le champ. La congrégation ou chambre souveraine des eaux, composée de plusieurs Cardinaux & Prélats, a des Officiers subalternes, dont l'emploi est de veiller continuellement à ce que rien ne manque dans cette partie : il n'est pas douteux que cet objet ne soit très-dispendieux, & je ne sçais sur quoi les fonds de cet entretien, sont affectés ; car je n'ai pas ouï dire qu'il y eût un impôt particulier pour ce fait.

On a si bien saisi l'utilité & l'agrément de ces fontaines publiques, que dans toutes les villes & bourgs de l'Etat Ecclésiastique, le long même des chemins on en trouve que l'intérêt seul de l'humanité & de la charité pour les pelerins font entretenir : les paysans ne négligent aucune des sources d'eau vive qui se rencontrent dans leurs champs ; ils leur forment des bassins & des canaux de conduite qui les portent ou sur le chemin, ou le plus près qu'il est possible : on n'y voit ni colonnes, ni marbre, ni statues ; mais leur industrie, toute grossiere qu'elle est, n'en est pas moins utile.

Rien n'est plus magnifique que la grande fontaine que le Pape Paul V fit conſtruire au haut du Janicule, près de Saint Pierre *in Montorio*. Elle eſt décorée d'un grand ordre de colonnes de granite, qui ſoutiennent une architrave élevée, au milieu de laquelle eſt cette inſcription :

Paulus quintus Pontifex Maximus, aquam in agro Braccianenſi, ſaluberrimis è fontibus collectam, veteribus aquæ Sabbatinæ ductibus reſtitutis, noviſque additis. XXXV. *Ab Urbe milliario duxit.*

Au-deſſus dans le couronnement, ſont les armes de ce Pape, & par-tout le dragon Borgheſe, piéce principale de ſes armes. Entre les colonnes ſont cinq grandes niches en enfoncement, de trois deſquelles ſortent non des fontaines, mais des rivieres : dans les niches de côté, les dragons en jettent en aſſez grande quantité, pour qu'on puiſſe dire d'eux :

Effera dum vitreos effvndunt, guttura fontes,
Naturam perdens, Bellua non ſatiat. ...
                                        Ennodius Ticin. ep. 19.

Ces eaux se rassemblent d'abord dans un vaste bassin revêtu & pavé de marbre, & de-là s'échappent par des canaux assez considérables pour mettre en mouvement des moulins, des forges, des papeteries, & d'autres usines construites sur le penchant du Janicule, & cachées en partie sous terre. On peut imaginer une décoration plus magnifique, mais on ne verra nulle part d'aussi belles eaux & aussi abondantes, il faut voir le *fontanone* pour en juger. Ces eaux viennent du Lac *Bracciano* autrefois *Lacus Sabbatinus*, qui est à trente-cinq milles de Rome. C'est de ces fontaines principales que l'eau se divise & passe d'une montagne à l'autre, où elle va former de nouvelles sources qui la distribuent dans tout le quartier qu'elles avoisinent. Ce réservoir principal a l'avantage d'être situé dans un quartier élevé dont on a la vue de Rome, & d'une partie de la campagne. Derriere cette fontaine est le jardin de botanique établi par Alexandre VII, où se font les leçons & les démonstrations sur cette partie de la médecine, par un des professeurs du collége de la Sapience.

Le Pape Sixte V, fit rétablir & canstruire de nouveau, pour la plus grande partie, les aqueducs qui amenoient anciennement les eaux d'un lieu dit la Colonna, à plus de vingt mille de Rome, jusques sur le mont Viminal. Elles aboutissent au grand *fontanone*, qui est sur cette montagne, & qui a pour ornement principal un Moyse qui frape le rocher, d'où l'eau sort par trois larges ouvertures, & se répand dans un grand bassin décoré de lions, dont deux sont antiques de marbre noir d'Egypte. Cette eau va de-la sur le Quirinal, le Capitole, & une partie du mont Pincio. La décoration, quoique d'un assez grand goût d'architecture, n'a pas la noblesse du *fontanone* de Paul V, qui donne à la ville une quantité double d'eau : c'est ce que l'on appelle à Rome l'*Aqua Felice* du nom de ce Pape.

Mais la meilleure eau de Rome, la plus agréable à boire, est l'*Aqua Vergine*, ou l'eau Vierge qui sort a la belle fontaine de *Trevi* & à celle de la Place d'Espagne, qu'Agrippa fit venir de huit milles de Rome, & dont le bassin principal étoit à la tête du Champ de Mars, au pied du Quirinal, au même endroit où il est encore. Cassiodore dit qu'on l'appelle *eau vierge* à caufe de fa limpidité toujours égale, & de fa falubrité : *Ideo fi appellata credetur, quod nullis fordibus polluatur. Nam cum aliæ, pluviarum nimietate, terrenâ commixtione violentur, hæc aerem perpetuus ferenum, puriffimè labens undâ mentitur.* (Frontin. *lib. de Aqued*). prétend que l'on donna le nom de *Vierge* à cette eau, parce qu'une jeune payfanne en découvrit la fource à des foldats Romains fatigués de la foif.

Les quartiers de Rome où coule cette eau, paffent pour ceux où l'air eft le meilleur ; ils font affez élevés, & éloignés du Tibre : mais il eft à croire que la bonté de cette eau contribue beaucoup à cette falubrité ; j'en ai ufé pendant mon féjour à Rome, & toujours je l'ai éprouvée auffi faine qu'agréable à boire. Cette eau fe diftribue dans Rome par deux aqueducs principaux, tous deux anciens & conftruits du tems d'Agrippa, auxquels vient fe réunir celui qui traverfe la campagne dans un efpace de huit milles, & que le Pape Pie V fit réparer ; l'un va par le pied du mont Pincio à la Place d'Efpagne ; l'autre fe pliant à gauche, vient aboutir à la fontaine de Trevi, qui eſt au bas du Quirinal. On s'eſt contenté pendant longtems de jouir de l'abondance de cette eau, qui ſortoit d'un rocher feint par de gros quartiers de pierre entaſſés, à travers leſquels l'eau couloit dans un grand baſſin qui l'entouroit, ſans y ajouter aucun autre ornement. Le Pape Clement XII fit faire le deſſein de la décoration actuelle, par *Salvi*, architecte Romain, & le fit exécuter en partie. Sur un ſoubaſſement partie brut, partie d'ordre ruſtique, s'élevent quatre grandes colonnes Corinthiennes qui portent un attique couronné d'une baluſtrade, au milieu duquel eſt cette inſcription :

Clemens XII. Pont. Max. *Aquam Virginem, copia & ſalubritate commendatum, cultu magnifico ornavit.* Anno Domini M. DCC. XXXV. Pontif. VI.

Entre les colonnes dans une large niche, eſt une ſtatue du Dieu des mers, poſée ſur une grande conque tirée par deux chevaux marins, gouvernés par des Tritons. Dans les niches de côté sont les statues de l'Abondance & de la Salubrité, & au-dessus deux bas-reliefs qui ont pour sujet l'un Agrippa, faisant conduire l'eau Vierge à Rome, & l'autre la jeune fille qui en indique la source aux soldats Romains. Au-dessus de l'ordre sont quatre statues symboliques de l'abondance & de la fertilité des terres bien arrosées ; elles sont couronnées de fruits, d'épis, de pampres & de fleurs. L'eau sort du rocher & de la conque du Dieu des mers, d'une maniere tout-à-fait pittoresque. On regrette que cette magnifique fontaine soit située dans un carrefour très-resserré, elle auroit orné avantageusement une grande place (*a*).

(*a*) Benoît IV. fit achever le plan commencé par son Prédécesseur, & fit graver au-dessus de la corniche qui est entre l'ordre & l'attique : *Perfecit Benedictus* XIV, *Pont. Max.* & afin que la postérité n'ignorât pas les soins qu'il s'étoit donné pour perfectionner cet ouvrage ; on posa un marbre au-dessus de la porte du grand réservoir qui est à côté du rocher, sur lequel on lit :

Benedictus XIV, P. O. M. rivos aquæ Vir-
Ce

Ce sont les trois sources principales des eaux de Rome, qui sont subdivisées par une multitude innombrable de fontaines publiques & particulieres.

C'est avec raison que l'on regarde à Rome la décoration de la fontaine qui est au milieu de la Place de Navonne, comme un des plus beaux ouvrages de ce genre, qui existe : elle est formée par un grand rocher percé de quatre côtés, sur lequel sont placés dans des attitudes différentes, les statues des quatre plus grands Fleuves de l'Univers. Le Danube en Europe de taille collossale, eu égard

---

ginis, compluribus locis manantes, quique in usu esse desierant, in Urbem reduxit. Aquæductus vetustate collapsos restauravit. Fistulas, tubulos, castella, lacus, purgato fonte, restituta forma, ingenti liberalitate, in ampliorem formam redegit. Anno sal. M. DCC. XLIV. *Pont.* IV.

Tout lui paroissoit fait à ce sujet ; cependant en 1762, cette fontaine étoit couverte d'échafauds, sans doute pour y ajouter quelques nouveaux ouvrages, & mettre en conséquence le nom & les armes de Clément XIII à côté de celui de ses Prédécesseurs.

à la longueur de son cours, & à toutes les grandes rivieres navigables qui lui portent le tribut de leurs eaux; le Gange en Asie qui tient une rame; le Nil en Egypte qui a la tête couverte; & le Plata en Amérique, figuré par un Indien couronné de plumes: un cheval, un lion, & quelques autres animaux plus grands que le naturel, sortent des antres ouverts dans ce rocher. Les fleuves versent de l'eau en abondance de leurs urnes, après avoir tourné au tour du bassin, elle paroît se précipiter dans les antres du rocher, sous lequel elle passe dans d'autres canaux, pour aller se montrer ailleurs sous une nouvelle forme: sur la pointe du rocher s'éleve un obélisque d'Egypte de plus de cinquante pieds de hauteur.

 La maniere dont est exécuté cet ornement est vraiment noble, & traitée dans toute la perfection dont elle étoit susceptible: elle répond à l'idée sublime qu'a dû avoir le Bernin, en donnant le dessein de cette superbe fontaine. J'ai déja parlé des deux grandes fontaines de la Place Saint Pierre. Celle de la Place Barberin, au mileu de laquelle un Triton lance de l'eau de sa trompe, a une très-grande hauteur....

de la Place d'Espagne appellée la *Barcaccia*, de la forme de son bassin qui représente une grande barque de mer sculptée en marbre.... de la Place Mathei, dans laquelle quatre figures de bronze sur des Dauphins, soutiennent un bassin de granite, duquel s'éleve une grosse gerbe d'eau, & quantité d'autres très-élégamment décorées; ne laissent rien à regretter de la magnificence de celles dont les historiens Romains assurent qu'Agrippa avoit enrichi & orné la ville.

Il y a quelques sources d'eaux médicinales aux environs de Rome, peu connues, parce que les Médecins de ce pays n'ont pas assez d'industrie pour les mettre en réputation. A deux milles environ de la Porte du Peuple, entre le nord & le levant, on trouve la source de l'*aqua acetosa*, recouverte d'un grand arc & décorée de quelques marbres que le Pape Alexandre VII y a fait placer. Cette eau est acidule & m'a paru très-légere; malgré son acide elle a quelque chose de savoneux & de doux au goût, mais sur-tout au tact. Elle est regardée à Rome comme un purgatif naturel & très-salutaire. Tous les ans à la fin du mois de Juillet, pendant le mois d'Août

& au commencement de Septembre, il y a grand concours pour en boire : les gens de tout état se rendent au soleil levant à cette fontaine, font remplir des flacons & boivent en se promenant au soleil & à découvert, parce qu'il faut être en mouvement & avoir très-chaud pendant que les eaux passent : on en boit jusqu'à ce qu'elles sortent du corps presque aussi limpides qu'elles y entrent ; ainsi la dose de ce purgatif, qui devient très-violent, n'est point fixée. Il y a des jours où on voit jusqu'à cinq ou six cent personnes en même tems, qui boivent ou qui cédent à l'effet de la purgation en plein air, & le long des prés qui avoisinent cette fontaine : comme chacun est dans le même cas, & obligé aux mêmes besoins, la pudeur & la décence n'empêchent personne de se satisfaire ; les femmes du peuple se dispersent autant qu'elles peuvent, autour des plantations de roseaux qui sont dans les environs : ceux qui ont des maisons de campagnes voisines s'y tiennent & y sont plus à leur aise. Il faut sur-tout éviter l'ombre, quelque chaleur que l'on éprouve, car si on prenoit le moindre frais pendant l'opération de ces eaux, on courroit risque d'être saisi de la fiévre que l'on regarde comme très-dangereuse, & souvent mortelle dans ces circonstances. La purgation affoiblit au point que les hommes les plus vigoureux se trouvent hors d'état de marcher après avoir bû la dose, & l'avoir rendue; aussi il y a des voitures de toute espece que des personnes charitables payent pour reconduire ceux qui ne pourroient pas s'en procurer à leurs frais : on m'a assuré que cette eau n'étoit vraiment active que dans la saison des grandes chaleurs; j'en ai bu une fois en hyver, sans que je me sois apperçu d'aucun effet extraordinaire.

OBSERVATIONS

Sur Rome Antique, & quelques-uns de ses monumens.

<small>Rome antique, Champ de Mars.</small>

22. ON ne retrouve plus dans Rome actuelle aucuns vestiges de sa premiere fondation par Romulus, elle étoit alors de forme quarrée, & ne renfermoit que le mont Palatin & le Capitole : le centre de sa population devoit être dans le petit espace qu'occupe le *Campo Vaccino*, aujourd'hui tout-à-fait inhabité. Le Fondateur de la Monarchie la plus brillante n'eut pas alors des idées plus vastes. Son regne de trente-six ans & les petites conquêtes qu'il fit dans son voisinage, ne lui donnerent pas à prévoir que l'enceinte qu'il avoit tracée à sa ville nouvelle, ne dût pas suffire à loger tous ses habitans : les Rois ses successeurs, y joignirent successivement les autres collines ou montagnes qui formerent ensemble l'ancien emplacement de Rome, & la firent appeller *Urbs Septicollis*. Ancus Marcius, força quelques Latins qu'il avoit subju-

gués, à venir s'établir fur le Janicule, & pour communiquer avec eux il jetta un pont fur le Tibre. La politique de ces premiers Rois, étoit d'obliger la plus grande partie des peuples qu'ils avoient vaincus à habiter leur nouvelle ville; comme toutes les guerres qui fe faifoient alors n'étoient que des efpéces de brigandages, qui n'avoient d'autres regles que la convenance & le droit du plus fort; il étoit de l'intérêt de ces Souverains de réunir dans un même lieu le plus qu'ils pouvoient d'habitans, tous foldats formés à la même difcipline, animés d'un même intérêt, toujours prêts aux coups de main, & aux expéditions auffi promptes que fecrettes, qui affuroient le fuccès des entreprifes.

Il paroît que tant que la République fubfifta, & fous les derniers Empereurs, cette enceinte fut la même; on ne penfa pas à l'étendre d'avantage : je ne fçais fi on l'auroit ofé? La religion, dit Denys d'Halicarnaffe (l. 4.) ne le permettoit pas; il y a toujours eu un fecret myftérieux, fur la caufe de la puiffance de Rome, qui n'a jamais été révélé : ce qu'il y a de certain, c'eft que l'on ne donna une plus grande étendue à l'enceinte de cette ville, que lorfque tout le syftême de l'ancien gouvernement eut été perdu, que les Romains n'en avoient plus que le nom, & que leur puissance subsistoit plus par la solidité de sa masse & son ancienne réputation, que par ses forces réelles. Les monumens dont les ruines subsistent encore, & qui ne pouvoient être bâtis que hors de l'enceinte des villes, fixent invariablement les bornes de Rome triomphante.

Mais les fauxbourgs étoient si considérables & si étendus, que si on vouloit juger de Rome par l'espace qu'ils occupoient, on ne sçauroit plus, ni où elle finissoit, ni où elle commençoit. La Voie Flaminienne étoit garnie d'habitations depuis l'extrémité du Champ de Mars où est aujourd'hui la porte du Peuple (a) juf-

_____

(a) L'obélifque, qui avec son couronnement & son piedeftal a environ 110 pieds de hauteur les deux portiques d'Eglife dans le gout antique, la belle fontaine, & les trois grandes rues que l'on voit dans prefque toute leur longueur, forment en entrant par cette porte, qui eft la plus fréquentée de toutes, une décoration & une perspective dont la noblesse étonne, & annoncent la ville de la maniere la plus avantageuse ; il faut convenir que l'Obélifque contribue beaucoup à

qu'a Otricoli, qui eſt à quarante milles de Rome; de l'autre coté, la population n'étoit point interrompue de la Ville juſqu'au port d'Oſtie; Néron, au rapport de Suetone, eut le deſſein de faire une enceinte de murs qui enfer-

donner cette idée; on voit les veſtiges de quelques peintures à freſques qui ont été faites autrefois au tour de la Place du Peuple; mais cet ornement n'a jamais pu être que meſquin. Si on eût entouré cette place d'un ordre d'architecture régulier, & en même-tems orné, on eût rendu l'entrée de Rome vraiment magnifique. On peut encore exécuter ce projet, & il ſemble qu'il ſoit de l'intérêt des Romains de donner à leur ville tout l'éclat qu'elle peut recevoir des beaux arts, pour lui conſerver par ce moyen la prééminence. Il en couteroit moins que l'on ne penſe pour mettre dans cette place & dans beaucoup d'autres, qui n'ont ni régularité ni ornemens une partie de ces magnifiques antiques que l'on conſerve en magaſin, & former de nouvelles places à l'imitation de celles dont les Céſar, les Nerva & les Trajan, avoient décoré l'intérieur de la ville, & qui autant par le goût dont elles étoient conſtruites, que par les chefs-d'œuvres que l'on y avoit raſſemblés, en faiſoient les ornemens les plus précieux; on a le plus beau modéle dans la place Saint Pierre, & ſans entreprendre rien d'auſſi diſpendieux, on pourroit faire encore de très-belles choſes.

méroit toute la plaine qui étoit entre Rome & Ostie, projet qu'il n'exécuta point ; c'est dans cet espace que l'on trouvoit les millions d'habitants, dont les Commentateurs modernes ont encore exagéré le nombre ; au reste l'inspection du pays ne donne pas même lieu de conjecturer la vérité de ce que les Historiens panégiristes de Rome ont écrit à ce sujet.

Le champ de Mars où est aujourd'hui la grande population de Rome, & qui s'étendoit du pied du Quirinal & du capitole, entre le mont *Pincio* & le Tibre, jusqu'à la porte du peuple, étoit uniquement destiné aux assemblées du peuple, & à plusieurs monumens de la magnificence Romaine, dont quelques-uns subsistent encore, ou dans leur entier, ou dans un état à se faire remarquer ; on y voyoit des temples, des galeries ou lieux d'assemblées, des cirques, des théâtres. C'est-là qu'étoit le *Circus Agonisticus*, aujourd'hui la Place Navonne. Le Pantheon d'Agrippa, le tombeau d'Auguste, quelques bains publics ; le fameux Obélisque qui servoit de méridien, dont j'ai parlé, & dont les débris, sont à-peu-près dans l'endroit où il étoit élevé. La *Via Flaminia* qui alloit aboutir à la porte de ce nom, située entre le Capitole & le Quirinal, décorée dans toute fa longueur, qui étoit la même que celle de la rue du Cours, de deux rangs de ftatues & quelques arcs de triomphe qui font abfolument détruits. La colone Antonine, ou la Bafilique ou temple dédié à Marc-Aurele Antonin, étoient dans l'endroit qu'occupe aujourd'hui la Place Colonne. Poftérieurement Trajan fit orner, au pied même du Quirinal, près la porte *Flaminia*, magnifique place appellée de fon nom *Forum Trajani*, qui fut le monument le plus riche & le plus fuperbe qu'ait jamais fait exécuter la magnificence Romaine, & dont il ne refte plus que la belle colonne Trajane, qui a réfifté aux efforts même que la barbarie fit pour la détruire.

Toute cette partie de Rome qui n'étoit deftinée qu'aux affemblées & aux promenades du peuple, & qui n'avoit d'autres édifices que ceux qui pouvoient la décorer, eft aujourd'hui la feule qui foit véritablement peuplée : car excepté les environs du Capitole, quelques parties du Quirinal & du Viminal; le refte des fept collines ou montagnes, n'eft plus occupé que par des ruines, des vignes ou jardins, & quelques Eglises & maisons religieuses répandues çà & là. Le mont Pincio ou *collis hortulorum* a quelques rues dont la construction est moderne. La partie qui est au-delà du Tibre, excepté le Janicule, doit sa population au séjour que les Papes ont fait au Vatican, de sorte que l'on peut dire que la premiere Rome, la Rome des sept montagnes, ne subsiste plus que dans les ruines, où on va la rechercher avec une curiosité que l'on a peine à satisfaire.

Car que voit-on dans le *Forum Romanum*, aujourd'hui *Campo Vaccino* ? Quelques restes confusément épars des anciens édifices dont il a été décoré ; des grandes voûtes dont on a fait des greniers à foin, sont tout ce qui reste du magnifique palais des Empereurs. La fameuse maison dorée de Néron, fut détruite pour faire place à de nouveaux édifices, qui ne subsistent plus que dans leurs ruines, tou-à-fait dégradées. L'ancienne Rome a été exposée à tant de révolutions, que le sol même sur laquelle elle a été construite, n'est plus reconnoissable. Les inondations, les pluyes, les ravages causés par le fer & le feu en ont tellement changé la face, que le sommet des collines a insensiblement comblé les vallées, au point que l'on trouve actuellement le pavé des anciennes rues, à plus de quarante pieds sous terre, & quelquefois même des petits temples & des maisons entieres, qui subsistent recouvertes bien au-dessus de leur comble, par un amas de terre & d'autres matieres rapportées de toute espece.

Il est aisé de concevoir comment la Rome *Septicollis* a pu être culbutée à ce point, il ne faut qu'examiner sa position, & se représenter les ravages des incendies, les efforts des barbares, les changemens même que la suite des siécles & l'injure des tems peuvent avoir causés dans ce terrein, pour n'en être pas étonné. Il seroit plus difficile d'imaginer comment la plaine qu'occupoit le champ de Mars entre les collines & le Tibre, a pu être comblée également; mais les mêmes causes y ont agi avec autant de fureur, auxquelles on doit joindre encore les fréquentes inondations du Tibre, qui ont exhaussé tout ce terrein de plus de vingt-cinq pieds au-dessus de son ancien niveau, à en juger par la hauteur des matieres qui recouvroient l'Obélisque que l'on a retrouvé derriere Saint Laurent, *in Lucina*.

On ne peut pas aſſigner la date précife du tems auquel les Romains quitterent leurs collines pour former de nouveaux établiſſemens dans le champs de Mars, & y porter le centre de la population, du mouvement & des affaires de Rome. Une ancienne inſcription (*a*) ſemble le fixer au commencement du cinquiéme fiécle de l'ère Chrétienne, lorſque les empereurs Arcadius & Honorius, firent rétablir les murs de la ville, & débarraſſer les ruines dont elle étoit comblée en quelque ſorte, ſur-tout après les déſaſtres qui y avoit cauſés l'invaſion d'Alaric. Il paroît que ce fut

---

(*a*) *S. P. Q. R. Imp. Cæſ. D. D. N. N. invictiſſimis Principibus Honorio & Arcadio victoribus & triumphatoribus ſemper Auguſtis, ob inſtauratos urbis æternæ muros portas ac Turres, egeſtis immenſis ruderibus ex ſuggeſtione V. C. & inluſtris militis, & magiſtri utriuſque militiæ Stiliconis ad perpetuitatem nominis eorum ſimulachra conſtituit curante Fl. Macrobio Longiniano V. C. præfecto urbi.*

alors que Rome fut rebâtie dans le champ de Mars, & que l'on abandonna les collines trop embarraffées de ruines, & dans un état de délabrement qui fit entrevoir plus de facilité à bâtir en quelque forte une nouvelle ville, qu'à réparer l'ancienne. C'eſt ce que ſemble indiquer Claudien. (*De 6. Honor. Conf.*)

Addebant pulchrum nova mœnia vultum,
Audito, perfecta recens, rumore getarum,
Profecitque opifex decori timor, & vice mira
Quàm pax intulerat, bello difcuffa Senectus,
Erexit fubitas turres. . . . .

Rome s'éleva de nouveau, & s'étendit fans changer de place, parce qu'elle tint toujours à l'ancienne, ainfi elle conferva le titre de Ville éternelle, que Jupiter lui-même lui accorde dans Virgile : que les Poëtes qui l'ont fuivi, & même les Hiſtoriens des derniers tems de l'Empire, lui ont donné (*a*). On voit donc comment & pour-

---

(*a*) *Imperium fine fine dedi. . . . .*

Eneid. 1.

quoi Rome est descendue de la montagne dans la plaine. Les sept collines sur lesquelles elle fut autrefois construite, étant, comme je l'ai déja dit, si mal peuplées, qu'elles ne présentent presque par-tout que des terrains immenses, plantés de bosquets, de vignes ou de jardins, au milieu desquels sont de loin en loin, quelques Eglises ou maisons religieuses. C'est ce qui est arrivé à plusieurs autres villes d'Italie moins célèbres que Rome, mais d'une très-grande ancienneté ; leur premiere construction se fit sur les hauteurs, & peu à-peu l'incommodité de ces situations les a fait abandonner. Naples, Capoue, quoiqu'elles conservent leur ancien nom, ne sont plus dans les mêmes places qu'elles ont occupées.

Inutilement on chercheroit dans ces

Ignota æternæ ne sint tibi tempora Romæ.

Auf. Præf. *ad fast.*

Sæviens per Urbem æternam urebat cuncta Bellona.

Amniam. Marcel. l. 28.

nouvelles conſtructions quelques-uns de ces édifices remarquables par leur magnificence & leur goût, tels que ceux que l'on avoit élevés dans les derniers ſiécles de la République, & ſous le regne des premiers Empereurs. Les arts qui, dès le tems de Conſtantin, avoient tant perdu de leur perfection, n'en conſervoient alors aucuns reſtes; on ne ſongeoit qu'à ſe loger & à ſe garantir des injures de l'air & de l'intempérie des ſaiſons. Semblables à ces animaux vénimeux, dont le ſouffle mortel deſſéche & fait périr les fleurs & les plantes, les Goths, dès qu'ils eurent paru en Italie, anéantirent en quelques ſortes les beaux arts. De cette quantité prodigieuſe de monumens ſuperbes qui décorent le champ de Mars, on ne conſerva que ceux qui étoient d'une ſtructure aſſez ſolide pour ſervir de défenſe à la Ville: on ne penſoit plus à ſon embelliſſement; la fureur détruiſit les autres, où une barbare économie en employa les matériaux aux plus vils uſages, & ceux qui ſubſiſtent encore doivent leur exiſtence à leur ſolidité qui l'a emporté ſur les efforts que l'on fit pour les détruire.

23. Le Panthéon d'Agrippa, eſt de *Panthéon*.

& bains d'Agrippa. tous les monumens de l'antiquité payenne, le mieux conservé qui soit à Rome, & le plus beau dans son genre. On sçait que la solidité de sa construction, l'a rendu vainqueur des efforts réiterés des Barbares, qui tenterent inutilement à diverses reprises de le détruire. Il est de forme ronde, aussi large que haut; son diamétre est de 154 pieds: il n'est éclairé que par un œil de bœuf, qui est au comble, & qui a environ 24 pieds d'ouverture.

L'opinion commune, est qu'Agrippa, gendre d'Auguste, le fit construire (*a*), & le dédia à Jupiter vengeur,

―――――――――――――――――――

(*a*) *Agrippa autem eodem tempore, propriis sumptibus Urbem exornavit, nam porticum Neptuni propter victorias navales extruxit, & Argonautarum pictura decoravit, & sudatorium laconicum fecit, Lacedemonicum autem vocavit id genus Balnei, quoniam hic tum nudari corpora & inungi oleo præcipue videbantur. . . . . Pantheum quoque perfecit Agrippa; id sic dicitur fortassis, quod in simulachris Martis & Veneris, multas Deum imagines acciperet; ut vero mihi videtur, indè id nominis habet, quod forma convexa fastigiatam cœli similitudinem ostenderet. Voluit Agrippa in eo Augusti quoque statuam collocare, no-*

en mémoire de la célébre victoire d'Actium. Les premieres idoles qui y furent placées, furent celles de Mars & de Vénus, regardés comme protecteurs de la ville de Rome, & de la maison Julia; les autres statues de Dieux & des Héros qui y furent placées ensuite, parmi lesquelles étoient celles de César & de Cléopatre, lui firent donner le nom de Panthéon, plutôt que la grandeur & la forme de sa voûte qui représente la convexité du ciel visible, ainsi que Dion Cassius le prétend.

L'artiste qui décora l'intérieur de ce Temple étoit un Athénien nommé Diogene; il paroît être le premier qui ait employé des cariatides au lieu de colonnes qui subsistent encore, & sont d'un très-bel effet... *Agrippæ Pantheum decoravit Diogenes Athenienses, & cariatides in columnis Templi ejus, probantur inter pauca operum* (Plin. l. 36. c. 5.)

Le vestibule soutenu par seize colon-

---

menque operis ei adscribere; neutrum autem eo accipiente in Pantheo ipso Cæsaris superioris statuam, suam & Augusti in vestibulo posuit...... Dion. Cas. l. 53.

nes de granite qui ont cinq à six pieds de diamétre, & dans les proportions les plus nobles ; il a cent pieds de longueur sur soixante de profondeur. On lit sur l'architrave extérieure.

M. Agrippa L. F. Cof. tertium fecit.

La porte est quarrée, grande, d'une très-belle forme, & mérite une attention particuliere. Les pieds droits sont chacun d'un seul morceau de marbre d'Afrique, de même que l'architrave qui les couronne. Dans les deux grandes niches qui sont à côté étoient les statues d'Auguste & d'Agrippa, qui devoient avoir dix pieds de haut. La porte est de cuivre jaune, d'un travail antique, & ne paroît pas avoir été faite pour l'endroit où elle est, car elle est mal unie aux pieds droits. Ce défaut & celui de correspondance entre les corniches du vestibule & celles du corps de l'édifice, donnent lieu de conjecturer qu'Agrippa n'avoit fait qu'orner le Temple ; cependant les auteurs contemporains le lui attribuent : d'ailleurs ce portique est appuyé contre un corps avancé qui a été construit après la Rotonde. Ne peut-il pas encore avoir été restauré du tems de Septime Severe, au commencement du troisiéme siécle, ainsi que l'apprend l'inscription jointe (*a*) à celle qui fait mention d'Agrippa.

On sçait encore que l'Empereur Constant II, fils de Constantin III, dit le Jeune, vint à Rome en 663, en enlever tout ce qui lui parut le plus précieux, & entr'autres effets la couverture du Panthéon, qui étoit en plaques de cuivre doré; les dégrés de ce Temple qui étoient de bronze, & peut-être l'ancienne porte.

Le Pape Boniface IV l'an 608 ou 9, avoit obtenu de l'Empereur Phocas qu'il convertiroit le Panthéon en une Eglise qu'il dédia à Ste Marie des Martyrs : *Ejectis prius gentium simulachris, purgatoque templo*, dit Platine en commençant la vie de ce Pape; ce qui sem-

―――――――――――

(*a*) *Imp. Cæs. L. Septimius Severus. pius. pertinax. Arabic. Adiabenic. Parthic. Pont. Max. Trib. pot. XI. Cos. III, P. P. procos. & Imp. Cæs. M. Aurelius Antoninus. pius. felix. Aug. Trib. potest. V. cos. procos. Pantheum vetustate corruptum. cum. omni. cultu. restituerunt.*

ble annoncer qu'il y avoit encore quelques statues, que l'ignorance de ce siécle, & une piété aveugle détruisirent sans doute : de-là est venue la fête de tous les Saints, qui commença dèslors d'être célébrée à Rome le premier Novembre.

Les ornemens modernes qui sont dans ce Temple occupent peu l'attention ; mais on ne se lasse point d'admirer la magnificence de sa structure, & sur-tout la légereté de sa voûte, & sa solidité. Il seroit à souhaiter que la fameuse Coupole de St Pierre, à qui celle du Panthéon a servi de modéle, fut traitée dans le même goût, elle chargeroit beaucoup moins les arcs sur lesquels elle est appuyée, & ne seroit pas aussi fatiguée de son propre poids, qu'elle paroît l'être. Dans la voûte du Panthéon qui est travaillée par compartimens égaux, tous les ornemens sont évidés de façon que la Coupole est déchargée au moins des trois cinquiémes de son propre poids sans avoir rien perdu de sa solidité. Le Pape Benoît XIV a fait blanchir ces ornemens, & leur a ôté une partie de leur mérite aux yeux des connoisseurs, en ce qu'il leur a donné l'air des stucs modernes.

Il y avoit tant de bronze mêlé à la construction de ce Temple, que des seules solives qui soutenoient le toît du vestibule, & qu'Urbain VIII fit enlever, il y eut beaucoup plus de matiere qu'il n'en fallut pour le grand pavillon élevé sur l'autel de St Pierre, & fondre plusieurs canons qui sont au château saint Ange, & aux armes de ce Pape.

Le Pape Clément XI fit placer en 1711, sur la fontaine de la place de la Rotonde, le petit obélisque Egyptien que l'on y voit.

Plusieurs Artistes célébres ont dans cette Eglise des monumens érigés à leur mémoire: on y voit ceux de Raphaël (*a*), de Jean da Udine, & de Perrin del Vaga ses disciples; d'Annibal Carrache, de Taddeo Zucherri, & du Sculpteur Faminius Vacca.

―――――――――――

(*a*) Raphaël avoit été enterré dans cette Eglise, ainsi qu'il l'avoit ordonné par son testament, & sa mémoire, quoique très-célébre à Rome, n'avoit pendant près de cent cinquante ans, engagé personne à lui ériger un Mausolée, lorsque Carle Maratte, qui se faisoit gloire de reconnoître ce grand homme pour son maître, fit faire son buste en marbre d'après le portrait qui est dans le tableau de la Philosophie au Vatican, &

Derriere le Panthéon sont quelques ruines d'un petit Temple qui fut jadis consacré au Dieu du bon événement, (*Bonus Eventus*) on le représentoit sous la figure d'un pauvre tenant une tasse d'une main, & de l'autre un pavot & un épi : je fais exprès cette remarque, elle servira à faire entendre le sujet de quelques excellens bas-reliefs & petites statues d'un travail fini, que l'on voit à la Villa Médicis, & à celle du Cardinal Alexandre Albani, & que

---

fit graver au bas l'Epitaphe qui avoit été composée par Bembe.

Raphaeli. Sandio. Jo. F. urbina. pictori. eminentissimo. veterumque. æmulo. cujus. spiranteis. prope. imagines. si. comtemplere. naturæ. atque. artis. fœdus. facile. inspexeris. Julii. II. & Leonis. X. Pontif. Max. picturæ. & Architect. operibus. gloriam. auxit. V. A. XXXVII. integer. integros. quo. dic. natus. est. eo. esse destit. VIII. id. April. M. D. XX.

Ille hic est Raphael, timuit, quo sospite; vinci
Rerum magna parens, & moriente mori.

l'on

l'on dit représenter Diogene ou Bélisaire, & qui sont bien plus sûrement des statues du bon événement, faites dans le meilleur tems des arts : *Euphranoris est..... simulacrum Boni Eventus, dextera pateram, sinistra spicam ac papaver teneret.* (Plin. hist. l. 34, c. 8.) Pline dit au même endroit que Praxitele avoit fait la statue de ce Dieu pour être placée au Capitole : c'est sans doute d'après ce modéle que les Artistes Grecs & Romains, firent ces copies excellentes que l'on ne peut trop admirer.

Il ne reste rien de ce portique de Neptune, que Dion dit qu'Agrippa avoit fait construire, & qui devoit être situé près des murs de la ville, entre la fontaine de Trevi & le Quirinal : on voit dans une rue qui conduit du Panthéon à la Place Navonne, quelques restes des bains d'Agrippa; où il est impossible de rien reconnoître de leur ancienne destination, sur-tout de ces étuves artificielles, ou bains à la Lacédémonienne dont parle Dion Cassius; on voit par leurs ruines qui s'élevent à travers les bâtimens modernes que l'on a construits dessus, qu'ils étoient très-vastes, & même accompagnés de jardins, qu'Agrippa légua en mourant au peuple Romain. *Moriens Agrippa, populo, hortos & balneum a se denominatum, legavit.* Dionis. Hal. l. 53. Parmi les statues qui décoroient ces bains, étoit celle d'un jeune homme qui se déshabilloit, faite par Lisippe, d'un si beau travail que Tibere la fit enlever pour la placer dans son palais; mais les plaintes & les cris du peuple furent si vifs à cette occasion, que l'Empereur fut en quelque façon contraint de faire rapporter la statue dans l'endroit d'où elle avoit été enlevée.

<small>Tombeau d'Auguste.</small> 24. Le monument le plus apparent de tout ce quartier étoit le tombeau d'Auguste, dont il reste si peu de chose entre l'Eglise de Saint Charles *al corso* & le Tibre. Suetone en indique la situation & le tems auquel il fut construit, & nous apprend avec quel respect on traitoit les restes des Empereurs morts..... Les principaux de l'Ordre des Chevaliers en robe longue, sans ceintures & pieds nuds, récueillirent les restes de ce Prince (Auguste) & les porterent dans son Mausolée. Il l'avoit fait élever pendant son sixiéme Consulat, entre la voïe Flaminienne & le bord du Tibre. Il avoit fait planter

des bois à l'entour, & formé des promenades à l'usage du Peuple. Suet. in D. Aug. l. 2. c. 100.

L'usage le plus ancien étoit de placer les tombeaux des hommes puissans ou sur les montagnes, ou dans leur épaisseur même ; le corps de la montagne leur servant de mausolée : (*a*) on éleva ensuite sur ces tombeaux des piramides, des colonnes, ou des bâtimens qui égaloient la hauteur même des montagnes, & qui étoient encore plus remarquables.

Et Regum cineres exstructo monte quiescant.

Lucan. l. 8.

Le tombeau dont je parle, construit par le Maître de l'Univers, dans le tems de sa plus grande puissance; eut sans doute toute la magnificence dont un pareil monument étoit susceptible.

Sur un grand socle ou soubassement

(*a*) *Apud majores enim potentes aut sub montibus, aut in montibus sepeliebantur, indè tractum est ut super cadavera aut piramides fierent, aut ingentes colomnæ collocarentur....*

Isid. l. 15. Etimol.

de cette espece de construction que les Romains appelloient *Opus reticulatum*, s'élevoient trois ordres d'architecture les uns au-dessus des autres, qui décoroient autant d'enceintes de circonférences inégales, qui composoient ensemble une piramide de forme ronde, terminée par une coupole sur laquelle étoit placée la statue de bronze d'Auguste. Entre les pilastres qui soutenoient les corniches qui distinguoient les différens ordres, étoient pratiquées des niches où étoient des statues des Dieux & des Héros. Cet édifice, dit Strabon, étoit bâti de pierres blanches, & ombragé d'arbres toujours verds jusqu'à son comble, le centre étoit occupé par un grand salon que l'on compare à l'intérieur de la Rotonde, ou Panthéon : tout l'édifice avoit deux cens cinquante coudées de hauteur (*a*).

(*a*) *Commemoratione dignissimum quod Mausoleum appellant.... Lapide niveo, & perpetuæ viriditatis arboribus coopertum, in summum usque verticem, ad fluminis ripam exageratum : in summa autem positum est Cæsaris Augusti simulachrum ex ære fabricatum, sub aggere ipso sunt ejus loculi & cognatorum & necessariorum....*

Le plan inférieur, le premier ordre & une partie du second qui subsistent encore, dépouillés de tous leurs ornemens extérieurs, & garnis de quelques plantations de vignes, d'orangers & d'autres arbustes, donnent une idée de la maniere dont les Cyprès étoient disposés autour de ce monument. Ce qu'il y a de mieux conservé, ce sont les différentes voûtes où on déposoit les urnes cinéraires des Empereurs & des Princes de leurs maisons. Elles ont eu quelques peintures qui sont absolument effacées; ce que l'on y remarque encore, c'est la beauté & la solidité de

---

A tergo vero Mausolei locus est, mirifica continens ambulacra, in medio autem campi spatio sui busti exstat ambitus, & hic ipse niveo perfectus lapide, ferreos in circuitu cancellos habens, & plantas interius præse ferens populos. Strabo l. v. Geogr... Il semble qu'Auguste, en faisant planter ce petit bois, eût en vue son Apothéose, & desira que son tombeau devint un jour un temple... On peut remarquer encore que de toute antiquité, le peuplier d'Italie a été en usage pour la décoration des promenades & des plantations que l'on a faites autour des édifices les plus remarquables. Cet arbre croît plus promptement, & est plus beau qu'aucun autre.

l'enduit, qui eſt auſſi brillant & auſſi frais que lorſqu'il ſortit des mains de l'ouvrier. Mais combien les choſes changent! Ces mêmes caveaux où ont été miſe en dépôt les cendres d'Auguſte, de Livie, de Germanicus, de tout ce que l'Empire Romain a jamais eu de plus grand, ſervent à préſent à retirer du charbon, les fumiers & les engrais que l'on met dans le jardin qui occupe le centre de cet édifice.

On ne doute pas que le premier qui y fut enterré, ne ſoit ce Marcellus fils d'Octavie, dont parle Virgile dans un ſtyle ſi noble & ſi touchant à la fin du ſixiéme livre de l'Enéide; ce Prince ſi aimable qui ne devoit paroître ſur la terre que pour ſe faire regretter, & que les Dieux jaloux de la gloire qu'il auroit répandue ſur le nom Romain, enleverent au printems de ſon âge. Il indique en même-tems la poſition du tombeau d'Auguſte.

Oſtendent terris, hanc tantum Fata, neque
        ultra
Eſſe ſinent. Nimium vobis, Romana propago
Viſa potens, ſuperi, propria hæc ſi dona
        fuiſſent:

Quantos, ille virum, magnam Mavortis ad Urbem,
Campus aget gemitus! vel quæ Tiberine videbis
Funera, cum tumulum præter labore recentem.

Il y a grande appparence encore qu'il servit à toute la famille de cet Empereur, & de ceux qui le suivirent; l'on prétend même qu'Adrien ne fit élever le nouveau Mausolée, qui étoit vis-à-vis d'Auguste, de l'autre côté du Tibre, que lorsqu'il fut à-peu-près rempli d'Urnes cinéraires.

Auguste & Livie y virent placer avant eux les plus chers de leurs descendants, & les Princes les plus illustres de la famille regnante. Il sembloit que depuis la construction de ce Mausolée, les Parques s'empressassent de le remplir; c'est ce que prétend Albinovanus dans l'Elégie qu'il adressa dans ce tems à Livie.

Claudite jam Parcæ, nimium reserata sepulchra
Claudite, plus justo jam domus ista patet.

Ce monument n'avoit qu'une porte

ouverte vis-à-vis du Champ de Mars, aux côtés de laquelle étoient placés deux Obélisques, dont l'un est élevé derriere Sainte Marie Majeure. Il étoit accompagné d'un petit bois orné de statues, & qui servoit de promenade publique. Quelques inscriptions sépulchrales trouvées dans les environs, donnent lieu de conjecturer que les affranchis de la maison d'Auguste faisoient déposer leurs urnes cinéraires autour de ce monument. J'ai vu dans le pavé actuel du porche de la maison, qui tient au tombeau d'Auguste, des morceaux des marbres les plus précieux, tels que le verd & le jaune antique, employés avec les cailloux & les pierres les plus communes ; tout parle encore de la magnificence de l'ancienne Rome & de ses malheurs. Un peu plus haut étoit le bucher d'Auguste, le massif sur lequel portoit la charpente que l'on élevoit dans ces occasions, étoit de pierre blanche ; il paroît qu'il étoit entouré d'une enceinte de pilastres & de grilles de fer : la description qu'en a donnée Strabon, & que j'ai rapportée plus haut est tout ce qu'il en reste.

Cirque,   25. L'ancien cirque agonistique aujourd'hui Place Navonne (*a*), n'a plus aucuns vestiges des monumens qui décoroient un lieu destiné aux spectacles publics : on peut sur l'étendue actuelle

colonne, monumens antiques.

(*a*) Dans un Carrefour voisin de cette place, est une statue tronquée ou torse d'un Soldat grec, dont le visage est absolument mutilé, placé sur un pied'estal élevé, autour de laquelle on affiche des avis & des placards, comme dans les autres Carrefours. Le nom de *Pasquin* qui a été donné à cette statue, étoit celui d'un tailleur, homme plaisant & caustique, frondeur d'habitude & grand nouvelliste, chez lequel s'assembloient tous les gens de ce même caractere ; sa boutique étoit dans ce Carrefour, & la statue que l'on trouva en bâtissant dans cet endroit, conserva son nom ; dans le Campo Vaccino, étoit une statue de Fleuve, à laquelle on avoit donné le nom de *Marforio* : c'est autour de ces deux statues, que l'on affichoit quantité de placards satyriques, qui se répondoient réciproquement. L'un faisoit les questions, l'autre répondoit ; cet usage qui a duré assez long-tems, ne subsiste plus : *Marforio* a été transporté au Capitole, & *Pasquin* ne sert plus qu'à donner son nom au quartier où il est placé. Les dialogues de ces deux hardis satyriques, sont interrompus, mais la satyre n'a pas cessé pour cela : on affiche les placards à la porte de ceux même que l'on veut attaquer ; & on distribue les écrits licentieux, de maniere à les faire connoître plus aisément encore, que lorsque Pasquin ou Marforio étoient chargés de ce soin.

de cette Place qui est la même que celle de l'ancien cirque agonistique, se faire une idée des courses qui s'y faisoient, & de l'adresse de ceux qui conduisoient les chars, pour passer les plus près qu'il étoit possible des bornes plantées à chaque extrémité de la carriere, sans les toucher; genre de gloire alors si flatteur, qu'il élevoit les maîtres de la terre au rang des Dieux.

Metaque fervidis
Evitata rotis ; palmaque nobilis
Terrarum dominos evehit ad Deos.
Hor. Od. 1. l. 1.

Il n'y reste plus rien d'antique que les anciennes voûtes (*fornices*) que l'on voit au-dessous de l'Eglise de Sainte Agnes, qui se trouvoient dans le voisinage & sur les bords de tous les lieux d'assemblées publiques, tels que les cirques; c'est peut-être dans ces voûtes que Messaline

Excepit blanda intrantes atque æra poposcit.
Juv. 5. 6.

La colonne Antonine qui est au milieu de la Place à laquelle elle donne le nom; les colonnes de marbre cannelées d'ordre corinthien qui subsistent, & que l'on croit avoir fait partie des galeries qui entourroient le temple ou basilique élevée à Antonin le Pieux; étoient un des ornemens les plus distingués du Champs de Mars, & d'une grande magnificence à en juger par ce qui est échappé à la fureur des barbares. Les colonnes cannelées sont jointes au grand bâtiment de la douane de terre, & l'un des premiers monumens de Rome antique, que tous les étrangers sont forcés de voir en arrivant.

La grande colonne restaurée en 1589, ainsi que l'apprennent les inscriptions qui sont à la base, (a) paroît avoir souffert du tonnerre ou de quelque in-

---

(a) *M. Aurelius. Imp. Armenis. Parthis. Germanisque. bello. maximo. devictis. triumphalem. hanc. columnam. rebus. gestis. insignem. Imp. Antonino. pio. patri. dedicavit....* Sur la face opposée:

Sixtus. V. Pont. Max. Columnam. hanc. Cochlidem. Imp. Antonino. dicatam. Misere. Laceram. Ruinosamque. primæ. formæ. restituit. A. M. D. LXXXIX. Pont. IV..

cendie ; elle est décorée de bas-reliefs qui l'entourent dans toute sa hauteur en ligne spirale, & qui ont pour sujet les événemens les plus fameux des guerres que les Romains eurent à soutenir sous le regne de ce Prince, & sur-tout sous celui de Marc-Aurele son successeur, qui la dédia à M. Antonin le Pieux : on y voit entr'autres sujets, le miracle si connu de la légion fulminante, que Julius Capitolinus attribue en termes exprès à la dévotion de M. Aurele. *Fulmen de cælo precibus suis, contra hostium machinamentum Marcus extorsit, suis pluviâ impetrata cum siti laborarent.* A en juger à l'œil, il n'y a personne qui ne pense que la colonne Trajane est beaucoup plus haute que l'Antonine ; cependant tous ceux qui en ont écrit, s'accordent à dire que celle-ci est d'une plus grande élevation, ce qui vient sans doute de ce qu'elle est placée sur un piedestal de plus de 40 pieds de hauteur : le travail des bas-reliefs est dans le même goût que celui de la colonne Trajane, mais il m'a paru moins parfait & d'un style fort inférieur ; tout ici ne semble qu'une imitation du premier Artiste qui, dans l'ordonnance générale de la machine &

l'expression a toujours l'air original. Elle portoit autrefois la statue de bronze de M. Aurele Antonin, qui a été remplacée par celle de Saint Paul. Je parlerai incessamment de la vraie colonne Antonine.

Au-dessus de cette Place au levant, est la petite élevation appellée *Monte Citorio*, & autrefois *Mons Citatorum*, ou parce que c'est de-là que la trompette sonnoit pour avertir le peuple assemblé en comice, de venir donner ses suffrages, ou bien parce que ceux qui les avoient donnés, se retiroient de ce côté pour laisser la place libre à ceux qui devoient leur succéder. Au pied de cette colline, étoient différentes enceintes ou galeries dans lesquels les Tribus entroient, pour donner chacune dans leur ordre leurs suffrages : on l'appelloit encore *Mons Acceptorius*, par la même raison que je viens de rapporter. D'autres pensent que le terme de *Citatorius* vient de ce que c'étoit dans cet endroit même que devoient comparoître ceux qui étoient appellés en Justice. En ce dernier cas, cette hauteur serviroit encore à sa première destination, puisque c'est-là qu'est la *Curia Innocentiana*, ou le palais de la Sénéchaussée ou Bailliage de Rome, & des différen-Tribunaux, qui, réunis composent la Chambre Apostolique dont j'ai parlé plus haut.

Vis-à-vis de ce Palais, est un ancien monument tiré du jardin de la maison de la Million qui est sur cette montagne, & restauré sous le pontificat de Benoît XIV. C'est un piedestal de marbre de plus de douze pieds de haut, qui portoit une colonne érigée à Antonin le Pieux, sur laquelle étoit probablement sa statue, ainsi que l'apprend l'inscription antique, qu'on lit encore sur une des faces du piedestal :

Divo. Antonino. Augusto. pio. Antoninus. Augustus. & Verus. Augustus. filii.

Les bas-reliefs de ce piedestal sont d'autant plus curieux, qu'ils sont la preuve la plus exacte de ces jeux funébres ou tournois qui se faisoient autour du bucher des Empereurs, avant que l'on y mît le feu. Aux deux côtés sont représentés plusieurs gens armés à pied & à cheval, qui forment entr'eux la marche triomphale, qui précédoit le combat, & celui sans doute que Julius

Capitolinus indique, lorsqu'il dit: *Marcus & Verus Imperatores, Antonino Pio Patri, munus gladiatorium exhibuerunt.* Cet usage étoit fort ancien au premier siécle de la République aux funérailles du Consul Junius Brutus.

Tres primas Thracum pugnas, tribus ordine
  sellis,
Juniadæ patri, inferias miscere sepulto.

   Aus. Griph. Tern. num. ed. xi.

Mais ce qu'il y a de plus curieux dans ce bas-relief, est la partie qui représente l'apothéose d'Antonin, dont le travail est de bonne maniere, & encore assez bien conservé; dans le milieu est un Génie ailé, Symbole de l'eternité, qui soutient de la main gauche un globe étoilé, entouré du cercle du Zodiaque & d'un serpent: de la droite il tient une grande draperie, que le mouvement de l'air enfle & pousse en avant. Il a sur ses épaules l'Empereur Antonin & sa femme Faustine; au-dessus de leur tête des aigles semblent s'élever & prendre leur vol. Au-dessous est la figure de Rome guerriere & triomphante qui paroît dans l'affliction, elle montre de la main droite l'enlevement de l'Empereur, qui en fait le fujet : la gauche eft appuyée fur un bouclier, fur lequel eft gravée la Louve qui alaite les deux jumeaux. Ce piedeftal eft pofé fur une bafe folide, & il en auroit peu coûté pour placer deffus la colonne que l'on a tirée dans ce fiécle du jardin des Prêtres de la Miffion, & qui paroît y avoir anciennement été placée, à en juger par l'infcription que j'ai citée plus haut. Cette colonne actuellement couchée dans la petite rue qui fépare le Palais de Montecitorio de la maifon de la Miffion, eft de granite ou marbre rouge d'Egypte; le fuft a environ quarante-fix pieds de longueur, le diametre eft de cinq à fix pieds; quelques parties paroiffent avoir été expofées à l'action du feu, mais on la reftaureroit à peu de frais, & elle augmenteroit les ornemens de Rome, furtout de la Place de Montecitorio, qui eft abfolument nue, & où le grand piedeftal, dont j'ai parlé, femble attendre quelque monument. Une ftatue de la Juftice qui remplaceroit celle d'Antonin, annonceroit la deftination du Palais devant lequel elle feroit élevée ; mais on a peu fait dans ce fiécle pour l'embelliffement de Rome; on s'eft contenté de tirer de terre cette colonne, & de l'abandonner enfuite, de même que le magnifique obélifque folaire du Champ de Mars; ces deux monumens fe feroient mieux confervés dans les ruines dont ils étoient couverts, qu'expofés comme il le font à toutes les injures de l'air & à une humidité prefque continuelle (*a*).

26. Entre le Quirinal & le Capitole; dans l'enceinte de la Ville, l'Empereur Trajan avoit fait décorer la Place la

Colonne Trajane & Place.

(*a*) J'aurois déja dû rapporter l'infcription qui fut gravée à la bafe de cet Obélifque, lorfqu'Augufte le fit élever; elle ne laiffe aucun lieu de douter de fa premiere deftination.

Cæfar, Divi. Jul. F. Auguftus. Pont. Max. Imp. XII. Cof. XI. Trib. Pot. XIV. Ægypto. in. poteftatem. Populi Rom. redacta. foli. donum. dedit.

Un Littérateur moderne qui a donné des obfervations nouvelles fur l'Italie & les Italiens, parlant de cet Obélifque qu'il dit avoir fouvent admiré, & de l'infcription que j'ai rapportée, n'en cite que ces deux mots, *Aigupto captá*, qui n'y font ni l'un ni l'autre. On a peine à la lire dans l'état où elle eft actuellement, plufieurs lettres étant effacées; mais comme elles font très-grandes, il eft aifé d'y fubftituer ce qui y manque, & de lire enfin l'infcription.

plus magnifique que Rome ait jamais eu, au milieu de laquelle il avoit ordonné que l'on érigeât cette colonne magnifique, qui subsiste encore, qu'il ne vit jamais, & qui lui fut dédiée par le peuple & le Sénat (*a*), lorsqu'il étoit occupé à la guerre contre les Parthes, pendant laquelle il mourut à Seleucie en Syrie. Dion Cassius (l. 68.) nous appprend qu'il l'avoit destinée, tant à sa sépulture, qu'à prouver à la postérité ce qu'il lui en avoit coûté de peines & de soins, seulement pour applanir le sol de la porte : *Columnam maximam collocavit, partim sepelien<!-- -->li sui causa, partim ut opus quod ipse circà forum fecerat, posteris ostenderet, nam eum locum montosum quanta est*

(*a*) On lit à la base cette inscription qui y fut gravée lors de la dédicace de la colonne....

Senatus. Populusque. Romanus.
Imp. Cæsari. Divi. Nervæ. F. Nervæ.
Trajano. Aug. Germ. Dacico. Pontif.
Max. Trib. Pot. XVII. Imp. VI. Cos. VI. P. P.
ad. declarandum. quantæ. Altitudinis.
mons. & locus. tantis. operibus. sit. ægestus.

altitudo columnæ, perfodit, forumque eo pacto complanavit.

Cette colonne y compris son couronnement & son piedestal, a environ cent cinquante pieds de hauteur. le fust est formé de vingt-trois blocs de marbre blanc, tous de quatre pieds, & environ quatre pouces d'épaisseur, posés à plomb les uns sur les autres, & qui ont tous la largeur de la colonne; c'est dans l'épaisseur de ces blocs que l'on a taillé l'escalier à limaçon de 184 marches jusqu'au chapiteau de la colonne, qui est terminée par un petit dôme sur lequel la statue est placée. Le dehors est orné de bas-reliefs disposés sur un cordon qui tourne en ligne spirale autour de la colonne, & qui paroissent suivre la direction de l'escalier, qui est éclairé par plusieurs petites fenêtres ou ouvertures quarrées, ménagées de façon qu'elles n'emportent rien de l'ordre du dessein. Ces bas-reliefs ont pour sujet les deux expéditions de Trajan contre les Daces: on y voit des siéges, des marches d'armées, des batailles, des camps, des passages de rivieres: on y remarquera surtout deux faits de ce tems, trop singuliers pour n'en être pas frappés; l'un la fureur des femmes Daces, qui dépouillent elles-mêmes les prisonniers romains, & les brûlent à petit feu avec des torches : l'autre des soldats romains, qui, surpris dans une ville ennemie, & ne pouvant pas éviter la captivité, mettent le feu à la ville, & courent ensuite à une mort volontaire ; ce qui est représenté par la coupe empoisonnée qu'ils se présentent réciproquement, & qu'ils boivent avec la plus grande fermeté : les uns sont déja morts, les autres mourants, & ceux qui sont fermes sur leurs pieds, paroissent envier leur sort.

Ce magnifique monument a été travaillé piéce à piéce, mais avec beaucoup d'intelligence; car tout s'y rapporte si bien, qu'il semble que l'on ait commencé par poser les blocs les uns sur les autres, & qu'ensuite on ait creusé l'escalier, & sculpté les bas-reliefs du dehors. Malgré les injures qu'il a souffertes du tems, il conserve encore l'apparence la plus noble. Le marbre en est d'un gris obscur ; les figures ont partout environ deux pieds de proportion, celles du dessus un peu plus hautes que celles du bas, ce qui fait qu'on les voit toutes également bien. Le relief qui a peu de faillie en bas, en acquiert à mesure que l'ouvrage s'éleve, & de cette maniere il est vu par-tout dans la même proportion. Le travail en est extrêmement bon, les airs de tête nobles, sans avoir rien de recherché ni de ce fini précieux que l'on remarque dans beaucoup de statues & de bas-reliefs antiques Grecs. Ici les artistes semblent avoir travaillé en historiens, qui avoient à mettre sous les yeux de la postérité, les actions d'un des plus grands princes qui ait jamais porté le sceptre. Leur style est noble & grand, il va d'une marche égale & pompeuse, & ne s'arrête pas à des graces de détail, à une fleur d'expression que la majesté de l'histoire semble négliger. On dit qu'il y a plus de deux mille cinq cens figures dans cette composition; elles paroissent toutes de la même main, ce qui vient probablement de ce que l'on a suivi exactement le dessein du premier artiste qui avoit la direction de tout l'ouvrage. C'étoit le célébre Apollodore de Damas, qui jouissoit alors d'une réputation brillante, & de la faveur de Trajan. Un jour qu'il étoit question de quelque partie de la décoration du *Forum Trajani* (*a*) fur laquelle Adrien voulut donner fon avis, fans qu'on lui demandât : Mêlez-vous, lui dit Apollodore, de peindre vos citrouil-

---

(*a*) Cette place de Trajan a été l'un des plus magnifiques édifices, des plus riches & des plus nobles qui aient jamais été faits ; il eft probable qu'elle étoit entourée des quatre côtés d'une colonnade à-peu-près dans le goût de celle de la place du Vatican ; au milieu de chaque face étoit un grand arc terminé par une coupole élevée; toute cette colonnade étoit d'ordre Corinthien & de beau marbre de Grece, chaque colonne étoit d'une feule piéce ; & à en juger par quelque morceau que l'on en a trouvé, elles devoient avoir trente-quatre pieds de hauteur ; c'eft d'un des arcs que l'on a tiré les principaux bas-reliefs, qui font à celui de Conftantin. Cette colonnade formoit des galeries couvertes, enrichies des ftatues les plus précieufes, & de celles de tous les hommes illuftres que l'on y plaçoit par ordre de l'Empereur & du Sénat : la ftatue de Claudien y fut mife dans le quatriéme fiécle, fous l'empire d'Arcadius & d'Honorius. Paufanias en donne une idée (l. 5.) *Forum Romanum & reliquo ornatu infigne, & Maxime ære exornato lacunari. Inter cætera vero ejus fori infignia, teretibus infiftunt fcamillis ftatuæ duæ, ex electro una, Augufti Cæfaris, latera ex ebore Nicamedis Bithiniæ regis.* Des ftatues de matieres auffi précieufes ne pouvoient pas refter à découvert.

les, genre d'occupation auquel s'amusoit ce jeune prince, qui ne pardonna jamais à l'artiste la hardiesse de sa réponse, & le reproche tacite qu'il lui

---

Pausanias ajoute que l'ambre dont étoit la statue d'Auguste, ne se trouve que très-rarement dans les sables du Pô, & que ceux qui avoient découvert un morceau aussi précieux, avoient raison d'en faire le plus grand cas.

Aulugelle, qui n'en parle qu'en passant, donne la plus grande idée de sa magnificence; l'or, selon lui y brilloit de toutes parts, même à l'extérieur : *In fastigiis fori Trajani simulachra sunt sita circum undique inaurata, equorum atque signorum militarium · subscriptumque est ex manubiis.* (l. 13 c. 23.) Ce fut des trésors immenses qu'il rapporta à Rome après avoir subjugué les Daces, qu'il tira les fonds nécessaires pour toutes les constructions nouvelles, qui surpassèrent tout ce que Rome avoit eu jusqu'alors de plus magnifique & de plus brillant; les choses étoient au point que les Souverains les plus puissants, après avoir vu ce monument de la grandeur & de la magnificence de Trajan, n'osoient pas même former le projet de rien entreprendre de pareil; c'est le sentiment qu'Ammian Marcellin (l. 16.) donne à l'Empereur Constant : *Verum cum ad Trajani forum venisset (Constantius) singularem sub omni Cælo structuram, ut opinamur, & jam numinum assensione mirabilem, hærebat attonitus : per giganteos contextu*

faisoit de son peu de goût ; aussi après la mort de Trajan, il commença par l'éloigner de Rome, & voyant que l'exil où il l'avoit envoyé, ne diminuoit

---

tus, circumferens mentem, nec relatu affabiles, nec rursus mortalibus appetendas.... Il paroît par tout ce recit, que cette place étoit le chef-d'œuvre du goût & de la puissance, que les matieres les plus riches & les plus précieuses y étoient si abondantes, qu'il n'étoit pas même possible d'espérer d'en rassembler autant ; aussi l'Empereur borna ses prétentions à dire qu'il pourroit au moins avoir un cheval semblable à celui qui portoit la statue de Trajan : *Trajani equum solum.... imitari se velle dicebat & posse.* Ce fut à cette occasion qu'Hormisda, Prince du sang royal de Perse, qui s'étoit attaché au service de Constant, lui répondit qu'il devoit commencer par faire construire une écurie semblable à celle qu'il avoit sous les yeux, & qu'ensuite il seroit tems de penser à avoir le cheval, supposé que la chose fût possible : *Respondit (Hormisda) gestu gentili, ante imperator stabulum tale condi jube si vales : equus quem fabricare disponis ita late succedat, ut iste quem videmus.* On demandoit à ce Persan ce qu'il pensoit de Rome ; ce qu'il m'en a plu, dit-il, c'est que j'y ai appris que l'on y mouroit comme ailleurs : *ad tantum sibi placuisse quod dibicisset ibi quoque homines mori.*

Aulugelle, dans l'endroit que j'ai cité plus

rien de fa franchife & de fa fermeté, il le fit périr fous des prétextes imaginaires.

Cette colonne eft actuellement fituée au milieu d'une petite place qui a dû faire le centre du *Forum Trajani*. Le piedeftal & la bafe étoient entiérement cachés fous les ruines des édifices renverfés dans les environs. Sixte V les fit enlever en 1588, & conftruire une petite cour entourée d'une baluftrade dans laquelle on defcend pour entrer dans la colonne & monter jufqu'au haut ; ce trou eft fi profond, qu'à peu de diftance la colonne ne paroît point avoir de bafe, & fortir immédiatement de terre. L'efcalier eft entiérement confervé, &

---

haut, nous apprend que les Confuls y tenoient d'ordinaire leur tribunal. C'étoit-là encore qu'ils accordoient la liberté aux Efclaves, dans le tems des Saturnales.

Ad Ulpia pofcunt
Te fora, donabis quos libertate quirites ;
Perge, pater patriæ felix, atque omine faufto
Captivos vinciure novos, abfolve vetuftos.

Sidon. Appollin.

Tome VI.

facile à monter : on a du haut de la colonne la vue sur une grande partie de Rome, & sur la campagne le long de la Voïe Flaminienne.

Elle est terminée aujourd'hui par une statue colossale de St Pierre, qui remplace celle de Trajan. Ses cendres apportées de Seleucie à Rome, furent placées, selon quelques Auteurs, dans le globe qu'il tenoit de la main gauche ; selon d'autres elles furent déposées dans une urne à la base même de la colonne : quoiqu'il en soit, on ne peut pas douter qu'elles nayent été placées dans cet endroit. *Trajani ossa in ipsius columna sepulta fuerunt*, dit Dion Cassius, l. 69.) Et Eutrope assure en termes formels qu'il fut le seul des Empereurs enterré dans la ville.

Au sortir de cette Place, au commencement d'une petite rue qui monte au Capitole, on voit à main gauche une des plus anciennes inscriptions qui existent à Rome, gravée en très-grands caracteres sur la pierre, & conçue en ces termes :

C. publicio. l. f. Bibulo. Trib. pleb. honoris, virtutisque causa. S. C. po-

pulique. juſſu. locus. monumento. quo. ipſe poſterique ejus. inferrentur. publice datus. eſt.

Il y a deux ſentimens ſur cette inſcription, l'un que ce fut dans cet endroit même que le tombeau de Bibulus & de ſa famille fut placé; l'autre qu'elle veut ſeulement dire que le Sénat & le Peuple aſſignerent à Bibulus, en conſidération de ſes ſervices, un lieu diſtingué pour ſa ſépulture, dedans ou dehors de Rome, ce qui n'eſt point indiqué. Ce ſentiment qui eſt celui du *Nardini*, me paroît le plus probable. Ce C. P. Bibulus dont parle Tit. L. l. 27, étoit Tribun du Peuple, l'an de Rome 543, fort zélé pour ſes droits, & innemi déclaré de la Nobleſſe, des Conſuls & de tous les Généraux de ce tems, à la négligence & à l'incapacité deſquels il attribuoit le long ſéjour d'Annibal en Italie, & les progrès qu'il y avoit fait.

27. Avant que de quitter le champ de Mars & ce qui l'environne, je reviens au bord du Tibre, pour dire un mot du tombeau d'Adrien. *Moles Adriani*, aujourd'hui le Château St Ange.

Tombeau d'Adrien.

Ce monument, quand il fubfiftoit dans fon entier, étoit l'un des plus remarquables de Rome ; l'Empereur Adrien qui l'avoit fait conftruire, & que l'on fçait avoir aimé & protégé les arts, qu'il porta à un haut point de fplendeur à Rome, n'épargna rien pour le rendre plus magnifique que celui d'Augufte, vis-à-vis duquel il l'avoit fait placer de l'autre côté du Tibre, affez près pour qu'on pût les comparer enfemble, n'y ayant alors aucun bâtiment intermédiaire qui empêchât la vue de l'un à l'autre.

Sur un large focle de marbre parien, s'élevoit une grande tour ronde à trois étages différens, décorés de magnifiques colonnes de granite & de porphyre, que l'on croit avoir été tranfportées depuis à Saint Paul hors des murs, & en d'autres édifices publics de Rome. Sous les galeries avancées qui formoient ces divers ordres de colonnes étoient une multitude de ftatues & de bas-reliefs des meilleurs artiftes de ce tems ; ce monument étoit terminé par une coupole au-deffus de laquelle étoit la grande pomme de pin de bronze que l'on voit encore dans le petit jardin du Belvedere au Vatican.

Procope qui en parle (a) en donne les dimensions générales, & dit qu'il étoit situé hors de la porte Aurelienne, à un jet de pierre des murs de la ville : on y voyoit, dit-il, des statues d'hommes & de chevaux de marbre parien, d'un ouvrage admirable. On joignit cet édifice aux fortifications de la ville par deux murailles qui venoient aboutir au Tibre. Sa construction étoit si solide & si forte, qu'indépendamment de sa beauté, il servoit d'une défense suffi-

---

(a) *Hadriani Imperatoris monumentum est extra portam Areliam, abestque ab ambitu mænium quasi ad lapidis jactum. Spectaculum egregium, opus enim est ex lapide pario, & lapides inter se spectant ex adversum positi, nihil aliud intus habentes. Latera ejus quatuor sunt æqualia, latitudinem ad jactum lapidis habent singula, longitudinem & altitudinem supra murum Urbis, & supra statuæ ex lapide pario hominum & equorum stupenda. Hoc monumentum veteres ut videtur, duabus substructionibus ab imbitu murorum ad ipsum pertinentibus struxerunt, ut esset Urbi pars muri. Videtur enim esse turris alta ante portam Aureliam pro munimento & propugnaculo posita. Ibi igitur erat propugnaculum sufficiens....* Proc. de Bell. Goth. l. 1.

fante à la Ville de ce côté. *Ibi igitur erat propugnaculum fufficiens.*

Les Grecs & les Goths, quand ils furent maîtres de Rome, ne l'employerent pas à un autre ufage; & c'eſt dans ce tems de trouble & de défordre, que tous fes ornemens les plus précieux furent brifés par ceux qui y étoient aſſiégés, qui les lançoient par morceaux fur les affaillans. La folidité feule des colonnes, & l'impoſſibilité de les rompre, les fauva de ce défaſtre commun, & les conferva dans leur entier.

On fait remonter l'origine du nom de Château Saint-Ange, que porte aujourd'hui ce monument, à l'an 593. Saint Grégoire le Grand vit au haut de la tour un Ange qui lui annonçoit la ceſſation de la peſte qui ravageoit la ville, lorfque pour obtenir cette grace du Ciel, il faifoit des fupplications publiques, à la tête du Clergé & du peuple.

Ce Château ou Tombeau, quelque délabré qu'il fût, étoit d'une conſtruction fi folide, que dans le neuviéme & le dixiéme fiécle, il fervit de retraite à la plûpart de ces petits Tirans qui s'éleverent à Rome; ce qui détermina le Pape Boniface VIII, à s'en emparer, à le faire fortifier, & à y tenir toujours une garnison. Alexandre VI & Pie IV y ajouterent de nouveaux ouvrages, & Urbain VIII le mit dans l'état où il est aujourd'hui. Le corps principal de cette forteresse, formé par l'ancien tombeau d'Adrien, est entouré de quatre bastions royaux, revêtus d'un large fossé plein d'eau & de terres-pleins qui les défendent à l'extérieur du côté de la campagne. Ces fortifications sont garnies d'une belle artillerie. Il y a une garnison nombreuse pour la place, où le service militaire se fait avec exactitude. C'est-là où le trésor de l'Eglise formé par Sixte V, & peu augmenté depuis, est en dépôt, de même que les meubles & les ornemens les plus précieux du Souverain Pontificat; les bulles, manuscrits, & papiers les plus intéressants pour la Cour de Rome. On y tient aussi des prisonniers d'Etat. Dans la grande sale qui occupe le centre de l'ancien monument, sont des peintures à fresque de Jules Romain, Perrin del Vaga, & autres éleves de Raphaël, & quelques antiques, parmi lesquels on pourra remarquer un buste d'Antonin le

Pieux, d'un très-beau travail, & une statue de Rome triomphante, que l'on pourroit prendre pour une Pallas. L'arsenal est peu considérable, on y montre quelques armes défendues ou dangereuses, sur lesquelles on ne manque pas de faire des histoires prodigieuses. J'y ai vu une armure complette d'acier poli & ciselé, posé par plaques roulantes sur un fonds de velours cramoisi. Dans les prés qui sont le long du Tibre, on voit quelques vestiges du cirque d'Adrien, qui joignoit son tombeau.

<small>Théâtre de Marcellus & autres antiques.</small>   28. Le Théâtre de Marcellus commencé par César, & achevé par Auguste pour immortaliser la mémoire de Marcellus son neveu, dont il lui donna le nom; est situé entre le Capitole & le Tibre, presque vis-à-vis l'Isle de St Barthelemi. Vitruve en parle comme du plus magnifique édifice de ce genre qui fut alors à Rome; & Publius Victor assure qu'il pouvoit contenir trente mille spectateurs. C'est un de ces édifices publics construits & perfectionnés sous le regne d'Auguste, & que ce Prince fit passer à la postérité sous le nom des personnages de sa famille, auxquels il étoit le plus attaché. *Quædam opera*

sub nomine alieno, nepotum scilicet & uxoris, sororisque fecit. Porticus liviæ & octaviæ, Theatrumque Marcelli. Suet. in Aug. l. 2 c. 29. Il en fit célébrer la dédicace avec autant de solemnité que de magnificence; il rétablit à cette occasion les anciens Poëmes dragmatiques. *Vetera quoque Acroamata revocaverat*, dans lesquels les Princes de sa maison firent les principaux rôles. *Theatrum Marcelli Augustus dedicavit, ludisque ejus rei gratia factis, Trojam, inter alios patricios pueros, nepos Augusti Caïus lusit.* Six cens bêtes féroces venues d'Afrique, furent tuées dans le combat: *Feræ Africanæ sexcentæ occisæ.* (Dio. l. 54.) On remarque encore que l'on vit pour la premie fois à Rome, dans ces jeux, un Tigre apprivoisé.

L'ordre rustique & le voûtes du premier plan, de même que le second plan avec sa colonnade, subsistent encore dans leur entier: il est vrai que l'on ne peut plus juger qu'avec peine de l'effet de cette décoration extérieure, parce que l'intervalle des colonnes a été muré & percé de petites fenêtres pour éclairer les logemens qui y ont été construits dans les siécles postérieurs ; probablement lorsqu'il y avoit une sorte d'anarchie dominante à Rome, ce monument parut très-propre à faire une place de sûreté, & il y a apparence que les *Savelli* s'en emparerent alors. Tout le vuide intérieur de ce Théàtre, a été comblé de terres apportées, pour faire les cours & les terrasses du Palais Savelli, qui a été bâti sur le Théàtre même; de sorte qu'à présent on y monte comme sur une montagne. Près de là étoit un arc de triomphe ou portique élevé par Auguste sous le nom de sa sœur Octavie; il en reste encore quelques arcades soutenues par des colonnes de marbre d'ordre corinthien, qui ont l'apparence la plus noble.

En suivant ce quartier, & tournant au *Forum Romanum* ou Campo Vaccino, par les bords du Tibre, on rencontre l'ancien arc de Janus, que l'on croit être le *Janus Septimianus*, bâti par Severe : il y avoit à Rome plusieurs de ces arcs ou portiques que l'on appelloit *Jani*. Ils étoient ordinairement dans le goût de celui-ci, ouverts des quatre côtés par de grandes arcades égales, & ils servoient de loges ou de lieux d'assemblées aux marchands, & sur-tout aux banquiers qui faisoient travailler leur argent sur la Place. *De quærenda, de collocanda pecunia, etiam de utenda, commodius à quibusdam viris ad medium janum sedentibus, quam ab ullis philosophis, ulla in schola disputatur.* (Cic. Off. 2.) Il y en avoit plusieurs de ce genre à Rome, celui-ci est le plus remarquable & le mieux conservé; il est isolé de toutes parts, construit de très-gros quartiers de marbre. Chaque portique est accompagné à l'extérieur de quatre niches où ont été autrefois des statues. Ce monument, ainsi que tous ceux d'une construction solide, qui dans leur origine furent destinés à l'embellissement de la Ville, & à son utilité, devinrent dans des tems orageux le point d'appuy du désordre & de la confusion; les constructions de brique qui sont au-dessus de cet arc, étoient appellées dans le treiziéme siécle la tour de *Cencio Frangipani*, Baron Romain très-puissant, qui, au moyen de cette espece de forteresse, dominoit dans tout ce quartier.

Cet arc n'a jamais eu d'autre destination que celle que j'ai indiquée ; on voit très-bien qu'il n'a pas servi au culte religieux, comment y retrouveroit-on l'origine des noms plaisans que l'antiquité avoit donnée à Janus ?

Nomina ridebis, modo namque patulcius idem,
 Et modo sacrifico, clusius ore vocor.
Scilicet alterno, voluit, rudis illa vetustas,
 Nomine diversas, significare vices.

Ovid. Fast. 1.

A côté est un autre petit Arc que les orfévres & les marchands de betail du *Forum Boarium*, qui commençoit à cet endroit firent élever, & dédierent à Septime Severe & à sa famille. Il est entierement conservé ; les bas-reliefs dont il est décoré sont d'un très-bon goût ; on y voit d'un côté cet Empereur, & sa femme *Julia Pia*, de l'autre Antonin Caracalla : Geta y étoit aussi représenté, mais après qu'il eût été assassiné, Caracalla fit enlever sa figure & son nom de tous les monumens où il se trouvoit ; l'Autel, les instrumens des sacrifices, les victimaires sont d'un beau travail ; la face principale est ornée de quelques étendars & enseignes militaires.

Il faut encore voir dans ce voisinage les restes de la *Cloaca Maxima*, qui étoit comptée avec raison, de même que quantité d'autres égoûts, parmi les choses admirables de la ville; la voûte dont l'ouverture du côté du Tibre, est de grands quartiers de pierre, d'une solidité à toute épreuve, & assez large pour que l'on pût y entrer & aller partout en bateau, pour visiter s'il n'y avoit point de réparations à faire, ou s'il ne s'y formoit pas des engorgemens; il y coule encore un ruisseau d'eau vive qui entraîne toutes les immondices dans le fleuve. Les bords du fleuve de ce côté, étoient l'ancien port de Rome; celui où Enée aborda : on y voit encore une partie des revêtissemens faits par Tarquin l'Ancien, que l'on appelloit *Pulchrum Littus*.

Les Banquiers, les Orfévres, & les Libraires avoient leurs établissemens principaux dans cette région de la ville, dont une partie étoit appellée *Velabrum*, l'autre *Argiletum*; c'étoit-là où se débitoient les productions des Poëtes & des autres auteurs, qui les rendoient publiques.

Argiletanas mavis habitare Tabernas
Cùm tibi parva liber, scrinia nostra vacent?
Nescis, heu, nescis, Dominæ fastidia
 Romæ,
Crede mihi, nimium Martia turba sapit
. . . .
Ætherias lascive cupis, volitare per auras,
I, fuge, sed poteras tutior esse domi.
Mart. L. 1. Ep. 4.

Je fais une mention particuliere de tout ce quartier autrefois si peuplé & où se faisoit le plus grand mouvement de Rome ancienne, & presque tout son commerce, pour qu'on le compare avec son état actuel de solitude & de dépopulation. Il semble que ce terrein abandonné, n'attende qu'une plus longue suite d'années, & un abandon continué, pour retourner à son premier état, à celui où il étoit lorsque Janus & Saturne vinrent s'y établir.

Hæc nemora indigenæ Fauni, Nimphæque tenebant.
Gensque virum truncis & duro robore nata..

*Queis neque mos, neque cultus erat; nec jun-
   gere tauros,*
Aut componere opes norant, aut parcere parto.
                                 Virg. Æneid. 8.

Des Faunes & des Nymphes originaires du Pays, difoit-Evandre, ont autrefois habité ces forêts: alors ces lieux étoient peuplés d'hommes fauvages, fans mœurs, fans loix, durs comme les chênes dont ils étoient nés, ignorants l'art de cultiver la terre, ils ne fçavoient ni amaffer, ni ménager des provifions pour les befoins de la vie.

C'eft l'idée que femble faire revivre l'état actuel des chofes, & cette multitude de ruines qui occupent le *Forum Boarium*, & ce quartier où tout le commerce intérieur & extérieur de Rome fe faifoit, où virgile feint avec raifon que la flotte d'Énée vint aborder en remontant le Tibre; car c'étoit là que débarquoit, tout ce qui venoit à Rome par la mer & le fleuve.

29 Le *Forum Romanum* fi fréquenté, décoré des plus fuperbes édifices, n'a plus que quelques reftes de conftructions, confufement répandues, qui dans leur état de ruine, annoncent encore

<small>Forum Romanum ou Campo Vaccino.</small>

son ancienne magnificence : il s'étendoit dans le vallon qui est entre le Palatin & le Capitole, de l'arc de Septime Severe jusqu'à celui de Tite. La Voye Sacrée le traversoit dans toute sa longueur. On voit quelques vestiges du Temple de la Paix & de celui de la Concorde, de ceux du Soleil & de la Lune, de Jupiter *Feretrius* ou *Stator* ; on montre la place où étoit le lac de Curtius absolument comblé ; mais plus ces édifices ont eu de magnificence, plus on s'apperçoit de l'effet du tems sur eux & des injures des barbares ; ils perdent même tous les jours quelque chose de leur existence par des dégradations nouvelles ; & si l'on ne prennoit à présent quelque soin pour conserver ce qui en reste, bientôt on n'en retrouveroit plus aucun vestige. Le nom même qu'a aujourd'hui cette place autrefois si célébre, & que l'on ne connoît plus que sous le nom de *Campo Vaccino*, semble nous la représenter dans le même état où elle étoit lorsqu'Enée abordant au pied de l'Aventin, fut reçu par Evandre, Roi ou Cultivateur de ce pays.

Ad tecta subibant

*Pauperis Evandri, paſſimque armenta vide-
bant
Romanoque foro & lautis mugire carinis.*

Virg. *ibid.*

Cependant ce pays dans ſa pauvreté même étoit déja illuſtre par les grands hommes qui y avoient paſſé; le nom célébre de ſes anciens habitans faiſoit déja une partie de ſon mérite. Evandre dit à Enée de ne pas faire attention au peu d'apparence des bâtimens, à la médiocrité de leur conſtruction, qu'Hercule même ne les avoit pas dédaignés.

*Ut ventum ad ſedes: hæc inquit limina victor
    Alcides ſubiit hæc illum regia cæpit.
Aude Hoſpes contemnere opes., & te quoque
    dignum
Finge Deo: rebuſque veni non aſper egenis.*

Virg. *ibid.*

C'eſt encore cette même idée qui rend toute cette partie de Rome en ruine, la plus curieuſe, & celle que l'on voit avec le plus d'empreſſement. On peut dire, là étoient les palais des Scipions, des

César, de Pompée, d'Auguste. C'est là que passoient ces Triomphateurs qui amenoient à Rome le luxe & les richesses de tout l'univers; on y trouve dans les arcs de Tite, de Septime & de Constantin, les monumens des victoires les plus célébres.

Au pied du Capitole sont trois grandes colonnes avec leurs chapiteaux, leurs architraves, & couronnement d'ordre corinthien; elles sont les restes d'un Temple bâti à Jupiter Stateur, brulé sous l'empire de Néron, & que l'on n'a jamais rétabli; les vestiges de ce Temple que l'on remarquoit encore dans le seizieme siécle, prouvent qu'il avoit eu deux aîles, & un double rang de colonnes à l'extérieur. J'ai vu des gens à Rome qui prétendoient que ces colonnes étoient les restes d'une galerie construite du tems de Néron, pour passer du palais des Empereurs au Capitole, mais leur position même est contre ce sentiment.

Un peu plus bas en avançant davantage sur le *Campo Vaccino*, sont les restes du temple de la concorde, dont le vestibule subsiste encore dans son entier: il est composé de six colonnes de granite oriental d'ordre Ionique, qui portent un fronton d'un très-bon goût. Il y a diverses opinions sur le tems auquel ce temple très-fameux à Rome fut bâti; Plutarque dit qu'il fut l'ouvrage de Camille, lorsqu'il eut rétabli la paix entre les Patriciens & le Peuple. Appien prétend qu'après le meurtre des Gracques, le consul Opimius fit élever un temple à la concorde dans le *Forum Romanum*, en vertu d'un décret du Sénat : ce qui irrita beaucoup le peuple, & on trouva écrit sur le frontispice, *Vecors facinus concordiæ fanum fecit*. St Augustin qui l'avoit vu dans un état sans doute mieux conservé qu'il n'est à présent, a dit : *Ædem concordiæ, testem ædis & supplicii Gracchorum*. Dans la suite des tems, les Empereurs ayant ajouté de nouveaux ornemens à ce temple, la Flatterie écrivit qu'ils en étoient les Fondateurs. Ainsi Suetone dit de Tibere : *Dedicasti œdem concordiæ*, & Ovide parlant des victoires remportées sur les Germains, dit :

Inde triumphatæ, libasti munera gentis,
Templaque fecisti quam colis ipse deæ.
                              Faust. I.

Le Sénat s'assembloit souvent dans ce temple pour les affaires les plus intéressantes de la République, & il paroît qu'il n'y avoit que ceux qui étoient en magistrature, & les plus anciens des Sénateurs qui y entrassent alors : *Ubi magistratus cum Senioribus deliberabant.* Sorte d'assemblée que l'on pourroit comparer au tribunal de Venise, appellé le *Collége*. C'est là où les complices de Catilina furent jugés ; c'est-là où l'on prononçoit sur la destinée des Rois. Les Chevaliers Romains assis sur les dégrés du Vestibule, veilloient à la sûreté & á la tranquillité des Magistrats assemblés dans l'intérieur du temple, & les plus Puissans Rois de l'Asie se croyoient honorés d'avoir une place parmi eux.

Que de grandes idées rappellent ces monumens antiques, mais ce ne font plus que des idées, plus éloignées de nous encore, que les tems d'Hercule ne l'étoient du siécle d'Evandre & d'Enée : on voit que tous ces monumens étoient dignes de la puissance & de la richesse des Romains ; mais plus ils ont été magnifiques, plus ils prouvent sensiblement, qu'enfin le tems détruit tout.

Ce Temple de la concorde étoit décoré à l'intérieur & à l'extérieur des plus belles ſtatues ; très-anciennement il avoit au comble le ſimulachre de la victoire qui fut renverſé par la foudre l'an de R. 552. *In œde concordia, Victoriæ quæ in culmine erat fulmine icta, decuſſaque ad victorias quæ in ante fixis erant adhæſit.* Tit. Liv. l. 26.

De quelque côté que l'on ſe tourne dans cette partie de Rome, on retrouve quelques veſtiges de ſon ancienne ſplendeur, qui annoncent combien ce quartier a dû être ſuperbe : *Quacumque ingredimur in aliquam hiſtoriam veſtigium ponimus.* Cic. l. 5. *de fin.* Et c'eſt ce qui fait que quoiqu'inhabité & fort triſte, il eſt toujours peuplé d'amateurs & de curieux, qui trouvent dans ſes ruines mille ſujets de s'inſtruire d'une maniere ſolide & intéreſſante.

30. Vis-à-vis du Clivus Capitolinus ou chemin par lequel les triomphateurs montoient au Capitole, au ſortir de la voie ſacrée; eſt l'arc triomphal de Septime Severe conſtruit au commencement du troiſieme ſiécle de l'ère Chrétienne. Il fut élevé par l'ordre du Sénat & du peuple qui le dédierent á cet Empereur, {Arc de Severe & autres monumens.}

& aux Princes ses fils, après ses deux expéditions contre les Parthes, heureusement terminées (*a*).

(*a*) *Imp. Cæs. Lucio. Septimio. M. fil. Severo. pio. pertinaci. Aug. patri. patriæ. Parthico. Arabico. & Parthico. Adiabenico. Pontif. Maximo. Trib. potest. XI. Imp. IX. Coss. III. procos. & Imp. Cæs. M. Aurelio. L. F. Antonino. Aug. pio. felici. Trib. potest. VI. eos. procos. P. P. optimis. fortissimisque. principibus. ob. Rempublicam. restitutam. Imperiumque. populi. Romani. propagatum. insignibus. virtutibus. eorum. domi. forisque. S. P. Q. R.*

Telle est l'inscription qu'on lit aux deux faces de cet Arc, comme le nom de Geta ne s'y trouve point, on a pensé qu'il n'avoit été érigé que lorsqu'Antonin Caracalla regna seul après avoir assassiné son frere. Mais on prétend qu'à la place de ces mots : *Optimis fortissimisque principibus*, qu'on lit dans l'inscription ; on lisoit d'abord *& P. Septimio Getæ, nobilissimo Cæsari*, ce que Caracalla fit effacer : les lettres qui forment les trois mots : *Optimis fortissimisque principibus*, ont quelque différence dans la forme, & le marbre paroît avoir été creusé dans cet endroit, pour y faire le changement dont j'ai parlé.

Les bas-reliefs qui repréfentoient les traits principaux de la guerre contre les Parthes, & les victoires de Severe fur Pefcennius Niger, & Claudius Albinus fes compétiteurs à l'Empire, font fort dégradés ; ce qui refte de plus entier font les grandes victoires aîlées, qui font à la naiffance des arcs, & les huit belles colonnes cannelées d'ordre Corinthien qui font aux deux faces principales ; elles ont encore leurs chapitaux. Les bafes font couvertes en partie par les accroiffemens du terrein, de même que les paffages fous les arcs de côté. Malgré ces dégradations, ce monument eft encore de la plus belle forme, & on voit qu'il tient au meilleur goût d'architecture. Il eft en entier de marbre, & il étoit autrefois couronné par un char triomphal, attelé de fix chevaux de front, où étoient placées les ftatues de l'Empereur & de fes deux fils Caracalla & Geta. Le char étoit accompagné de quatre foldats Romains, deux à pied & deux à cheval ; on peut encore monter fur la plate forme de cet arc par un efcalier qui eft pratiqué dans l'épaiffeur d'un des petits arcs de côté.

De ce même côté au pied du Capitole, font les restes des premieres prisons bâties à Rome par le Roi Tullus, & qui furent long-tems les seules.

Felices proavorum Atavos, felicia dicas
Sæcula quæ quondam sub regibus atque tribunis,
Viderunt uno contentam carcere Romam.

Juv. S. 6.

On appelle encore aujourd'hui l'antique édifice souterrain qui est au-dessous de la petite Eglise de St Joseph, *Carcere Tulliano* ou *Mamertino*. On a fait une Chapelle dans l'endroit même où la tradition est que les Apôtres St Pierre & St Paul furent enfermés avant que d'être conduits au dernier supplice. On y descend par un petit escalier de pierre, étroit & obscur: de cette Chapelle on pénétre dans un cachot plus profond encore, dans lequel est une petite fontaine qui sortit miraculeusement de terre, lorsque St Pierre voulut baptiser les SS. Martyrs, Processe & Martinien; c'est probablement dans cette prison que l'on jettoit les Princes malheureux destinés à la mort, après avoir orné de leur présence,

présence, le triomphe des vainqueurs Romains (*a*).

L'Eglise de St Laurent *in Miranda*,

(*a*) C'est dans cette prison même qu'une fille Romaine, du peuple, donna très-anciennement le spectacle le plus touchant de l'amour filial, porté à son comble. Exemple d'autant plus admirable, qu'il fit absoudre la mere du crime capital pour lequel elle avoit été condamnée par le Préteur, & que la mémoire en fut conservée comme du trait le plus frappant de la vertu Romaine : *Nulla enim acerbitate fortunæ nullis sordibus, pretium caræ pietatis evilescit.* Le garde de la prison, dit Valere Maxime, touché de compassion sur le sort malheureux de cette femme, ne la fit pas étrangler tout de suite, comme il en avoit l'ordre ; il permit même à sa fille de la venir voir, après avoir pris toutes les précautions pour qu'elle ne lui apportât aucun aliment : étonné que cette femme se soutenoit sans prendre de nourriture, il voulut voir ce qui se passoit entre la mere & la fille : mais quel fut son étonnement quand il vit la fille nourrir la mere de son propre lait. Il raconta cette merveille au Triumvir & au Préteur, qui sollicitèrent eux-mêmes la grace de cette femme qui lui fut accordée. *Quo non penetrat aut quid non excogitat pietas. . . . . . quid tam inauditum quam matrem natæ uberibus alitam. Putaret aliquis hoc contra rerum naturam factum, nisi diligere parentes prima naturæ lex esset.* Val. Max. l. v. c. iv.

Tom VI.

est bâtie sur les ruines même du temple d'Antonin & de la premiere Faustine, que Marc-Aurele fit élever & dédier à leur honneur; ainsi que le porte l'inscription. *D. Antonino. & D. Faustinæ. ex S. C...* qu'on lit sur la frise du portique, dont il reste en pied dix grandes colonnes de marbre d'ordre Corinthien, qui servent de vestibule à cette Eglise.

La forme extérieure du petit temple de Romulus, qui est dans ce voisinage, prouve sa grande ancienneté; on fait remonter sa construction au cinquiéme siécle de la Republique, après la dé-

---

Mais comme les Peintres représentent ordinairement une fille alaitant son pere dans la prison; ils ne se trompent pas pour cela, sur la vérité du fait; mais ils imitent encore les peintres Grecs qui les premiers ont fait passer à la postérité le souvenir de la charité de *Péro* pour son pere *Cimon*, que je crois l'un & l'autre Athéniens: Cimon à un âge déja avancé, avoit été condamné à mourir de faim en prison, & sa fille le nourrit par le même stratagême. *Hærent ac stupent hominum oculi, cum hujus facti pictam imaginem vident, casusque antiqui conditionem, præsentis spectaculi admiratione renovant. Id. ibid.*

faite totale des Samnites. C'est-là que le Sénat s'assembloit pour les affaires les plus secrettes & les plus importantes. Il subsiste encore dans son entier, & sert de vestibule à l'ancienne Eglise de Saint Côme & de Saint Damien, qui fut agrandie & réparée par le Pape Adrien I, qui vivoit à la fin du huitiéme siécle, lequel y fit placer les portes de cuivre que l'on y voit encore, de même que les colonnes antiques de porphyre qui l'accompagnent, & faire les mosaïques qui sont au fond du chœur. C'est dans ce Temple que l'on a trouvé l'ancien plan de Rome gravé sur marbre, que l'on voit au Capitole.

31. Les trois arcs qui restent du temple de la Paix, bâti par Vespasien après qu'il eut triomphé de la Judée, ne pourroient pas donner une idée de sa magnificence, si l'on n'en trouvoit pas les descriptions les plus circonstanciées, dans les auteurs contemporains ; c'étoit le plus superbe édifice de ce genre, & le plus vaste qu'il y eût alors dans dans l'Univers. Il étoit partagé en trois nefs ou galeries parallèles, séparées par huit grands pilastres, contre chacun

Temple de la Paix. Arc de Tite.

desquels étoient élevées de grandes colonnes cannelées de marbre blanc. La seule qui reste est celle que le Pape Paul V a fait élever dans la Place de Sainte Marie Majeure. La longueur de ce temple étoit de trois cens pieds, & sa largeur de deux cens. Le portique que l'on ne connoît plus que par les médailles de Vespasien, étoit soutenu par six colonnes de marbre d'ordre Ionique : il étoit couvert & revêtu à l'extérieur de grandes lames de bronze doré. Non-seulement l'Empereur y avoit fait mettre en dépôt toutes les richesses qu'il avoit apportées de la Syrie, mais encore les dépouilles les plus précieuses du Temple de Jérusalem. Les citoyens les plus riches y avoient placés leurs trésors, comme dans un lieu de sûreté, sous la protection & la garantie de la Paix, de l'Empereur & du Sénat. Il étoit décoré des statues les plus parfaites, & des tableaux des Peintres les plus célébres de l'antiquité. J'ai déja parlé de la statue du Nil qui est au Palais du Vatican. C'est là qu'étoit le chef-d'œuvre de Protogene, le tableau tant vanté d'Yalise, fameux chasseur & fondateur de Rhodes, où ce

Peintre ne pouvant pas repréfenter à fon gré un chien haletant & la gueule pleine d'écume, jetta de dépit contre le tableau l'éponge dont il n'étoyoit fes pinceaux, & réuffit par un heureux hazard à repréfenter de la maniere la plus vraie un effet de la nature, & qu'il travailloit depuis long-tems à rendre avec cette vérité à laquelle il défefpéroit d'arriver. Ce Temple avoit encore une Bibliothéque publique dont parle Aulugelle (l. 6. c. 21.) les profeffeurs des arts libéraux s'y affembloient pour y faire des leçons publiques.

Cet édifice fi magnifique & fi précieux par fes ornemens & la quantité des richeffes qu'il renfermoit, bâti avec une folidité & un foin, dont on peut juger par les trois arcs d'une des galeries collatérales qui fubfiftent encore, ne dura pas plus d'un fiécle; il périt par une incendie qui embrafa tout ce quartier, & détruifit, entr'autres édifices remarquables, le Temple de Vefta. Hérodien qui parle de cet accident (*a*)

(*a*) *Maximum autem nefas, cum in præfens*

qui fut auſſi funeſte pour le public que pour grand nombre de particuliers, fort riches auparavant, mais qu'il réduiſit à une pauvreté extrême; dit qu'on ne ſçavoit alors à quoi en attribuer la cauſe; il ne fut précédé d'aucun orage; on avoit ſenti ſeulement quelques ſécouſſes légeres de tremblement de terre, qui au rapport de cet hiſtorien, firent ſortir des entrailles de la terre un feu ſecret, lequel en ſe développant,

─────────────────────

dolorem attulit, tum in futurum peſſimo augurio, univerſos conterruit. Nam cum neque imbres ulli, neque nubes, tantumque exiguus terræ motus anteceſſiſſet, ſeu nocturni caſu fulminis, ſive igni aliquo, in ipſo terrarum motu velut extrito, totum de improviſo pacis Templum, conſumptum incendio eſt, quod unum ſcilicet opus cunctorum tota Urbe maximum fuit atque pulcherrimum: idem Templorum omnium opulentiſſimum egregieque munitum, multoque ornatum auro & argento, quippe univerſi ſuas illic divitias quaſi in Theſaurum congerebant: ideoque per noctem debacchatus ignis: multos ex opulentis egenos reddidit; qua propter communem quidem jacturam publice omnes, ſuam autem quiſque privatam deplorabant.

Hérod. l. 1.

réduisit en cendres ce magnifique édifice & tout ce qui l'environnoit, avec tant d'impétuosité & de promptitude, que l'on ne put rien en retirer, & que les ruisseaux de métaux fondus couloient dans la Voie Sacrée avec l'eau que l'on jettoit inutilement pour éteindre les flammes. On voit encore au Palais Farnese l'inscription qui fut placée au frontispice de ce Temple, lors de sa dédicace.

Paci. Æternæ. -- Domus -- Imp. Vespasiani. -- Cæsaris. Aug. -- liberorumque. ejus. -- sacrum. --

L'Arc de Tite est le plus ancien monument de cette espece, qui subsiste à Rome, il termine le *Forum Romanum* de ce côté & lui sert de porte. Les bas-reliefs dont il est décoré sont d'un excellent travail; d'un côté on voit ce Prince dans le char triomphal attelé de quatre chevaux de front, précédé des Licteurs & accompagné du Sénat & de l'armée; derriere le Héros est une Victoire debout qui tient d'une main une palme de Judée, & de l'autre une couronne qu'elle lui met sur la tête; Rome triomphante assise sur le devant du char tient les rênes des chevaux qu'elle conduit. Ce grand bas-relief est de la plus belle exécution, d'une précision & d'une finesse admirable de dessein, les chevaux sur-tout, sont rendus avec la vérité de la nature même. De l'autre côté sont les dépouilles du Temple de Jérusalem, le Chandelier à sept branches, les trompettes du Jubilé, la table des pains de proposition, un espece de coffre quarré que l'on prend mal-à-propos pour l'arche d'aliance, dont les Juifs n'étoient plus en possession depuis plusieurs siécles. Cet arc étoit accompagné de chaque côté de deux colonnes de marbre d'ordre Corinthien, qui soutenoient une frise chargée de quelques bas-reliefs; mais toute cette décoration extérieure a été fort mutilée. Au-dessus de l'architrave, du côté du collisée, on lit cette inscription:

S. P. Q. R.
Divo Tito. Divi. Vespasiani. F.
Vespasiano Augusto.

La qualification de *Divus*, donnée à Tite, fait croire que ce monument ne fut achevé qu'après sa mort (a).

En le considérant, on se rappelle nécessairement le souvenir du triomphe le plus magnifique dont les Romains ayent jamais eu le spectacle. *Vespasianus & Titus Imperatores, magnificum agentes de Judæis triumphum, urbem ingressi sunt, pulchrum & ignotum antea cunctis mortalibus, inter trecentos viginti triumphos, qui à conditione urbis usque ad id tempus acti erant, hoc spectaculum fuit.* Paul. Orof. l. 7. c. 9. Les richesses immenses que la conquête de la Judée fit passer à Rome, la gloire d'avoir subjugué

(a) Une inscription trouvée en démolissant l'ancienne Eglise de Saint Pierre au Vatican, semble fixer le tems auquel cet arc fut érigé, sous le regne de Trajan.

D. Tito.
D. Vespasiani F. Augusto.
Imp. Cæs. D. Nervæ F. V. Trajanus.
Germanicus. dacicus. Pont. Max. Trib. pot. cos.
P. P.

une nation qui s'étoit défendue avec tant de constance & d'opiniâtreté contre toute la puissance Romaine, rendirent cette pompe si magnifique par elle-même, plus intéressante encore pour la gloire du nom Romain.

Les Juifs toujours affligés de la destruction de Jérusalem & de son Temple, persuadés que l'avénement du Messie qu'ils attendent, les rétablira en corps de nation dans ce lieu même qui reparoîtra dans toute sa splendeur, n'ont pû s'accoutumer à passer sous cet arc, qui est la preuve la plus affligeante & la plus sensible, du malheur le plus terrible qu'ils croyent avoir éprouvé. Ils ont acheté du gouvernement la permission de s'ouvrir un petit passage à côté de l'arc de Tite, dont ils se servent quand ils sont obligés d'aller du côté du Collisée, & de toute cette partie de Rome qui n'est presque plus occupée que par des ruines (*a*).

(*a*) Le Suedois, auteur des nouveaux Mémoires sur l'Italie, & qui trouve quelque chose d'aussi rare que sublime dans l'affliction des Juifs, dit que le passage dont j'ai parlé, sert pour la

La Voie Sacrée, le long de laquelle étoient presque tous les monumens célèbres que je viens de parler: *Quâ sacra quotquot mensibus feruntur in arcem, & per quam augures, ex arce profecti solent inaugurare*...... tra-

---

communication du quartier des Juifs, avec le *Forum Romanum* ou *Campo Vaccino*. S'il eût eu le plan de Rome sous les yeux, il eût vu que le *Ghetto* ou *Seraglio degli ebrei*, situé entre le Pont Sixte & l'isle du Tibre, est plus haut que le *Campo Vaccino*, dont les Juifs sont moins éloignés que de l'Arc de Tite, près duquel ils ne peuvent passer pour aller de leurs habitations dans cette partie de Rome. Il n'est pas exact quand il parle de cette nation. Il dit à l'article de Venise, Tom. 2. pag. 43. » Les » Juifs sont obligés de porter leurs morts *al* » *Lido*, pour y être enterres en terre fermé. » Revenants un jour de ce Lido, où nous allions » quelquefois prendre les bains, nous rencon- » trâmes un convoi Juif «. Il est bon que le noble Suedois se rappelle, que le *Lido* est l'extrémité la plus orientale des Lagunes du côté de la pleine mer. Il auroit dû apprendre à Venise que la *Venezia maritima s'estende per Lunghezza da grado à Capo d'Argine, è per Larghezza tra il continente edilidi*: Ainsi le *Lido* où est effectivement le cimétiere des Juifs, est la partie des Lagunes la plus éloignée de la terre ferme.

versoit le *Forum Romanum*, & alloit ensuite de l'arc de Tite se terminer à la Place qui précéde le Collisée, ou l'Amphithéàtre de Vespasien : Elle conserve toujours son ancien nom, & même quelque chose de sa premiere considération, sur-tout aux yeux des voyageurs curieux.

Le fameux Palais de Néron appellé *Domus Aurea*, dont Suetone donne une description très-détaillée, occupoit une partie de l'emplacement du Forum Romanum, le mont Palatin, l'espace qui est de là au mont Célius, & une partie de l'Esquilin; il ne se crut logé convenablement, que lorsqu'il se fut emparé de toute cette partie du territoire de Rome, qu'il destina à son seul usage. De toutes ses folies, la plus à charge & la plus dommageable étoit celle de bâtir. Il fit d'abord construire une maison qui s'étendoit du Palatin aux Esquilies, qu'il appella maison de passage. Ayant été peu après consumée par une incendie, il lui donna le nom de Maison dorée. Pour donner une idée de son étendue & de sa magnificence, il suffira de dire que le portique étoit assez vaste pour y placer sa statue colossale de 120 pieds de hauteur. Les Galleries, soutenues par un ordre de colonnes triplées, étoient d'une grandeur immense. Un réservoir d'eau large comme une mer, étoit entouré d'édifices qui ressembloient à des villes. Ses Jardins & ses Parcs étoient comme une vaste campagne où l'on trouvoit des champs cultivés, des vignes, des bois, des troupeaux d'animaux domestiques, & toute sorte de bêtes fauves. Les appartemens étoient tout brillans d'or, de pierres précieuses & de nacres de perles. Les plafonds des salles à manger étoient disposés de façon que les eaux de senteur & les fleurs odoriférantes paroissoient se répandre naturellement sur les convives; quelqu'autres de ces plafonds représentoient par leurs mouvemens, celui des astres. Il faisoit venir dans ses bains les eaux de la mer & celles de l'Albula. Après cette prodigalité excessive, & la dédicace de cette maison faite, Néron satisfait, disoit qu'enfin il étoit logé comme il convenoit à un homme.... *Sueton. in Nerone.* Cette description donne l'idée du Palais le plus magnifique qui ait jamais été construit; les colonnes, les bronzes & les marbres que l'on conjecture y avoir été employés, la confirment, tant ils conservent encore de beauté. Ce grand édifice qui sans doute avoit souffert pendant les guerres civiles, qui s'éleverent immédiatement après la mort de Néron, fut absolument détruit par Vespasien, lequel, suivant l'expression de Martial, rendit Rome à elle-même, & restitua au peuple ce qu'un maître injuste avoit usurpé pour sa satisfaction particuliere. C'est devant ce Palais qu'étoit ce colosse de cent vingt pieds de hauteur, le plus grand dont on ait entendu parler, que Néron s'étoit dédié à lui-même. Vespasien sans le détruire en changea la destination, il le fit placer devant l'amphithéâtre, après en avoir fait enlever la tête qui ressembloit à Néron, & mettre en sa place celle du Soleil, entourrée de rayons de vingt-deux pieds de longueur. C'est des matériaux de ce Palais que furent construits le Temple de la Paix, les Thermes de Tite & l'Amphithéâtre (*a*).

(*a*) *Hic ubi sidereus propius videt astra colossus,*

Dans l'enceinte de ce Palais étoit un petit Temple dédié *Fortunæ Seïæ*, bâti dès le tems des premiers Rois de Rome. Néron le fit reconstruire d'une pierre spéculaire ou transparente, trouvée en Cappadoce, que Pline appelle

---

Et crescunt media, pegmata celsa via ;
Invidiosa feri radiabant atria Regis,
Unaque jam tota, stabat in Urbe domus.
Hic ubi conspicui, venerabilis Amphitheatri,
Erigitur moles, stagna Neronis erant.
Hic ubi miramur, velocia munera Thermas,
Abstulerat miseris tecta superbus Ager.
Claudia diffusas ubi porticus explicat umbras,
Ultima pars aulæ, deficientis erat.
Reddita Roma sibi est, & sunt te præside Cæsar,
Deliciæ populi, quæ fuerant Domini.

Martial Ep. 21. Spect.

On retrouve encore les vestiges des principaux monumens dont parle Martial dans ces vers adressés à Vespasien, le *Porticus Claudia* ne subsiste plus, & je crois que l'on en a employé les marbres & les colonnes dans les Eglises voisines.

Lapis phengites, le peu de connoissance que l'on a eu long-tems des pierres & des marbres, a fait croire que le récit de cet auteur étoit fabuleux ; mais quand on a vu les colonnes d'albâtre transparent qui sont à la Bibliothéque du Vatican & à la galerie de Florence; les vitres de l'Eglise *San Miniato* à Florence qui sont de même matiere que quelques albâtres de Sicile; on ne peut plus douter de la vérité de ce récit. Si l'on avoit de cette pierre en assez grande quantité, il ne seroit pas difficile d'en faire un édifice tout-à-fait transparent, la pierre étant elle-même assez solide pour être employée dans toute espece de construction. *Quare etiam foribus operis interdiu, claritas ibi diurna erat, haud alio quam specularium modo, tanquam inclusâ luce, non transmissâ.* Plin. Hist. Nat. l. 36. c. 22. Il n'est pas douteux qu'un temple bâti de cette espece de pierre, de tous côtés, & recevant également & dans toutes ses parties une lumiere douce, avoit quelque chose de plus majestueux & de plus capable d'inspirer du respect, que tout ce que nous connoissons dans ce genre ; la splendeur de la divinité même que l'on y adoroit sembloit l'éclairer (*a*).

32. A cet édifice immense succéda le superbe Amphithéâtre que Vespasien fit construire après qu'il eût triomphé de la Judée, pour remplir le projet qu'Auguste en avoit formé. *Amphitheatrum urbe media ut destinasse compererat Augustum*. Suet. Construction dont la magnificence l'emportoit sur les pyramides d'Egypte, le Temple d'Ephèse, & les autres merveilles du monde (*b*).

Amphithéâtre.

────────────

(*a*) Pline dit au même endroit : que cette pierre fut trouvée en Cappadoce sous le regne de Néron ; qu'elle étoit blanche, solide & transparente même dans les parties où se trouvoient des veines jaunes, & que sa transparence lui fit donner le nom Grec de *Phengites*.

(*b*) *Barbara pyramidum sileat miracula*
  Memphis,
Assiduus jactet nec Babylona labor.
Nec Triviæ Templo Molles ladentur honores,
 Dissimuletque Deum cornibus ara frequens :
Aere nec vacuo pendentia Mausolea.
 Laudibus immodicis, cares in astra ferant ;

Il est certain que ses ruines, même dans l'état où elles sont, donnent la plus grande idée de la puissance qui le fit construire. Douze mille Juifs amenés esclaves à Rome, y travaillerent sans relâche, & acheverent cet ouvrage immense en moins d'une année, à ce que l'on prétend.

Les quatre ordres, dorique, ionique, corinthien & composite, furent employés dans la décoration de l'enceinte extérieure, qui avoit autant de rang de colonnes, entre lesquelles étoient placées une multitude de statues, dont il ne reste plus que les niches & les piedestaux; on voit que l'on avoit pris toutes les précautions pour assurer à cet ouvrage une durée éternelle. Les différens ordres étoient disposés de façon que le premier avoit plus de saillie que le second, & ainsi des autres : les pierres étoient unies entr'elles par des gros cloux de bronze dont les têtes étoient

---

Omnis Cæsareo labor cedat Amphitheatro,
Unum pro cunctis, fama loquatur opes.

Mart. Ep. 1. L. Spect.

faites en rose, il n'en reste plus aucun; & les barbares, pour les enlever, ont fort détérioré la construction sans cependant la déformer. Tout au-dessus, dans la frise qui termine le quatriéme ordre, sont de petites fenêtres quarrées près les unes des autres, au-dessous desquels étoient attachées les cordes qui soutenoient les toiles employées à couvrir l'Amphithéâtre, quand il étoit besoin.

Quant à l'intérieur, il est absolument dégradé, il ne reste plus rien ni du thrône de l'Empereur, ni des balcons où se plaçoient la famille Royale & les princes étrangers; on peut juger de la maniere dont les degrés étoient disposés autour, par les ruines de la maçonnerie sur laquelle ils étoient placés. Il y avoit trois rangs de corridors doubles les uns au-dessus des autres; il en reste encore un côté tout entier aussi solide que s'il venoit d'être construit, les deux rangs d'arcades qui ferment chaque corridor, ont chacun quinze pieds de largeur, & sont de pierre blanche de Tivoli; le pavé est de grandes briques recouvertes d'un mastic qui a la solidité du marbre. Le rang d'en bas est actuellement employé en partie à faire du salpêtre, & il est rempli de terre & de fumier ; les souterrains qui servoient à enfermer les bêtes féroces, sont presque entiérement comblés. On entroit dans ce vaste édifice par quatre grandes portes qui avoient quatorze pieds huit pouces de largeur sur une hauteur proportionnée ; il y avoit autant de grands escaliers pour monter aux corridors, dont le mieux conservé est à peine pratiquable.

On assure que cet amphithéâtre contenoit quatre-vingt-sept mille spectateurs assis, & vingt mille débout, qui se plaçoient aux différentes ouvertures. Il a dans œuvre 550 pieds de longueur, 470 de largeur, & 160 de hauteur ; on peut en donner les dimensions exactes parce que l'enceinte en est exactement conservée, de même que la partie du côté du nord, dont le revêtissement extérieur subsiste dans toute sa hauteur. Les proportions de cet édifice étoient si belles & si justes, qu'il n'a rien de gigantesque à la vue ; pour bien juger de son étendue, il faut monter sur les ruines les plus élevées qui sont par-tout recouvertes de buissons & de belles plantes, & y marcher avec précaution à causes des inégalités & des ouvertures que l'on a faites dans les voûtes supérieures, lorsqu'on a enlevé les pierres des dégrez de l'amphithéâtre. On ne peut pas s'empêcher d'être pénétré de la plus vive indignation, contre les Eroſtrates modernes, qui en pleine paix, pour satisfaire une vanité mal entendue, on détruit exprès le plus superbe ouvrage de la puissance Romaine, & ont enlevé à cette ville son plus bel ornement qui subsisteroit encore.

Il s'étoit conservé dans son entier jusqu'au commencement du sixième siécle que Théodoric, Roi de Goths, fit enlever tout ce qui y restoit de bronzes & d'autres ornemens, sans toucher à la fabrique; dans les siécles de trouble & de confusion, lorsqu'il s'élevoit à chaque instant des tyrans dans Rome, on vit les Savelli, les Frangipani, les Ursins, & autres personnages puissans s'emparer des monumens antiques, & les dégrader pour en faire des places de sûreté; on ne respecta pas même les tombeaux, mais aucun d'eux n'osa s'établir dans l'amphithéâtre, soit que le peuple ne le permit pas, soit que cette place leur parut trop considérable & difficile à garder. Le Pape Paul II, Pierre Barbo Vénitien, prince d'une magnificence mal entendue, ennemi déclaré des sciences & des arts, prit dans l'amphithéâtre même toutes les pierres dont est bâti le palais de saint Marc ou de Venise, masse énorme & d'un mauvais goût. Le cardinal Riari en tira ensuite tous les matériaux nécessaires pour construire le palais de la chancellerie; enfin le cardinal Farnèse, à force de sollicitations & d'instances, obtint du pape Paul III son oncle, qu'il y prendroit quelques pierres pour la construction du palais Farnèse; il n'usa pas de cette permission modérément, il fit détruire à force d'hommes & d'argent une grande partie de l'enceinte extérieure, qui forme aujourd'hui le palais Farnèse, sur-tout sa magnifique corniche & ses galeries.

Depuis ce tems cet édifice totalement dégradé étoit à l'abandon, on ne le regardoit que comme une carriere dont on avoit tiré toutes les pierres utiles: peut-être projettoit-on de détruire le reste de l'enceinte, lorsque Clement X touché de voir l'arêne de cet amphithéâtre arrosée du sang de tant de martyrs, prostituée aux usages les plus vils, & souvent même criminels, fit réparer les portes qu'il ordonna que l'on tint fermées pendant la nuit, fit construire autour de l'arêne de petits autels découverts, en mémoire des mysteres de la passion, & un plus grand au milieu, sous l'invocation de tous les martyrs, & établit un Hermite résidant dans l'amphithéâtre même, qui a les clefs des portes, & le soin qu'il ne s'y passe rien d'indécent, & de maintenir une certaine propreté dans ce vaste espace. Benoît XIV fit réparer en 1750 l'ouvrage de Clement X, y ajoûta de nouveaux ornemens, & accorda même des indulgences à ceux qui iroient faire leurs prieres à ces autels qu'il nomme *Via crucis*.

Dans la place de l'amphithéâtre on voit encore les restes de la fontaine abondante, qui fournissoit de l'eau pour le rafraîchissement du peuple, & que l'on appelle *Meta sudante*.

33. Un peu plus loin, du même côté, est l'arc de Constantin, qui fut érigé par le Sénat & le peuple, après la grande victoire qu'il remporta sur le tyran Ma-

Arc de Constantin.
Thermes de Tite.

xence à *Ponte Molle*. L'architecture est d'ordre corinthien, d'une grande & belle exécution. Il a à chaque face quatre colonnes cannellées de jaune antique, qui soutiennent un grand architrave avec des pilastres avancés contre lesquels sont appuyées des statues. Toute la partie supérieure des bas-reliefs, & les médaillons qui sont entre les colonnes, représentent les expéditions, les guerres & les victoires de Trajan; & il est très-probable que cet arc est un des quatre qui étoient autrefois au *Forum Trajanum*, & que l'on n'a fait que transporter où on le voit à présent. On reconnoît dans toutes ces sculptures le même goût de dessein & le même génie que dans la colonne Trajanne : l'art étoit alors à sa perfection ; mais toute la partie inférieure faite dans le tems de Constantin, ressemble aux autres ouvrages de son siécle, pendant lequel les arts commencerent à tomber dans cet état de barbarie d'où on a eu tant de peine à les tirer. Ce monument solide a résisté jusqu'à présent aux injures de l'air & du tems, mais non pas aux entreprise de ceux qui ont tenté de le dépouiller de ses ornemens les plus précieux.

Le

Le cardinal Léopold de Médicis fit enlever dans le dernier siécle les têtes des statues qui étoient au dessus des colonnes, pour les transporter à la galerie de Florence; les papes Clement XII & Benoît XIV, l'ont fait restaurer & rétablir dans son premier état; car ces monumen squelque solides qu'ils soient, ont besoin de quelques réparations, sans quoi ils se dégraderoient insensiblement (a).

(a) Aux deux faces de l'Arc de Constantin, on lit l'inscription suivante.

Imp. Cæs. Fl. Constantino. Maximo. P. F. Augusto. S. P. Q. R.

Quod. instinctu. divinitatis. mentis. magnitudine. cum. exercitu. suo. tam. de. Tyranno. quam. de. omni. ejus. factione. uno. tempore. justis, Rempublicam. ultus. est. Armis. Arcum. triumphis. insignem. dicavit.

Au-dessus des Arcs de côté sur la frise, on lit *Votis* X, *Votis* XX, qui expriment les Vœux publics que le peuple Romain faisoit de dix ans en dix ans pour la conservation des Empereurs, usage établi sous Auguste, & qui du-

Damnosa quid non imminuit dies.

Horat.

Derriere l'Eglise St. Pierre in Vincoli, sur la partie de l'esquilin qui regarde le collisée, sont les thermes ou bains de Titus & de Trajan. Ce qui en reste est d'une si grande solidité, qu'il y a toute apparence qu'il durera encore long-tems. La décoration extérieure d'architecture & tous les revêtissemens de marbre ont été enlevés. On voit seulement que les dedans ont été construits dans la grande maniere de ce tems-là qui étoit excellente & très-noble ; c'est la même fabrique que celle du Panthéon, du temple de la Paix, du collisée, & des autres grands édifices de ce siécle. A voir la solidité avec laquelle ils étoient bâtis, on est étonné que les barbares ayent eu assez de tems, de patience, & même de fureur pour les ruiner ; ce n'est qu'avec la plus grande

---

roit encore du tems de Constantin. Les mots *Sic* X, *Sic* XX, qui sont de l'autre côté, ont la même signification.

peine que l'on parvient encore à séparer les briques du mortier qui les unissoit. Il est vrai que la pouzzolane que l'on trouve dans les environs de Rome, est si parfaite pour les constructions, & que les briques que l'on employoit anciennement étoient si bien cuites, que ces deux matieres unies par la chaux vive, formoient un massif aussi solide, qu'un bloc de marbre.

La plupart de ces ruines paroissent être les restes d'un grand palais que Vespasien & Titus firent bâtir dans cet endroit même : on y voit encore quelques restes de peintures absolument effacées, & des Arabesques d'un très-bon goût de dessein ; tous ces appartemens étoient alors voûtés à leur comble, & & étoient partagés dans leur hauteur par des planchers ou plafonds que l'on pouvoit changer ou enlever sans rien endommager au reste de la construction ; on les appuyoit sur des corniches saillantes dont plusieurs restent encore, sur-tout dans le palais d'Adrien à Tivoli. Il regne au-dessous une longue suite de voûtes souterraines dans lesquelles il est difficile de pénétrer, la plupart étant recouvertes d'une assez grande épaisseur de terrein cultivé, font très-humides; & l'eau qui filtre à travers, les détruira infenfiblement.

Les fept fales ou neuf grandes voûtes parallèles qui font dans ce voifinage, étoient un vafte réfervoir d'eau pour les bains de Titus & de Trajan : elles font bien confervées; différentes portes communiquoient des unes dans les autres, difpofées de façon que de l'une on voyoit ce qui fe paffoit dans les autres. Les murs font recouverts d'une efpece de tartre qui y eft fortement attaché, jufqu'à la hauteur où l'eau s'élevoit. Ces fales ifolées de tout autre bâtiment, étoient terminées par une terraffe pavée d'une mofaïque formée de petites pierres de diverfes couleurs, d'environ fix lignes de furface & de deux pouces de longueur, toutes d'un même échantillon, ainfi que l'on en peut juger par quelques parties qui reftent à découvert, car la plus grande partie de cette terraffe a été chargée de terre, & on y cultive quelques légumes. Ce qui m'a paru fingulier, c'eft que ces réfervoirs d'eau avoient au-deffous d'eux d'autres voûtes de même grandeur, & difpofées dans le même ordre ; étoit-ce pour y enfermer les esclaves pendant la nuit ? Il n'est pas aisé d'en déterminer l'usage.

On ne se lasse point d'admirer la solidité de ces bâtimens antiques : ce qui est à l'abri des injures immédiates de l'air, semble sortir des mains de l'ouvrier. Les Barbares les ont fort détériorés ; je ne peux cependant pas me persuader que ce soient eux qui les aient mis dans l'état où ils sont ; je ne doute presque pas que les Moines qui se sont établis par succession de tems dans le voisinage de ces monumens, la plupart inhabités, ne les aient détruits, tant par zèle de Religion, que par l'avantage qu'ils trouvoient à en employer les matériaux à la construction de leurs Eglises & de leurs Monasteres. Il y a grande apparence que les vingt colonnes cannellées de marbre parien, qui soutiennent l'ancienne Eglise de St Pierre *In-vincoli,* qui sont toutes de même forme, ont été employées à la décoration de ces grands édifices, & en ont été enlevées, de même que les vingt-quatre qui sont à l'Eglise voisine de St Martin & St Silvestre aux Monts. Cet usage fut autorisé par les premiers Empereurs Chrétiens, qui crurent expier les crimes de Rome payenne, en employant aux Temples du vrai Dieu, les ornemens les plus précieux qui avoient servi au culte des idoles.

En considérant sur-tout la multitude des ruines qui sont à Rome ou dans ses environs, & presque toutes dans le voisinage de quelque Eglise ou Monastere considérables; cette conjecture acquiert beaucoup de vraisemblance; d'autant plus que la défense de toucher aux monumens antiques est fort moderne, & que l'on reconnoît dans la plupart des constructions des tems postérieurs, les mêmes matériaux qui ont servi aux anciens Romains, & qui n'ont encore rien perdu de leur solidité, quoiqu'ils ne soient employés que par morceaux, & unis à d'autres qui sont d'une qualité bien inférieure.

Thermes de Dioclétien.

34. A l'extrémité du Quirinal & du Viminal, sont les restes magnifiques des bains de Dioclétien, dans le milieu desquels on a fait l'Eglise de la Chartreuse, où Ste Marie des Anges, l'une des plus belles de Rome, & de la forme la plus noble. Le célébre Michel-Ange trouva dans la fabrique antique, en y chan-

geant très-peu de chose, de l'espace pour former une croix grecque, qui a cent soixante pas de longueur & de largeur; jusqu'à ce tems cet édifice qui est à présent si beau, étoit resté à l'abandon: on s'étoit contenté d'en enlever les colonnes, les marbres & tous les ornemens, sans ouvrir les yeux sur la majesté de ses proportions, & sur l'usage que l'on en pouvoit faire; il n'y est resté que huit colonnes de granite rouge d'Egypte, si hautes & si grosses, que leur pesanteur énorme & leur solidité, a forcé de les laisser en place; elles soutiennent la corniche qui porte la grande voûte du milieu, & pour rendre l'ordre plus noble & plus riche, on y a joint huit autres colonnes de briques revêtues de stucs, auxquels on a donné la couleur du granite.

Les originaux de plusieurs tableaux exécutés en mosaïque à St Pierre, & que le Pape Benoît XIV a fait placer en cette Eglise, en sont un des principaux ornemens... le martyre de St Sébastien, grande composition du *Dominiquin*, pleine de poésie & d'expression; on ne peut rien voir de plus noble & de plus intéressant que la figure du Saint qne l'on attache à un arbre, avec cette inscription attachée au-dessus, *Sebastianus Christianus*: quelques uns de ses Archers se préparent à le martyriser, pendant que le Saint regarde au Ciel, où il voit le Sauveur dans une gloire d'Anges qui lui prépare sa couronne... la présentation de la Ste Vierge au Temple, par le *Romanelli*... le baptême de J. C. par *Carles Maratte*... St Pierre & St André qui convainquent Ananie & Saphire de mensonge, par *Roncalli*, beau de dessein & de composition ; mais fort noir, parce qu'il est peint sur ardoise ou lavagna.... St Basile qui dit une Messe solemnelle dans le rit Grec, par *Sableiras*... St Pierre qui guérit le boiteux à la porte du Temple, par François *Mancini*... deux grands tableaux du *Trevisani*, dont l'un a pour sujet St Jérome, qui paroît donner une Regle à des Hermites, l'autre une Vierge dans une gloire, un Patriarche Grec, & plusieurs Solitaires.

Les Mausolées du célébre *Carlo Maratta* & de *Salvator Rosa*, peintre de Rome & poëte distingué, sont au deux côtes de la porte d'entrée. On voit dans cette même Eglise une ligne méridienne tracée par M. Bianchini. Le grand Cloître qui est derriere l'Eglise, est appuyé sur une colonnade plus élégante que solide, exécutée sur les desseins de Michel-Ange.

Rien à mon gré n'est plus capable de donner une idée de la magnificence avec laquelle on bâtissoit alors que les proportions de cette Eglise. Les empereurs Dioclétien & Maximien, employerent plus de quarante mille Chrétiens à la construction de ces thermes, dont plus des trois quarts perirent de fatigue, de misere, des mauvais traitemens & du peu de nourriture qu'on leur donnoit; ces bains occupoient non seulement le sol sur lequel est bâtie cette Eglise, mais tous les jardins de la chartreuse, les greniers publics qui y sont contigus, la grande place qui est au-devant, l'Eglise St Bernard qui est antique en partie, & qui servoit dans ce tems de fourneau pour échauffer l'eau de ces bains. Il est vrai que sous ce nom de thermes étoient compris les lieux destinés à différens exercices de gimnastique, auxquels on élevoit alors la jeunesse Romaine. La bibliothéque Ulpienne qui étoit au

Forum Trajani y avoit été transportée (*a*).

Cirques de Sallufte & de Flore.

25. A l'extrémité du Mont Quirinal, du côté du nord, eft le cirque de Sallufte, que cet illuftre Romain fit conftruire pour y célébrer les jeux annuels à l'honneur d'Appollon, quand les inondations du Tibre empêchoient qu'on ne les fît dans le lieu qui leur étoit deftiné fur le

---

(*a*) Olimpiodorus, parlant de ces bains publics, dit que ceux d'Antonin Caracalla, avoient mille fix cens fiéges de marbre polis. J'ai parlé ailleurs de leur forme : il ajoute au fujet des Thermes de Dioclétien : *Diocletianæ autem, bis tantum, fcilicet ter mille ducentas, ut totidem homines fimul lavari potuerint: folia autem hujufmodi, ita magnifice extructa erant, ut in eis fas effet federe, natare, ftare.* La grandeur de ces places ou fiéges féparés, eft fans doute ce qui a fait dire que trois mille deux cens perfonnes pouvoient s'y baigner en même tems fans fe voir.

Il y avoit encore des étuves, des jeux de paume, des falles où les maîtres de Rhétorique & de Philofophie faifoient des leçons publiques, des galeries fous lefquelles les Athletes luttoient, des promenoirs découverts plantés de platanes, des portiques fous lefquels on pouvoit marcher, des écoles de cavalerie, & plufieurs autres lieux d'exercice.

bord du fleuve ; il y reste encore une partie des fabriques anciennes, construites en arc pour soutenir les terres de la montagne, & sur lesquelles étoient les loges des spectateurs. Au midi sont plusieurs grandes voûtes sous lesquels se rangeoient les chars qui devoient courir pour le prix ; ces chars étoient conduits dans les premiers tems par des cochers qui étoient esclaves, ou de la plus vile populace ; comme ils étoient fort applaudis quand il avoient assez d'adresse pour éviter la borne plantée au milieu du cirque, autour de laquelle ils devoient tourner sept fois, le plus promptement & le plus près qu'il étoit possible, & par ce moyen achever leurs courses & gagner le prix ; les plus illustres Romains & les Empereurs eux-mêmes voulurent jouir de ces applaudissemens & les mériter, en faisant briller leur adresse à conduire les chars. Ce même emplacement dans lequel voloit autrefois cette poussiere olympique dont parle Horace, est occupé par des jardins potagers. Au fond de ce cirque, qui faisoit partie des fameux Jardins de Salluste, du même côté où sont les grandes voûtes dont je viens de parler, est un temple consacré à Vénus *Assistrix*; il est entiérement conservé, & d'une forme très-élégante. Autour sont différentes niches dans lesquelles ont été sans doute placées des statues; celle du fond, destinée probablement à la statue de la Déesse principale, étoit très-grande & ornée de stucs dont il reste encore des vestiges. Il y a apparence que la statue de Vénus, qui est dans la cour du Belvedere au Vatican, a été dans ce temple; une description trouvée auprès ne permet pas de douter de son ancienne destination.

M. Aurelius pacorus M. Cocceïus Stratocles

Æditui veneris, hortorum Sallustianorum

Basem cum pavimento marmorato deanæ.

D. D.

Les urnes cinéraires que l'on a trouvées dans ce quartier, prouvent qu'il étoit hors de la ville, avant la nouvelle enceinte faite par Aurélien. Pline dit expressément que l'on avoit enterré dans les jardins de Salluste deux Géans nommés l'un *Pusio*, l'autre *Secondilla*, de la taille de dix pieds trois pouces (*a*).

Il paroît que le temple dont je viens de parler avoit été entiérement recouvert de terres, & c'est en travaillant à ces jardins qu'on l'a retrouvé. Il n'est découvert que d'un côté, & encore chargé par le dessus de terrein cultivé, ce qui accélérera sa ruine totale, car il est très-humide, & la voûte paroît se soutenir à peine. Sa construction est de petites briques quarrées de deux pouces de surface, telles qu'on les employoit dans l'*opus reticulatum*.

. Dans le voisinage de ces jardins près de la porte *Salara*, est une très-ancienne construction que l'on appelle *tempio scelerato*: il etoit situé dans le champ appellé *Sceleratus*, où on enterroit vives les Vestales qui avoient violé la chasteté perpétuelle qu'elles devoient garder. *Duæ Vestales eo anno*

(*a*) Pline l. 7. c. 16. dit que deux Géants vivoient sous le regne d'Auguste, & qu'ils étoient conservés par curiosité dans le caveau funéraire des jardins de Sallufte.

(536). *Opimia atque Floronia, stupri compertæ, & altera ut mos est ad portam collinam necata fuerat, altera sibimetipsa mortem consciverat.* Tit. l. 22 : 57. Ce malheur, quand il arrivoit, étoit l'un de ceux qui effrayoient le plus la ville. L'appareil de ce supplice, selon la description qu'en donne Denys d'Halicarnasse, étoit d'une solemnité lugubre & effrayante ; la coupable attachée sur un brancard, couverte de façon qu'elle ne pouvoit ni voir ni entendre, étoit portée par la ville accompagnée de tout le peuple qui gardoit un morne silence, aucun autre spectacle ne répandoit une affliction aussi générale. On la conduisoit ainsi au Champ scélérat, dans lequel étoit un sépulchre souterrein, où il y avoit un petit lit, une lampe allumée, quelques provisions de bouche, & un vaisseau de terre cuite dans lequel il y avoit de l'eau, de l'huile & du lait mêlés ensemble ; on détachoit la Vestale de dessus le brancard, on la découvroit, & le Chef des Prêtres, après avoir fait quelques prieres les mains levées au ciel, lui ôtoit son voile, & la plaçoit sur l'échelle qui devoit lui servir à descendre dans sa derniere demeure; il se retiroit ensuite avec les autres Prêtres. Dès que la Vestale étoit descendue dans le souterrein on enlevoit l'échelle, & on combloit l'entrée de la sépulture de façon qu'il ne parut pas même au-dehors que la terre eut été remuée en cet endroit; ce châtiment étoit si affreux, & en même-tems il étoit si difficile de s'y soustraire, que souvent celles qui avoient eu le malheur de céder à leurs passions, prévenoient leur supplice par une mort volontaire. Les peines qu'on leur infligeoit lorsqu'elles manquoient aux devoirs de leur état, étoient en proportion avec la grande considération dont elles jouissoient, tant qu'elles y étoient fidéles.

C'est dans ce même quartier, joignant les jardins de Salluste, qu'étoit le Cirque de Flore, fameuse courtisane Romaine, de la famille de Fabius Metellus, qui amassa des biens immenses qu'elle laissa à la République, à condition que l'on établiroit des jeux publics à son honneur, qui seroient conformes à l'état dans lequel elle avoit vécu, & que l'on bâtiroit exprès un Cirque qui porteroit son nom; l'Etat exécuta fidélement les clauses de son testament; on vit sans étonnement célébrer des jeux nouveaux : *In quibus meretrices nudati corporibus per varias artes ludendi discurrunt, & armis certant gladiatoriis atque pugnant.* Les Romains chercherent dans la suite à annoblir cette institution, en faisant passer cette Flora pour la Déesse des fleurs & des fruits, qu'ils honoroient par des jeux libres à la vérité, mais qui étoient le symbole de la fécondité de la terre dans ses productions variées. Dans ces jeux qui, comme les autres, étoient sous la protection des Magistrats de Police, les Ediles répandoient sur le peuple des grains de toute espece, qu'il ramassoit avec beaucoup d'empressement.

Cicer ingere large,
Rixanti populo, nostra ut Floralia possint
Aprici meminisse senes.......

Pers. S. V.

Plus cette distribution étoit abondante, plus le peuple étoit satisfait, & les Magistrats croyoient réparer l'indécence de ces jeux, en appaisant la terre par ses propres richesses dont on la couvroit.

Les femmes publiques ne paroissoient pas d'abord nues à ces jeux; c'étoit le peuple qui exigeoit d'elles qu'elles se déshabillassent pour faire leurs exercices. Un jour que le sévere Porcius-Caton vint en qualité de censeur, à ces jeux auquel présidoit l'édile Messius; le peuple n'osa jamais demander que les femmes parussent nues, toute l'Assemblée étoit dans le silence, & Caton en ayant sçu la cause se retira; le peuple honora sa complaisance de ses applaudissemens, & revint tout de suite à un spectacle dont la présence d'un seul homme, & le respect qu'il avoit pour lui, l'auroit privé (Val. Max. l. 2. c. 10.), ce qui a fait dire à Martial que Caton ne s'étoit montré à ces jeux que pour avoir la gloire de s'en retirer, & pour n'être pas spectateur de leur licence effrenée.

Nosses Jocosæ dulce, cum sacrum Floræ,
Festoque lusus; & licentiam vulgi:
Cur in theatrum, Cato severe, venisti?
An ideo tantum veneras, ut exires....

Ep. 3. l. 1.

Cet usage étoit si bien établi, qu'il eût paru ridicule que les Actrices de ces jeux & des ces combats licentieux, eussent conservé quelque chose de la décence extérieure des Romaines:

Quis Floralia vestit & Stlolatum
Permettit meretricibus pudorem ?

      Ibid. Ep. 36.

On imaginera bien que l'on ne faisoit pas paroître dans l'Arêne de ce cirque de Tigres ou des Lions; mais des Lievres, des Lapins & autres animaux foibles & timides:

Imbelles Lepores, floralis præmia campi.

Dont la résistance devoit être proportionnée à la force des Athletes qui étoient chargés de les mettre à mort. Ces jeux lascifs se célébroient dans le mois de Mai (*a*), dans ce cirque qui

───────────────

(*a*) Ou plutôt à la fin d'Avril & au commencement de Mai, suivant l'époque que leur fixe Ovide.

Incipis Aprili, transis in tempora Maii

n'avoit guères plus de cent pas de longueur.

Le cirque de Caracalla dont on voit les restes au-delà de la porte de St Sé-

---

Alter te fugiens, cum venit alter habet.

Ce Poëte ingénieux, dit qu'il avoit cherché pourquoi il regnoit une si grande licence dans ces jeux; & il en trouve la cause dans la facilité de la Déesse même, à l'honneur de qui on les célébroit, qui lui apparoît, & lui rend raison de tout ce qui s'y passe.

Quærere conabar, quare lascivia major
 His foret in ludis, liberiorque jocus,
Sed mihi succurrit numen non esse severum,
 Aptaque deliciis munera ferre deam....
. . . .
Cur tibi pro libicis clauduntur Rete leænis,
 Imbelles capreæ, sollicitusque lepus?
Non sibi respondit, Silvas cessisse sed hortos,
 Arvaque pugnaci, non adeunda feræ.

Fast. 5.

Les femmes Romaines ne s'en tinrent pas toujours à ces exercices lascifs, mais tranquilles & sans danger pour elles; on les vit descendre dans

baſtien, eſt encore aſſez bien conſervé pour donner une idée juſte de la maniere dont ces ſortes de lieux deſtinés aux exercices publics étoient conſtruits. C'étoit

l'Arêne, faire le métier de Gladiateurs, combattre entr'elles ou contre les animaux les plus féroces.

Cum tener uxorem ducat ſpado, Mævia thuſ-
 cum
Figat aprum & nudâ teneat venabula mammâ.
Juv. Sat. 1.

 Le Satyrique met avec raiſon ces excès au rang des déſordres les plus crians de la ville la plus corrompue; mais il eut beau crier, les choſes furent encore long-tems ſur le même ton, les Empereurs eux-mêmes voulurent que les femmes combattiſſent dans les jeux les plus ſolemnels, dans ceux qu'ils faiſoient célébrer pour la conſervation de l'Empire : *Ludis quos pro æternitate Imperii ſuſceptos, appellari maximos voluit; ex utroque ordine & ſexu, ludicras partes ſuſtinuerunt.* Suet. *in Nerone,* Des femmes accoutumées à ſe donner ainſi en ſpectacle, avoient un mépris déclaré pour toutes les bienſéances de leur ſexe, auquel elles ſembloient renoncer.

Quem præſtare poteſt mulier galeata pudorem?

un très-grand quarré long qui avoit quatre portes tournées aux quatre points cardinaux. Celle du côté de l'Orient subsiste encore; on voit dans le milieu un reste de ligne de maçonnerie élevée, aux extrémités de la quelle étoient placées les bornes sur lesquelles tournoient les chars; au milieu étoit l'Obélisque qui décore actuellement la grande fontaine de la place Navonne, & qui n'en a été en-

---

Quæ fugit à sexu, vires amat: hæc tamen ipsa Vir nollet fieri..... S. 6.

Seneque en donne la raison, & parle aussi librement de ces désordres que Juvenal: *Deinde sub persona cùm diu trita frons est, transitur ad ganeam..... n. quæs. l. 7.* Une femme même tua un lion dans des jeux que donnoit Domitien; fait que Martial met au-dessus de la défaite du lion Néméen par Hercule.

Nobile & Herculeum fama canebat opus,
Prisca fides taceat, nam tua munera Cæsar,
Hæc jam feminea, vidimus acta manu.

Cet usage dura jusqu'au tems de l'Empereur Severe, qui défendit par un Edit exprès, que les femmes se mêlassent avec les Gladiateurs pour combattre dans les jeux publics du Cirque.

levé que dans le dernier siécle, par les ordres du pape Innocent X ; entre les bornes & l'obélisque, étoient les Autels où se faisoient les sacrifices qui précédoient les jeux & les combats publics. L'enceinte du côté du nord est assez entiere, pour que l'on y remarque la maniere dont on cachoit dans la maçonnerie de grands pots de terre cuite qui formoient des échos artificiels, qui redoubloient en quelque sorte les applaudissemens des spectateurs, en multipliant les voix ; il y en avoit sans doute autant au-dessus de la galerie qui étoit vis-à-vis. Au fond du cirque, au couchant, étoient les balcons où se plaçoient les Princes & le Sénat pour jouïr du spectacle. De ce même côté, sont les vestiges de trois ou quatre grandes tours de briques, bâties dans la ligne même de l'enceinte, qui étoient de ces tours que les Grands de l'Etat tenoient en fief du Prince, & transmettoient à leurs descendants, comme faisant partie de leur succession, & desquelles ils avoient droit devoir les jeux du cirque ; faveur distinguée, & qui étoit la marque du plus grand crédit. On lit dans Cassiodore, ép. 42. l. 4. que Théodoric ordonne que l'on restitue à Marcianus & Maximus jeunes Patriciens, la tour dont avoit joui leur pere, qu'ils avoient perdu fort jeunes, & dont on s'étoit emparé pendant leur minorité: *Hac crudeli surreptione captatâ, turrem, circi, atque locum Amphitheatri, illustris recordationis patris eorum, detestabili ambitu à vestris suggerunt fascibus expetitum.*

A côté de ce Cirque, au midi, est un autre édifice quarré moins grand, entouré de portiques, dont on voit quelques vestiges; les uns prétendent que c'étoit une halle où l'on vendoit différentes marchandises, les autres que c'étoit l'endroit où s'habilloient & se déshabilloient ceux qui devoient ou combattre, ou donner quelqu'autre spectacle dans le Cirque.

36. Au nord, on voit les vestiges les plus respectables de l'antiquité Romaine, des deux Temples que M. Marcellus fit élever à l'honneur & à la vertu, l'an de Rome 544. Ce Consul, aprés avoir subjugué la Sicile & pris Siracuse, voulut élever un Temple seul à ces deux divinités protectrices de ses armes; mais la superstition Romaine l'en empêcha: Les Pontifes s'opposoient

Temple de l'honneur & de la vertu. Autres monumens.

à sa dédicace, prétendant qu'un temple ne doit être dédié qu'à une seule divinité, parce que s'il venoit à être frappé de la foudre, s'il arrivoit quelqu'autre prodige, on ne sçauroit comment s'y prendre pour en faire l'expiation, ni à laquelle des deux divinités s'adresser *Tit. Liv. l. 27. c. 25.* Cette difficulté n'arrêta pas le Consul dans son projet, il avoit rapporté de son expédition d'assez riches dépouilles, pour fournir à la dépense de deux Temples; mais il les disposa de façon qu'on ne pouvoit entrer dans le Temple de l'honneur, que par celui de la vertu; idée aussi sage qu'elle est noble, & vraiment digne des plus beaux tems de Rome. Il n'est pas étonnant qu'un peuple de soldats, conduit par des Héros animés de ces sentimens, ait fait la conquête de l'Univers.

De l'autre côté au midi, est le temple du Dieu Ridicule, (*Ridiculus Deus*) bâti dans le tems de la seconde guerre punique, lorsqu'Annibal ayant formé le dessein d'assiéger Rome, vint camper à trois mille de la ville; son dessein paroissoit de faire ses attaques entre le Teveron & le Tibre; il examina
long-tems

long-tems cette partie à la tête d'un détachement de Cavalerie, & se retira enfin sans rien entreprendre au-delà. *Adiis injecto metu recessit*, dit Festus Pompeïus. On peut voir l'ordre de la marche & de ses approches dans Tite-Live l. 26. Ce fut par la porte *Capena*, aujourd'hui de Saint Sebastien, que le Consul Fulvius Flaccus fit entrer dans Rome une partie de son armée, laissant le reste campé dans le voisinage pour observer les mouvemens de l'ennemi, & empêcher qu'il ne s'empara des postes avantageux qui joignoient les murailles (*a*). A un demi mille environ au delà du Cirque de Caracalla, tou-

---

(*a*) Je n'ai rien dit du grand Cirque qui étoit situé dans la valée Martia, entre les Monts Palatin & Aventin; quoique ses galeries fussent assez vastes pour contenir cinquante mille Spectateurs, qu'il fut entouré de constructions solides, & de belle architecture, décoré d'obélisques, de statues & d'ornemens précieux, il n'en reste plus que la place, occupée par des jardins, dont les cultivateurs dégradent tous les jours ce qui subsistoit de l'ancienne enceinte; ainsi il faut s'en tenir aux descriptions qu'en ont laissées les Auteurs du tems.

Tome VI.   Q

jours en suivant la Voie Appienne, on trouve le tombeau de Cecilia Metella, femme de Crassus, & fille de Quintus Metellus Creticus. Ce monument étoit le plus superbe de ce genre qu'on eût bâti jusqu'alors, & paroît avoir servi de modele à ceux même que les Empereurs firent élever depuis. Sur un grand socle quarré revêtu de pierre de Tivoli & de marbre, s'élevoit une grosse tour ronde revêtue des mêmes pierres, terminée par une corniche saillante & une frise ornée de massacres de bœufs, & de guirlandes de ciprès; ornement qui a fait donner depuis le nom de *Capo di bove* à ce tombeau; au-dessus étoit une colonnade à pans, du milieu de laquelle sortoit une coupole qui terminoit l'édifice. Le revêtissement du socle a été entiérement enlevé dans le dernier siécle, & employé en partie à la premiere décoration de la fontaine de Trévi, sous le Pontificat d'Urbain VIII. La tour, la corniche & la frise paroissent encore dans leur entier; il ne reste plus rien du tout du couronnement: ce qui est curieux à voir, c'est la solidité de la construction intérieure; on n'avoit laissé au-dedans que l'espace à-peu-près qu'il falloit pour y placer l'urne cinéraire, les murs ayant à l'intérieur environ 22 pieds d'épaisseur. Sous le Pontificat de Paul III, on fouilla dans ce monument & on y trouva la grande urne cinéraire cannelée de marbre de Paros, que l'on voit encore dans la cour du Palais Farnese. On lit cette inscription au-dessous de la frise.

Cæciliæ. Q. Cretici. F. Metellæ. Crassi.

Joignant ce tombeau, dans le tems des guerres civiles des petits tyrans de Rome, on avoit élevé un château fortifié qui dominoit sur toute la campagne voisine, & qui communiquoit par un ravelin au tombeau de Metella qui en étoit comme la forteresse; on prétend qu'il avoit été construit dans le tems des grands démêlés des *Colonnes* avec les *Ursins*, & que le parti dominant en étoit ordinairement le maître. Il passa ensuite aux *Gaëtani*, auxquels il appartenoit, lorsque Sixte V le fit détruire, regardant ces petites places fortifiées aux environs de Rome, comme la retraite de la violence & des brigandages, qui, jusqu'à son regne, s'étoient exercés impunément.

Tout ce côté des environs de Rome étoit rempli d'une multitude de monumens, dont on voit les vestiges épars par la campagne, mais entiérement dégradés; il n'en reste plus que les massifs de brique, autour desquels on élevoit des revêtissemens de pierres de tailles ou de marbres, que l'on n'a pas négligé d'enlever, pour les employer à d'autres constructions.

En 1485, on détruisit un de ces tombeaux antiques qui étoit près de la Voie Appienne, à quatre ou cinq milles de la ville, pour employer les matériaux dans une ferme voisine; quand on fut arrivé au fond, on trouva une grande urne de marbre toute entiere, dans laquelle étoit le corps d'une jeune femme embaumée de parfums précieux qui conservoient encore toute leur odeur. Elle avoit une espece de diadême d'or sur la tête, des cheveux blonds accompagnoient son front & ses tempes. Ses joues étoient colorées & pleines comme si elle eût été vivante & en santé. Ses yeux, & sa bouche à demi-ouverte. on pouvoit tirer un peu sa langue qui se remettoit aussi-tôt dans son état naturel ; les ongles de ses mains & de ses pieds blancs & frais, ses bras, ses jambes, & tout son corps étoient souples & palpables ; on apporta l'urne & le corps au palais des Conservateurs, où l'air causa une altération totale dans les couleurs du visage & des mains, qui noircirent ; mais les chairs ne perdirent pour cela rien de leur souplesse, & ne se desséchèrent point. Cette curiosité singuliere, & jusqu'alors inouie, fut exposée pendant long-tems à la curiosité du peuple qui y vint en grande foule ; les traits & la taille de ce cadavre si bien conservé, étoient d'une jeune personne d'environ treize ans, & de la plus grande beauté. A en juger par la richesse de sa parure, la quantité d'or & de pierreries qui étoient dans son tombeau, ce devoit être une princesse des Goths, morte dans le cinquiéme ou le sixiéme siécle. On ne sçait ce qui détermina le Pape Innocent VIII à faire enlever ce corps pendant la nuit, & à le soustraire à la curiosité du public ; il fut transporté hors de la porte *Pinciana*, & caché ou enterré secrettement dans un endroit absolument ignoré. Les mémoires du tems où ce corps fut trouvé, ne conviennent point de la matiere des parfums dont il étoit embeaumé, qui devoient être d'une qualité admirable. Il paroît par ce qu'ils en rapportent, que c'étoit une mixtion, d'oliban, d'aloë hépatique, de thérébentine, qui avoient conservé jusqu'alors une odeur très-forte. Ce fait curieux est tiré du Journal du P. de Montfaucon.

Le tombeau de C. Cestius en forme de pyramide, haute d'environ 110 pieds & large à sa base de 90 dans toutes ses faces, est conservé dans son entier, au moins on le voit tel qu'il a été construit, depuis que le Pape Alexandre VII le fit restaurer dans le dernier siécle; il est posé sur un grand socle de pierre travertine qui paroît hors de terre à la hauteur d'environ deux pieds : tout le monument est revêtu au-dehors de grandes tables de marbre blanc, à 70 pieds environ de hauteur : on lit cette inscription :

C. Cestius. L. F. Pob. epulo.
Pr. Tr. Pl. VII. vir. epulonum.

Plus bas est la suite de cette inscription,

Opus. absolutum. ex. testamento. diebus.
c c c. x x x.
Arbitratu, Ponti. P. F. Cla. Melæ, Heredis. & Poti. L.

Un peu au-dessus de la porte d'entrée,

Instauratum. An. Domini. m. dc. lxiii.

C'est la date à laquelle on le fit réparer, & enlever les terres qui couvroient le socle, & quelque chose de la pyramide. On trouva alors les deux colonnes qui sont élevées aux deux angles; sa position actuelle dans la ligne même des murs construits sous le regne d'Aurelien, prouve que ce tombeau étoit hors de la ville, dans un espace vague qu'une inscription moderne placée à côté de la Porte Saint Paul qualifie de prez ou pasquiers communs du peuple.

La masse intérieure du bâtiment est de brique, le milieu est occupé par une voûte dont les murs ont de tous côtés plus de vingt-quatre pieds d'épaisseur, à en juger par la partie que l'on tra-

Q iv

verse avant que d'arriver à la chambre sépulchrale, qui a dix-huit pieds de longueur sur douze de largeur, & un peu plus de hauteur; les stucs qui se sont conservés jusqu'à présent, sont d'un très-beau travail, digne du siécle d'Auguste, sous le regne duquel ce tombeau fut construit; il en étoit de même des peintures, il en reste quelques parties qui sont d'un aussi beau caractere de dessein, que celles de la nôce Aldobrandine; mais tout-à-fait décolorées. La pyramide est terminée absolument en pointe.

Cette forme de monument funébre la plus ancienne de toutes, étoit aussi la plus durable; celui-ci est le seul qui soit conservé dans son entier; les tombeaux de Cecilia Metella, d'Auguste & d'Adrien, construits avec tant de soins & de dépenses, n'ont pas résisté à l'effort des Barbares qui ont entrepris de les ruiner, ou de les convertir à d'autres usages; la solidité de la pyramide de Cestius ne leur a pas permis d'entreprendre de la renverser, & sa forme même a empêché qu'on l'employa à autre chose qu'à sa premiere destination. Est-ce d'un monument de ce genre que

Claudien veut parler ? lorsqu'il dit de Ruffin :

Quid sibi piramides, qui non cedentia templis,
Ornatura suos extruxit culmina, manes.

Entre l'Aventin & le Tibre, est une petite colline de forme ovale d'environ 130 pieds de hauteur perpendiculaire, qui peut avoir cent cinquante pas dans son plus grand diamètre ; singuliere en ce qu'elle est entiérement formée de morceaux d'urnes cassées, qui ont acquis tant de solidité par leur propre poids, que l'on y a creusé des voûtes dont la fraîcheur est fameuse pour conserver le vin. Il y a divers sentimens sur le tems & la maniere dont elle s'est formée ; il me paroît que ce ne sont pas les rebuts seules des fabriques de poterie, établies dans ces environs qui ont pu la porter à ce point d'élevation, mais qu'il a fallu qu'on y ait rassemblé tout d'un coup, & par quelque ordre exprès, beaucoup de ces matériaux, ce qui a pû se faire, lorsqu'après l'établissement de la Religion Chrétienne dans l'Empire, on détruisit les cimétieres anciens dont plusieurs étoient dans ce canton. Le respect pour les morts, ne permit pas qu'on jetta indifféremment les urnes & les cendres qu'elles renfermoient ; probablement on indiqua cet endroit pour les rassembler en tas ; les inscriptions, & une urne de marbre que l'on a trouvées en creusant les voûtes dont j'ai parlé, assurent ce sentiment. De l'autre côté du Tibre, il y avoit aussi des manufactures considérables d'urnes & de pots de terre, & il ne s'est formé aucune élevation dans leur voisinage ; on trouve seulement en terre des lits fort épais, de fragmens de pots cassés ; cette petite montagne est appellée *Doliolum*, *Mons Testaceus*, aujourd'hui *Monte Testaccio*.

Elle a une singularité remarquable ; c'est qu'en été il en sort de certains côtés un vent très-fort & très-frais, qui n'a probablement d'issue, qu'autant que les fragmens d'urnes sont disposés de façon à laisser une communication libre entre l'air extérieur & l'air intérieur ; celui-ci plus frais & plus léger est mis en mouvement par la colonne d'air extérieur, plus pesante & plus chaude, qui le comprime & le force à sortir, par le côté opposé au point de gravitation. Cet effet a été beaucoup plus sensible autrefois qu'à présent ; on a voulu joindre l'art à la nature, & multiplier les issues par lesquelles sortoit cet air frais, & on en a fort diminué la quantité & même la fraîcheur interne de la montagne. Cette remarque toute simple qu'elle peut paroître, ne donneroit-elle pas quelque idée sur la cause & l'origine des vents ?

Les bords du Tibre de ce côté, & ceux qui leur sont opposés, avoient anciennement le nom de *Marmorata*, parce que c'est là qu'abordoient tous les marbres qui venoient d'Egypte, d'Afrique, & de Sicile à Rome; on y en a trouvé la plus grande quantité en fouillant à quelque profondeur, & peut-être en reste-t-il encore beaucoup caché sous terre.

Il n'est pas douteux que si l'on vouloit fouiller dans la plûpart des monumens ruinés & informes qui sont dans toute la campagne de Rome, on n'y trouvât quantité d'effets précieux, des marbres, des statues, des trésors même, qui ont été enfouis dans le tems des grandes révolutions auxquelles tout ce pays a été exposé ; il a été en quelque façon le magafin de toutes les richeffes de l'Univers, qui peut-être, reftent encore cachées en parties dans fon territoire.

On prétend que les Juifs ont propofé autrefois de détourner le cours du Tibre, pour fouiller dans fon lit, à condition qu'on leur abandonneroit une partie du butin qu'ils y trouveroient; la crainte des maladies que pourroit occafionner un fi grand remuement de terres, dans un pays où l'intempérie de l'air n'eft déja que trop fenfible, a été caufe que l'on a toujours rejetté cette propofition, mais il n'eft pas douteux que tout ce qu'on en tire fortuitement, de ftatues, de médailles, de marbres, de piéces d'or & d'argent éparfes, ne foit une preuve des richeffes qu'il cache fous les eaux; le fond du terrein fur lequel il coule, s'eft élevé à mefure que le fol de Rome s'eft accru, & dérobe par ce moyen aux recherches, les tréfors qu'il renferme. Si cette entreprife pouvoit s'exécuter fans inconvénient pour la ville, & la fanté de fes habitans, il en réfulteroit une autre utilité : c'eft qu'en creufant davantage le lit du fleuve, on préviendroit fes inondations, qui font si fréquentes & si dommageables.

38. A un mille & demi environ au-delà de la porte Salara, est le *Ponte Salaro* ou *Nomentano*, qui doit être mis au rang des constructions les plus antiques qui soient à Rome & dans les environs; il paroît qu'il a été bâti dès les premiers tems de la République; l'*Anio*, aujourd'hui *Teverone*, a toujours été trop profond, pour qu'on pût le passer à gué, pour aller de Rome sur le Mont Sacré, où le peuple mécontent des Patriciens se retira plusieurs fois. C'est de ce Pont, qu'un Gaulois d'une taille énorme, venoit provoquer les Romains à un combat singulier, en leur criant: Si Rome a quelque brave, qu'il vienne s'essayer avec moi, afin que le sort des armes prouve laquelle des deux Nations est la plus propre à la guerre. *Tit. Liv. l. 7. An.* 394. Défi que le jeune Titus Manlius accepta, & où il vainquit son ennemi avec autant de bravoure que d'adresse; il se contenta d'enlever le collier au Gaulois, & de le passer à son col, d'où il eut le nom de *Torquatus*, qui passa à ses descendans, & qui fut toujours heureux

Ponte Salaro ou Mont Sacré.

pour ceux qui le porterent. Ce Pont étoit alors de bois, les Romains étoient campés du coté de la ville, & les Gaulois de l'autre: aucune des deux armées n'osa le rompre, afin qu'on ne la soupçonna pas de crainte: *Pons in medio erat, neutris eum rumpentibus, ne timoris indicium esset.* Quels hommes, que les Romains de ce tems! L'ennemi étoit à leur porte, & ils ne vouloient pas prendre contre lui une précaution qui eût pu faire penser qu'ils le redoutoient (*a*). Aulugelle qui rap-

_____

(*a*) Ils n'avoient d'autre intérêt, d'autre honneur à ménager que celui de la patrie & du nom Romain.

Pauper erat Curius, Reges cum vinceret armis.

Dit élégamment Claudien; cet état de médiocrité qui étoit celui des plus grands hommes de la République, entretenoit dans toute leur force les sentimens héroïques qui les animoient. Plus habiles dans l'art de la guerre, & plus désintéressés que toutes les Nations contre lesquelles ils avoient à combattre, pleins de confiance en la justice de leur cause, que la Religion autorisoit toujours; on comprend comment un Dictateur auquel on alloit annoncer la dignité à laporte le même fait (l. 9. c. 13.) en citant un ancien Historien, qu'il nomme Claudius Quadrigarius, ajoute au récit de Tite-Live, que T. Manlius coupa la tête au Gaulois; ils sont l'un & l'autre d'accord sur toutes les circonstances du combat, & disent également qu'on arma le jeune soldat d'un bouclier de soldat & d'une épée à l'espagnole. Tite-Live dit encore que le Gaulois parut

---

quelle il venoit d'être élevé, & que l'on trouvoit creusant un fossé autour de son champ ; rétablissoit les affaires désespérées de la République dans une campagne de peu de durée ; il partoit aussi-tôt, faisoit des prodiges de valeur & de prudence, domptoit les ennemis, traitoit ensuite avec eux, & venoit recevoir du Sénat la récompense dûe à ses exploits héroïques : il retournoit de-là à ses travaux rustiques, & sembloit oublier sa dignité & son mérite, pour vivre dans une égalité parfaite avec ses Concitoyens. Tels furent ces grands hommes qui porterent si haut la destinée de Rome, & qui n'existerent que......

Cum caperet fasces à curvo Consul aratro.
Nec crimen duras esset habere manus.

Ovid. Fast. l. 3.

avec un habit de diverses couleurs, &
des armes peintes & ciselées en or; &
Quadrigarius dit au contraire, qu'il
étoit nud, ayant pour armes un bouclier & deux épées, & pour parure un
collier & des bracelets......' Lequel
croire des deux Annalistes ? Ce pont,
respecté dans la suite par les Carthaginois lorsqu'ils s'approcherent de Rome
sous la conduite d'Annibal, fut détruit
par les Goths & rétabli par Narses,
ainsi que l'apprennent les inscriptions
qui sont encore gravées aux deux côtés.
Dans des tems postérieurs il a été fortifié de deux tours à ses extrémités,
pour en rendre les approches & le passage plus difficile (*a*).

(*a*) *Imperante. D. N. piissimo. ac triumphali. Justiniano. P. P. Aug. anno.* XXXIX.
*Narses. vir. gloriosissimus. ex. præposito. Sacri.
Palatii. exconf. atque. patricius. post. victoriam. Gothicam. ipsis. & eorum. Regibus. celebritate. mirabili. conflictu. publico. superatis.
atque. profligatis. libertate. Urbis. Romæ. ac.
totius. Italiæ. restituta. portem. viæ. Salariæ.
usque. ad. aquam. à. nefandissimo. Totila. ty-*

A quelque distance de ce pont, à gauche, est l'élevation appellée le Mont Sacré, situé, dit *Festus*, au-delà du Teveron, à un peu plus de trois mille hors de la Ville: on l'appella sacré, parce que quand le peuple se sépara des patriciens, après s'être créé des Tribuns, il le consacra à Jupiter. Le peuple s'y retira pour la premiere fois l'an de Rome 260, par le conseil de Sici-

---

ranno. distructum. purgato. Fluminis. Alveo. in. meliorem. statum. quam. quondam. fuerat. renovavit.

Ce Pont subsiste depuis l'an 565, qui fut la trente-neuviéme & derniere année du regne de Justinien.

De l'autre côté est l'inscription suivante.

Quam bene turbati directa est semita pontis,
 Atque interruptum continuatur iter?
Calcamus rapidas, subjecti gurgitis, undas,
 Et libet iratæ cernere murmur aquæ.
Ite igitur, faciles, per gaudia vestra quirites,
 Et Narsem resonans, plausus ubique canat.
Qui potuit rigidas Gothorum, subdere mentes,
 Hic docuit durum, flumina ferre jugum.

nius, & y resta tranquillement pendant quelques jours, sans prendre aucune précaution contre les Patriciens, n'emportant rien que quelques vivres, il y resta plusieurs jours, sans y être attaqué, & sans penser à se vanger. Ils céderent cette fois à l'ingénieux apologue de Menenius Agrippa, qu'ils aimoient & rentrerent dans la ville. Tit. Liv. l. 2. Ils s'y retirerent encore en 305, avec la même tranquillité & pour les mêmes causes, imitant en tout la sage conduite de leurs peres : *Modestiam patrum suorum, nihil violando, imitati.* Il paroît que leurs griefs étoient cette fois plus considérables, que les désordres & les entreprises des Patriciens étoient plus odieuses ; ce mouvement arriva à la suite de l'attentat du Decemvir Appius sur Virginie ; aussi les femmes & les enfans suivirent leurs peres & leurs maris. A qui pouvoient-elles se fier dans une ville, où l'on n'avoit plus aucun respect ni pour la pudeur ni pour la liberté ? *Id. l. 3.* Les conditions de la paix, furent que le peuple auroit des Tribuns pour sa sûreté. Cette partie des environs de Rome n'est décorée par aucun monument remarquable, le pont même dont je viens de parler, n'a rien au-delà de sa solidité, mais les grands évenemens qui s'y sont passés, sont cause qu'on les voit avec satisfaction ; ce Mont Sacré qui n'est couvert que d'herbes & de quelques buissons, outre ce qu'il a d'intéressant par rapport à l'histoire, mérite encore d'être vû à cause de l'agrément de sa situation, & de la beauté de ses vues qui s'étendent fort loin ; on voit au-dessous une partie de l'Aqueduc d'Agrippa qui conduit l'eau Vierge à Rome, le reste étant presque par-tout caché sous terre. En suivant le chemin qui est plus bas, on voit les restes de de différens tombeaux dont les revêtissemens extérieurs sont enlevés, mais qui ont été très-considérables ; l'un tombe en ruine, l'autre sert d'étable aux bœufs d'une métairie voisine, dans l'un & dans l'autre on voit plusieurs niches où étoient placées les urnes cinéraires.

Il est certain que lorsque les voyes Romaines étoient bordées à une très-grande distance de ces monumens funébres de différentes formes, tous revêtus de pierres de taille, & souvent de marbres, que l'architecture & la sculpture enrichissoient encore de mille ornemens variés ; le spectacle extérieur étoit beaucoup plus riche ; tout annonçoit la grandeur de ces Romains. *Quorum flaminia, tegitur cinis atque latina.* Juv. Sat 1. Les tombeaux étoient sous la protection des loix, il n'étoit pas permis de les violer, les parens & les amis les regardoient comme des temples qui méritoient un culte religieux ; cet usage remontoit à la plus haute antiquité ; Virgile parlant du tombeau de Sichée, dit que Didon lui rendoit des honneurs marqués.

Fuit in tectis de marmore, templum,
Conjugis antiqui, miro quod honore colebat.

Æneid. 4.

Il est évident que par le terme de temple, il ne veut désigner que le tombeau de Sichée.

On les respectoit comme des monumens éternels, séjour de la mort & des manes ; le comble de l'impiété étoit de troubler leur répos : le sentiment intime de l'immortalité des ames, alors accablé en quelque sorte par le poids énorme de l'idolatrie & de la superstition, sembloit se conserver dans les monumens solides destinés à recevoir la partie périssable de l'homme.

Perpetuas, sine fine, domos mors incolit iræ,
 Æternosque levis, possidet umbra lares.

Ovid.

C'étoit à cette ombre invisible que se rapportoit toute la religion des Manes, qui ne pouvoit avoir pour objet qu'une cendre insensible & froide, mais elle appartenoit à cette ombre, ou plutôt à cette ame, à cet esprit invisible, que l'on croyoit toujours attaché à cette cendre, qu'elle avoit autrefois animée. De-là cette supplication si touchante que l'on gravoit sur la plûpart des tombeaux, dans cette formule, ou autre équivalente.

Per. deos. superos. inferosque. te Rogo.

Ne. ossuaria. velis violare.

Ainsi qu'on le lit dans une ancienne inscription trouvée près de *Grotta Ferrata*, & que l'on y conserve encore.

Au reste, quelle que fût la magnificence extérieure des tombeaux, & leur solidité, quelque respect que l'on eût pour eux, ils annonçoient une égalité finale de destinée, qui a toujours touché les plus sages & les plus éclairés des Payens ; & qui leur a fait regarder la mort, comme le terme auquel tous les hommes se trouvoient parfaitement égaux. *Non est quod nos, tu in illis metiaris. His monumentis quæ viam disparia prætexunt, æquat omnes cinis. Impares nascimur; pares moriemur.* Senec. Ep. 91 (*a*).

(*a*) Les différens peuples de l'antiquité, ont eu chacun leurs usages de traiter les corps morts :

Namque ista per omnes
Discrimen servat, populos, variatque jacentum
Exequias, tumuli & cinerum sententia discors.

Sil. Ital. l. 13. Punic.

Cet Auteur parle élégamment & en peu de mots, des usages des peuples connus de son tems, dans les funérailles des morts; aucuns ne les traitoient d'une manière plus convenable que les Egyptiens & les Romains. Ceux de nos jours, de même que le plus grand nombre des Italiens, en conservant l'usage de porter les morts en terre à visage découvert, ont pris la manière la plus

Je ne porterai pas plus loin mes observations sur Rome antique, parce que, toujours fidéle à mon plan, je ne rapporte que ce que j'ai vu & examiné avec soin ; j'indique la situation des monumens dont je parle, & leur état actuel, que je compare avec ce qu'ils ont été ; ce que je dis de leur ancien usage, d'après les auteurs contemporains, ne peut que les faire voir avec plus de plaisir ; sur-tout si ces Mémoires ont la destination pour laquelle je les ai écris : celle de servir aux voyageurs, & de les aider à retrouver dans la plûpart des constructions si délabrées, des vestiges de leur premiere magnificence, & des usages auxquels ils ont été employés.

―――――――

sûre de constater la vérité du décès que l'on annonce, & d'empêcher les suppositions de mort, les crimes même que des funérailles feintes, cachent aux yeux du public. Il semble que tout Etat policé devroit adopter cette méthode, qui même par rapport à la Religion, a son utilité, en ce qu'elle met sous les yeux d'une maniere plus frappante, le terme auquel nous devons tous arriver également.

ENVIRONS DE ROME.

Frascati, Tivoli, Ostie, &c.

Frascati ou Tusculum.

39. LA petite Ville Episcopale que l'on appelle aujourd'hui *Frascati*, a succédé à l'ancienne Tusculum des Romains, qui dès la naissance de Rome subsistoit, & peut-être étoit plus considérable. Tarquin n'ayant plus d'espérance d'y rentrer, se retira à Tusculum chez son gendre Mamillius Octavius qui y tenoit un rang considérable. Cette Ville étoit alors fameuse par sa Citadelle que l'on regardoit comme imprenable; (Tit. Liv. l. 2.) cependant on ne voit pas que les Tusculans ayent jamais fait aucun mouvement pour procurer le rétablissement des Tarquins, au contraire il est à présumer qu'ils vécurent en si bonne intelligence avec les Romains, qu'ils ne formerent qu'un seul & même peuple. Le premier Edile Curule

rule Plébéïen de Rome, créé l'an 387, etoit de la famille *Juventia* de Tufculum. L'illuftre Quintus Cincinnatus y avoit pris naiffance. Lorfque Annibal s'approcha de Rome, les Tufculans lui fermerent leurs portes, & firent fi bonne contenance, qu'il n'entreprit pas de les forcer; tous ces faits prouvent que cette ville étoit alors dans un état floriffant; mais à la fin la deftinée fupérieure de Rome l'emporta, & Tufculum fubfifta moins par elle-même que parce que les délices de fa fituation, la falubrité de fon air, l'abondance & la fraîcheur de fes eaux inviterent les plus illuftres Romains à y bâtir des maifons de campagne où ils alloient paffer le tems des chaleurs & de l'intempérie de Rome.

La puiffance Romaine ayant été abfolument détruite, cette Ville ou fe donna aux Souverains Pontifes, ou leur fut cédée; elle étoit alors très-peuplée, & toujours recommandable par fa fituation avantageufe. Les Papes la favoriferent en toutes chofes, ce qui excita la jaloufie des Romains au point qu'ils prirent les armes pour fubjuguer Tufculum ou la détruire. Cette guerre fut fort vive & causa une division entre le Pape & les Romains, qui ne finit que sous le Pontificat de Clément III. à la fin du douziéme siécle, par un traité dans lequel il s'obligeoit de leur remettre la Ville de Tusculum, qui étoit alors entre les mains de l'Empereur. Célestin III. qui succéda en 1191, à Clément III, exécuta le traité de son prédécesseur, & les Romains devenus maîtres de Tusculum, la traiterent avec la plus grande cruauté; ils la ruinerent de fond en comble, & n'y laisserent pas pierre sur pierre. Ses habitans dispersés, se retirerent dans les ruines d'un de ses fauxbourgs où ils se construisirent des cabanes avec des branches d'arbres, d'où est venu le nom de *Frascati*, ou de Feuillée, à la nouvelle ville construite dans la suite par ces habitans, dans un terrein moins élevé ; car il paroît que l'ancienne Tusculum étoit située dans l'emplacement qu'occupent aujourd'hui les *Villé*, Conti, Pamphile ou Belvedere, en remontant jusqu'à la Rufinella, occupée par les Jésuites.

Il ne faut pas chercher plus haut la situation de l'ancienne Tusculum qui n'auroit pu y avoir cette quantité d'eaux & les agrémens qui étoient si précieux aux Romains; les ruines que l'on voit sur le plein de la montagne qui domine la Rufinella, les restes de grandes voûtes, les vestiges d'un petit théâtre, ou d'un xiste, ou promenade couverte que l'on y remarque, ont appartenu à quelque grande maison d'un Romain opulent & voluptueux, qui avoit voulu joindre aux délices de la campagne, le luxe & la magnificence de la Ville, & bâtir dans une situation de fantaisie, dont rien ne pouvoit compenser l'incommodité que la salubrité de son air & la fraîcheur, qui devoit y regner presque continuellement, eu égard à sa grande élevation. C'est sans fondement que l'on dit que la maison de Cicéron étoit dans cet emplacement ; on y a découvert nouvellement le pavé d'un petit sallon très-bien conservé, & de la plus belle mosaïque que pussent faire les anciens, qui ne travailloient qu'avec des pierres & des marbres naturels. Le tableau du milieu représente une grande Pallas tenant son bouclier sur lequel est la tête de Méduse : cette piéce est bien dessinée, les couleurs en sont vives & presque dans le ton de la nature, elle est entourée d'un grand cadavre de mosaïque où sont représentes divers ornemens en fleurs & en volutes, avec des figures hiéroglifiques à chaque coin. Pour ne point déranger ce reste précieux de la belle antiquité & le conserver dans son entier, on a enlevé toutes les terres qui le couvroient, & on a bâti autour un petit édifice quarré sous lequel il est à l'abri des injures de l'air, je crois qu'il appartient à la maison de la *Rufinella* qui est au-dessous, où le Général des Jésuites avoit logé, en 1761, cent-vingt Jésuites Portugais qui ne s'y plaisoient pas.

Belles maisons de Frascati. La Ville de Frascati & les belles maisons qui l'avoisinent, sont bâties sur le penchant d'une montagne entre le levant & le nord; les environs sont presque par-tout plantés de vignes & d'oliviers; & le territoire est partagé en plusieurs collines couvertes de Palais, de Jardins, de Bosquets arrosés des plus belles eaux qui y abondent. La vue s'étend sur une partie de la campagne de Rome, sur la mer qui n'en est pas assez éloignée pour qu'on ne voye pas distinctement les vaisseaux: la Ville de

Rome & les monragnes qui font par-derriere terminent la perspective. Tous ces agrémens réunis à la salubrité de l'air, rendent cette position l'une des plus délicieuses de l'Etat Eccléfiastique.

Villa Conti, grande & belle maison qu'il faut voir à cause de la beauté & de l'abondance de ses eaux, la fraîcheur & le bel ordre de ses plantations. La maison est meublée de bon goût & proprement fans magnificence; il y a un reste considérable de constructions antiques, composées de dix-huit voûtes, dont celles du milieu font les plus élevées, les autres s'abaissent insensiblement à mesure qu'elles s'éloignent du centre. On dit à Frascati qu'elles ont servi à la ménagerie de Lucullus. Sur la partie extérieure de ces voûtes, qui n'est pas recouverte de deux pouces de terrein, se sont élevés des chênes verds, à une très-grande hauteur, fans presque tirer aucune substance des pierres des voûtes à travers lesquelles leurs racines se sont insinuées, ce qui prouve que ces arbres font plutôt entretenus par la fraîcheur de l'air, les pluyes & l'aspiration qui se fait par leurs feuillages, que par les sucs qu'ils peuvent tirer de leurs racines.

Villa Pamphili, dite *Belvedere*, est de l'architecture de Jacques de la Porte & d'un excellent goût de décoration, de même que le théâtre qui est vis-à-vis, au pied de la montagne sur laquelle sont les jardins en terrasse. Ce théâtre est orné d'une multitude de jets d'eau de différentes formes, & encore bien entretenus. La piéce du milieu est un grouppe d'Hercule qui aide Atlas à porter le Monde figuré par un grand globe d'airain, duquel partent une quantité de sources ; les deux principales figurés des côtés sont, a droite un Centaure qui sonne de la trompe, & à gauche un Cyclope qui joue de la flute à sept trous, & exécute plusieurs airs par le mouvement de l'eau ; le son de la trompe du Centaure est effrayant. Ce théâtre est décoré de plusieurs autres statues, parmi lesquelles on ne se lasse point d'admirer un Silene assis, antique Grec, de marbre de paros, & du plus beau fini. Les appartemens du Palais sont ornés de plusieurs plafonds peints par le Cavalier *d'Arpino*, dessinés dans le goût sage & éxpressif de Raphaël, & de très-belle couleur: ceux qui ont pour sujet la création d'Adam, & Judith qui coupe la tête à Holopherne, sont excellens.

Dans un grand sallon peint par le Dominiquin, est un Parnasse en relief sur lequel sont Apollon, les neuf Muses & le Cheval Pegase, qu'une machine hydraulique met en mouvement, & qui paroissent exécuter un concert instrumental, dont un orgue caché derriere le Parnasse joue les airs. J'ai vu dans ce Palais quelques tables d'un marbre singulier, que l'on dit antique, & trouvé dans les ruines de Tusculum; c'est une espece de brêche à fonds blanc, les taches qui se suivent par ordre, ressemblent à de petites feuilles de huit à dix lignes de longueur, couleur de fleur de pêcher; je n'en ai vu nulle part ailleurs du semblable; d'abord je le crus factice; mais après l'avoir bien examiné, sa fraîcheur, sa dureté, son poli & son éclat m'ont déterminé à croire que c'étoit un marbre naturel, fort agréable, & précieux par sa rareté.

Les princes Borghese ont deux Palais

à Frascati au nord de la ville ; l'un appellé *Villa Taberna*, en est très-près, le corps-de-logis bâti de bon goût & bien meublé, est très-habitable ; les jardins en terrasse s'élevent jusqu'à une grande allée d'arbres qui est au-dessus de la montagne, & qui conduit à *Villa Mondragone*, qui est le second, d'une grandeur immense, bâti sous le Pontificat de Paul V, qui y alloit souvent avec toute sa Cour. Il paroît qu'il y a long-tems qu'on ne l'a habité ; tout y est fort négligé ; la grande gallerie a quelques tableaux dont le meilleur est celui du fonds ; il est de l'école de Venise, & représente Salomon dans sa vieillesse sacrifiant aux Idoles, entourré d'une multitude de femmes qui s'empreisent de préparer tout ce qui est nécessaire au sacrifice, avec un air de contentement qui marque combien elles sont satisfaites d'avoir entraîné le vieux Monarque dans leurs erreurs. Ces figures sont bien caractérisées, & la plûpart très-gracieuses...... Deux bustes antiques, trouvés dans les ruines de la Villa Adriani à Tivoli, l'un représentant Fauſtine la jeune..... l'autre Antinous (*a*), les buſtes des douze Céſars d'après l'antique par le *Bernin*,

---

(*a*) Antinous, ſur l'origine duquel je n'ai encore rien dit, étoit de *Claudiopolis* ou *Bithynio* en Bithynie, aujourd'hui *Caſtomena*. Il fit pendant quelque tems les plus cheres délices de l'Empereur Adrien, & mourut en Egypte à la fleur de ſa jeuneſſe, ſoit pour être tombé dans le Nil, comme ce Prince l'écrivit, ſoit pour avoir été immolé, comme Dion Caſſius le rapporte, ce qu'il aſſure même être vrai : *Sivé quod immolatus (idque verum eſt) fuerit*. La raiſon qu'il en donne, eſt qu'Adrien étoit extrêmement curieux de connoître l'avenir, & ſe ſervoit de toutes ſortes de divinations & de toutes les reſſources de l'art magique pour y parvenir. Ainſi il rendit les plus grands honneurs à Antinous, qui s'étoit volontairement dévoué à la mort par amour pour lui, ou pour quelqu'autre cauſe qui l'intéreſſoit également; car, ajoute cet Auteur, ce Prince étoit abſolu dans ſes volontés ; & pour lui plaire, il falloit être préparé à tout ce qu'il pouvoit exiger. Il fit rebâtir la ville où il étoit mort, & lui donna ſon nom ; il lui dédia des Temples, & fit placer ſes ſtatues preſque dans tout l'Univers: *Statuaſque ei vel potius ſimulachra, in omni fere orbe terrarum collocaverit*. Il donna le nom d'Antinous à une conſtellation nouvelle qui parut alors,

ceux du Cardinal Scipion Borghese en marbre blanc, & du Pape Paul V, en bronze; une Vénus & un Bacchus, statues antiques Grecques, parfaitement restaurées par le Bernin. Cette maison a un théâtre assez grand, sur lequel on a vu représenter Comédies & Opéras dans les *Villegiatures* brillantes de la Princesse Borghese; la galerie qui est à la tête du parterre, & l'ornement du théâtre d'eau qui est au fonds, sont d'un excellent goût de décoration, & exécutés sur les desseins de Vignola. La terrasse, ou plutôt la place qui est devant la face principale de la maison, a les points de vue les plus beaux & les plus riches.

Villa Falconieri qui est de ce même

& porta ses regrets pour ce jeune homme qu'il avoit immolé à un point d'extravagance, qui le rendit ridicule aux yeux de tout l'Empire. *Dio Cas. l.* 69.

Antinous mourut à *Antinoe*, ville d'Egypte, dite aussi *Antinopolis* & *Adrianopolis*, dont les ruines subsistent sous le nom d'*Anthios* dans la haute Egypte, sur les frontieres de la Thebaïde, à quarante lieues environ du Nil, au levant.

côté, plus près de Frascati, est bâtie avec goût; les jardins, quoique resserrés d'un côté par un escarpement fort profond, & de l'autre par une montagne, sont bien entendus. La plûpart des appartemens de cette maison sont ornés de bonnes peintures, parmi lesquelles un grand plafond de *Carle Maratte*, qui représente la naissance de Vénus, Neptune lui offre les richesses de la mer, les Graces l'attendent sur le rivage pour la couronner de fleurs. Cette composition est très-riante, le dessein en est correct & le pinceau très-gracieux; il y a d'autres plafonds de *Ciro Ferri* qui ont les saisons pour sujet, & des morceaux d'Architecture peints à fresque, & d'une grande vérité.

Parmi les différens arbres qui sont employés dans les plantations de Frascati, j'ai vu que très-anciennement on s'étoit servi avec succès du *Platane*, actuellement si fort à la mode en France. Il y en a une allée à la Villa Pamphili, plantée depuis plus d'un siécle; les arbres y sont d'une grosseur prodigieuse, & ont au moins quatre pieds de diamétre, ils font encore frais & vigoureux.

Il n'y a point d'habitans de Frafcati qui n'ait des appartemens à louer pour le tems des Villegiatures; l'affluence des Romains de tout état qui y vont paffer le tems de la *Malaria* & les beaux jours du printemps, leur rend cette efpece de commerce fort utile. Le territoire des environs eft fertile & affez bien cultivé, & fournit les denrées de confommation ordinaire à un bon prix. Le loyer des appartemens n'y eft pas fort difpendieux.

On compte près de douze milles ou quatre lieues de France de Rome à Frafcati, & deux milles & demi de Frafcati aux ruines de l'ancienne Tufculum, fur la Montagne dont j'ai parlé.

A deux ou trois milles au midi de Frafcati, eft l'Abbaye de Grotta Ferrata, habitée par des Moines Grecs de l'Ordre de Saint Bafile, qui s'y retirerent fur la fin du dixiéme fiécle, fous la conduite de Saint Nil leur Abbé, lorfqu'ils furent contraints de quitter l'habitation qu'ils avoient en Calabre, par les Sarrasins, qui dévastoient alors toute l'Italie méridionale. Les bâtimens de cette Maison, quoique très-riche, sont médiocres : on voit à la Bibliothéque beaucoup de manuscrits Grecs ascétiques. A la fin de celui qui contient les Lettres d'Isidore de Peluse, on lit que le Moine Paul qui l'écrivit par ordre de l'Abbé Nil, l'acheva le vendredi 27 Novembre 936, ce qui prouve qu'il y avoit déja quelque tems que ces Moines y étoient établis. La Chapelle de Saint Nil & Saint Barthelemi, tous deux Abbés de cette Maison, est fameuse par les peintures du *Dominiquin*, que l'on gravoit à Rome en 1762; elles sont intéressantes en ce que représentant l'établissement des Moines Grecs dans ce canton, ce Peintre y donne une idée de tout le beau paysage des environs. Au-dessus d'une porte on voit une partie d'un bas-relief antique de marbre de paros, & d'un travail parfait; il a pour sujet un Général Romain parlant à un Officier, & un soldat qui aidoit à porter un soldat blessé que l'on venoit présenter au Général : on ne voit de cette partie que foldat & les pieds de celui qu'il portoit. Une inscription gravée au-deſſous, aſſure que ce bas-relief a été trouvé dans les ruines du Tuſculum de Cicéron, que les Moines Grecs prétendent avoir été dans le territoire de *Grotta Ferrata*, & que les Jéſuites placent au-deſſus de leur maiſon de la *Ruffinella*, à trois milles de diſtance: les uns & les autres ſont jaloux d'habiter le même terrein qui a porté ce grand homme. Il y a quelque apparence que leurs prétentions ſont mal fondées, & que la maiſon de Cicéron étoit ſur les côteaux qui ſont immédiatement au-deſſus de Fraſcati, entre le levant & le midi. . . . . .

TIVOLI.

41. LA route de Tivoli à Rome n'a rien qui intéresse jusqu'à ce qu'on ait fait environ treize milles, alors on trouve à peu de distance du chemin à main gauche, un petit lac d'eau sulphureuse & d'une odeur forte, dont l'effet est singulier. Ses eaux pétrifient les roseaux & les plantes qui croisent sur ses bords. Cette pétrification qui est l'effet d'une fermentation très-active, qui pénétre les pores des plantes, de particules sulphureuses & pierreuses, est l'une des plus curieuses opérations de la nature qu'il soit possible de voir, & d'autant plus intéressante, que l'on est en quelque sorte témoin de la maniere dont elle se fait. En la considérant avec attention, sur-tout dans les parties qui sont a couvert de l'action de l'air extérieur, on reconnoît que cette sorte de pétrification alors peu dure par elle-même, ne peut résulter que d'un très-grand mouvement qui se fait au-dessous

Solfatarre & pétrification.

du massif que lui opposent les racines des joncs & des autres plantes de ce genre ; qui exalte l'eau, le soufre, la terre & le nitre au point de les rendre assez subtiles, pour pénétrer non-seulement la racine, mais le corps même du roseau, sans le faire changer de forme, & qui dans son .état de pétrification, reste plus ou moins solide, à proportion de la qualité qu'il avoit avant que d'avoir éprouvé aucun changement. Ainsi on distingue les grosses racines, les fibres plus menues, les tiges des roseaux, la terre même qui a acquis plus de solidité, que le soufre & le nitre rendent blanchâtre, & que l'on détache aisément soit des racines, soit du roseau même, qui conservent toujours leur même volume, en acquérant un poids plus considérable que celui qu'ils avoient dans un état naturel. Cette espece de moëlle tendre & légere qui tapisse l'intérieur du roseau, participe à la métamorphose, sans changer de configuration, & s'en detache aussi aisément qu'avant que la pétrification fut faite. Ce lac continue à travailler de la même façon les racines & les roseaux qui croissent à quelque distance de ses bords,

& on s'apperçoit que c'est l'air qui donne à ses ouvrages la solidité de la pierre, après que l'eau s'est retirée & les a laissés à sec. Ce lac a peu de profondeur, il est dans un bassin de tuf léger & poreux, sous lequel est une solfatarre, qui communique le mouvement à l'eau qui détache les parties du tuf, & qui est le ressort caché qui fait agir cette fabrique singuliere. La surface du sol d'alentour en est la preuve, elle ne présente à plus d'un demi mille aux environs qu'un tuf sulphureux, recouvert d'une mousse jaune, de quelques herbes fines, d'épines & autres arbustes que l'on y trouve par intervalles, & qui sont aussi secs que le terrein où ils croissent. La pierre blanche appellée *Travertine*, *Tiburtine* ou de Tivoli, se forme de la même maniere que les joncs se pétrifient; elle est tendre & même sulphureuse lorsqu'on la tire des carrieres qui sont au-delà de ce lac, & n'acquiert cette solidité qui la rend si durable, qu'après avoir été exposée quelque tems au grand air.

En quittant ce petit lac, on traverse une plaine dont tout le terrein est de la nature de celui dont je viens de parler, abfolument creufe par deffous à en juger par le rétentiffement intérieur qu'y caufe le roulement des voitures, & la marche des chevaux. A un peu plus d'un quart de lieue au-delà, on trouve quelques reftes de conftructions antiques que l'on appelle *Bagni della Regina*; peut être étoient-ce ceux de la fameufe Zénobie, Reine de Palmire, qui eut une maifon a Tivoli ; elles fervent actuellement à loger des cultivateurs : deux colonnes de verd antique, que l'on a tirées de ces ruines il y a quelques années, prouvent qu'elles avoient été décorées avec magnificence. Elles font fituées fur le bord d'un autre petit lac dont on ne connoît point la profondeur. L'eau en eft blanchâtre, épaiffe, & rend une odeur fétide, qui affecte défagréablement le palais & la gorge. Ce lac eft couvert de petites ifles flotantes de diverfes grandeurs, formées de buiffons, de rofeaux & de plantes unies enfemble par une terre bitumineufe & fort tenace. L'eau n'en eft point chaude, quoique d'efpace en efpace on la voie bouillir avec force, & élever avec bruit des lances d'eau à la hauteur de plus d'un pied ; ces ifles font mobiles, & se rangent toujours sous la direction du vent. Le fonds est de la même couleur & de la même solidité que les pétrifications du premier lac, mais elles sont recouvertes à l'extérieur d'une couche de terre noire & végétale de quatre à cinq pouces d'épaisseur; ce lac, ou si l'on veut cette solfatarre fluide, qui inondoit autrefois un espace assez large dans les environs, a son écoulement par un canal qui lui a été creusé par les ordres du dernier Cardinal d'Este, dans lequel court le ruisseau appellé *Albula*, de la couleur de ses eaux qui sont blanches & épaisses, & laissent sur ses bords un sédiment de même couleur; il y a grande apparence que les bains de ces eaux sont utiles à la médecine (*a*), ce sont les mêmes que Néron fit venir dans son Palais doré, & que Suétone appelle *Aqua Albula*; leur odeur est si forte qu'elle se porte à une demi-lieue au-dessous du vent; plus la chaleur est grande & plus elles sont

---

(*a*) Pline, l. 31. c. 1. dit qu'elles sont froides & bonnes pour la guérison des blessures.

fétides : à la fin de Juin, les paysans des environs arrosent de cette eau les fleurs & les herbes de la campagne voisine, qui se chargent d'un tartre épais & blanc, qui ressemble à un glacé de sucre, qui se séche au soleil, & y devient fort solide; ils les apportent à Rome, & les vendent; il est d'usage dans ce tems d'en envoyer en présent à ses amis; on les appelle par dérision, *Confetti fini*.

Le territoire qui est entre le lac des isles flottantes & la montagne de Tivoli, est gras & bien cultivé; au pied de la montagne même, est l'ancien pont *Lucano* bâti de grosses pierres blanches & dures, & qui n'a rien de plus remarquable que la solidité de sa construction & sa grande antiquité; il sert à passer la partie du Teverone qui coule le long du chemin qui conduit à Tivoli.

A côté de ce pont est une tour ronde antique, qui a été autrefois le monument sépulchral de la famille Plautia. Elle étoit construite dans le goût du tombeau de Cecilia Metella à *Capo di Bove*. Le socle quarré qui étoit de pierre travertine est dégradé & recouvert en partie par les terres que les eaux ont entraînées autour, quelques restes d'architecture, de piédestaux, de fusts de colonnes & de revêtissemens de marbres, sont des preuves de l'ancienne magnificence de ce monument, sur lequel on lit encore partie de l'inscription antique, qui apprend sa destination (*a*).

42. De-là on monte par un chemin qui a deux milles au moins de longueur, à la ville de Tivoli. *Tibur* sur l'*Anio* ou le *Teveroné*, ville très-ancienne qui subsistoit dès le tems qu'Enée aborda en Italie, & dont on fait remonter la fondation aux siécles héroïques. Strabon

Tibur ou Tivoli. Sa situation.

───────────────

(*a*) *M. Plautius. M. F. An. Silvanus. Cos.*
VII. Hvir. Epulon. Huic. Senatus.
Triumphalia. ornamenta. decrevit.
Ob. res. in illirico. bene. gestas.
Lartia. gn. F. uxor. A. Plautius. M. F.
Virgulanius. vixit. Ann.

C'est sans doute ce Plautius dont parle Suetone dans la vie de l'Empereur Claude: *Plautio etiam orationem decrevit, ingressoque urbem obviam progressus.*

l'appelle ville d'Hercule, *Tibur Herculeum*, & dit qu'elle étoit dédiée à Hercule; quoique voisine des Romains, elle résista pendant quatre siécles à leur puissance conquérante. Ils favoriserent même les Gaulois, & se vangerent avec éclat de la tentative que les Romains firent de prendre leur ville pendant que les Gaulois étoient encore en Italie (Tit. l. 7. An. 395.); mais six ans après, lorsque les Gaulois se furent retirés, les Romains firent une guerre si vive aux Tiburtins, qu'ils les forcerent de se soumettre à leur Empire : *Cum Tiburtibus ad deditionem pugnatum, sassula ex his urbs capta, Cæteraque opida eandem fortunam habuissent, ni universa gens positis armis, in fidem consulis venisset.* (Id. Ibid. An. 401).

La fraîcheur de son climat, l'abondance de ses eaux, & les agrémens de sa situation qui est fort riante, engagerent les Romains à y bâtir des maisons de campagne, où ils se plaisoient beaucoup. Le culte d'Hercule y étoit alors solemnel, & son Temple étoit accompagné de portiques sous lesquels Auguste rendit souvent la justice :

Etiam in porticibus Herculis Templi sæpe, jus dixit. . . . . Suéton. Ce Temple avoit une Bibliothéque publique : *Bibliotheca Tiburti, quæ tunc in Herculis Templo satis commode libris instructa erat.* Aul. Gel. l. 19. c. 5. Ces témoignages des Auteurs, les vestiges des monumens antiques que l'on y voit encore, annoncent que cette ville fut florissante sous l'Empire des Romains (*a*).

Les Soldats de Totila la pillerent en 545. Elle doit son rétablissement & sa forme actuelle à l'Empereur Frederic Barberousse qui la possédoit pendant ses longues guerres avec les Papes. Elle est aujourd'hui de la domination Ecclésiastique, & les Citoyens qui l'habitent, forment, comme dans les autres villes dépendantes de Rome, une espece de Sénat ou Corps municipal,

---

(*a*) *Tybur, Argeo positum colono,*
Sit meæ sedes utinam senectæ,
Sit modus lasso maris & viarum
   militiæque.

Hor. Od. vi. l. 2.

& portent pour armes la bande chargée de quatre lettres S. P. Q. T. qui signifient: *Senatus populusque Tiburtinus.*

Il y a bien des fautes au sujet de cette ville dans les Dictionnaires. Il semble que la *Villa Estense*, soit le seul ornement de Tivoli, lorsqu'on lit que ses fontaines, ses palais & ses jardins, la rendent le séjour le plus agréable de l'Italie. La *Villa Estense* est une seule maison de plaisance qui a des beautés à présent fort négligées, mais qui ne fait pas tout Tivoli.

Le séjour de cette ville & de ses environs seroit très-agréable, sans les vents froids du Nord, qui s'y font sentir de tems en tems, & qui y causent des rhumes épidémiques très-dangereux. On voit sur le penchant de la montagne du côté de Rome, un petit Temple antique, rond, d'une construction simple & sans ornement, qui étoit autrefois dédié à la Déesse *Tussis* ou *Tossé*; comme les Romains en avoient érigé un à la fièvre. Depuis on l'avoit Christianisé en en faisant une Chapelle sous le vocable de la *Madona della Tossé*, à laquelle tout le peuple de Tivoli

voli avoit grande dévotion ; mais des ordres supérieurs ont fait détruire l'Autel sur lequel on célébroit la Messe, & enlever la statue de la Vierge ; de sorte qu'il ne reste plus rien que les murs antiques, recouverts de buissons qui y croissent entre les jointures des pierres.

L'aspect de la ville de Tivoli, située au haut de la montagne dans un terrein inégal, est fort riant ; la place qui est devant l'Eglise Cathédrale est décorée de deux grandes Idoles Egyptiennes, du plus beau granite d'Egypte. Ces deux figures de huit à dix pieds de proportion, quoique d'une forme singuliere, sont d'un beau travail, & probablement du tems d'Adrien, qui multiplia beaucoup ces idoles en Italie. La ville de grandeur médiocre, paroît assez peuplée : elle n'a rien de remarquable, ni dans ses édifices, ni dans ses rues, qui toutes sont étroites.

43. Au nord de la ville est le Temple de la Sibille Tiburtine, l'un des morceaux les plus élégans d'architecture Grecque qui subsistent. Il est bâti de pierres dures de Tivoli, sur un plan parfaitement rond, entourré d'une ga-

Temple de la Sibille, Cascade & Cascatelles.

lerie de colonnes cannelées d'ordre Corinthien, d'une proportion légere. La frise qu'elles foutiennent, eft ornée de guirlandes & de maffacres de bœufs, efpece d'ornement fort en ufage dans l'architecture antique; le *foffito* ou plafond intérieur de la colonnade, eft revêtu de ftucs travaillés à caiffes & à rofons, ornemens femblables à ceux du Panthéon, & des autres édifices de ce genre.

Il refte encore dix de ces colonnes fur pied, avec la frife & la corniche qui font les deux tiers du cercle, de forte qu'il en manque cinq; dans l'intérieur de la colonnade eft bâtie une petite tour ronde, terminée par une coupole fermée, qui étoit le fanctuaire du Temple de la Sibille; la porte quarrée de même que la fenêtre font d'une grande & belle forme. Les chambranles font de marbre blanc. L'intérieur de ce Temple eft totalement dégradé, on y voit quelques anciennes frefques qui prouvent que l'on a eu intention de le faire fervir à l'ufage de la Religion Chrétienne; peut-être l'avoit-on deftiné à être le veftibule d'un autre édifice quarré long qui le joint immédiatement, & qui devoit être une Eglise. Un auteur moderne, dont je ne me rappelle pas le nom, a prétendu que ce Temple avoit été celui d'Hercule & non de la Sibille ; mais Varron cité par Lactance, (l. 1. Inst. Divin. c. 4.) détruit ce sentiment; il fait l'énumération des Sibilles, & place au dixieme rang celle de Tivoli..... Son nom étoit Albunea, elle est honorée d'un culte public à Tibur, sur les bords de l'Anio, dans la cataracte duquel on dit que sa statue a été retrouvée..... La place du Temple actuel de la Sibille est si bien indiquée dans ce passage, qu'on ne doit pas la chercher ailleurs.

A peu de distance de ce temple est la grande cascade de Tivoli, formée par la riviere entiere du *Teveronne*, qui coule du plein d'une montagne voisine; comme elle est alors resserrée entre les rochers qui la bordent, elle n'a guères plus de trente pieds de largeur, mais la hauteur de sa chute perpendiculaire qui est de quarante à cinquante pieds, son volume d'eau qui est considérable, & l'écho même des rochers, redoublent en quelque sorte le bruit qu'elle fait en tombant, & aident à croire que les voisins des Cataractes du Nil font fourds. Le réjailliſſement de l'eau forme un brouillard continuel qui s'éleve plus haut que le niveau de la riviere, & qui répand une grande humidité dans les environs. Les papeteries, les forges & les autres uſines du voiſinage dont les marteaux frappent continuellement, font une forte d'accompagnement majeſtueux au bruit de la caſcade, qui ajoutent encore à la ſingularité du ſpectacle. Le payſage que l'on voit par derriere la caſcade, eſt fort riche. On y a la vue du Teveronne qui coule dans un vallon large, bordé des deux côtés de montagnes peu élevées, couronnées d'arbres, & diverſifiées par des maiſons de campagnes bien bâties & pluſieurs villages.

On obſervera qu'une partie du Teverone a été détournée plus haut que la grande caſcade, & coule dans la ville & les maiſons de campagne voiſines qu'il fournit d'eaux, c'eſt ce qui forme les caſcatelles dont je parlerai. Le reſte de la riviere a ſon cours par des rochers très-reſſerrés, dans leſquels il eſt en quelque forte caché juſqu'à ce qu'il ne ſoit arrivé au vallon qui eſt au couchant de Tivoli.

Pour voir ces cascades, on sort par la porte qui est au couchant de la ville, on suit un chemin pratiqué sur la croupe d'une montagne élevée; les vues en sont agrestes, mais variées & pittoresques, sur-tout dans le printems où les arbres & les buissons couverts de fleurs & parés du verd naissant, égayent les tristes oliviers qui y sont en très-grand nombre. On arrive à la vue de la grande cascatelle, qui forme un tableau rustique d'un effet piquant; elle tombe d'une très-grande élévation sur un premier rocher où elle s'est formé un bassin. Je n'ai pû estimer la hauteur de cette premiere chyte, mais la seconde est de 100 pieds au moins, & tombe dans le Teverone, qui se dégage à droite des rochers sous lesquels il étoit caché; à gauche sont quelques petites cascatelles qui blanchissent entre les buissons. Tout le plan inférieur semé de rochers couverts de mousse, de belles plantes aquatiques qui étoient alors en fleurs, & de grands roseaux, est vraiment beau à voir, & dédommage de la peine que l'on prend pour y descendre. A un mille plus loin sont trois autres cascatelles aussi hautes que la premiere, mais moins frappantes; le volume en est moindre, & leur chute n'est pas perpendiculaire. Toutes ces eaux réunies forment une riviere assez grosse, qui coule dans un vallon resserré, occupé en partie par un petit bois formé de différens jasmins, de bagnenaudiers (coluthéa) de toute espece, romarins, figuiers, grenadiers, arbres de Judée qui étoient alors en pleine fleur, mêlés de grands aloës qui croissent sur les rochers, de joncs à feuilles larges, fortes, & coupantes qui portent une fleur gris de lin ; on jouiroit encore plus délicieusement de la vue de tous ces beaux arbustes, s'ils n'étoient entremêlés d'une quantité d'épines fortes & piquantes, qui en rendent les approches très-difficiles.

Antiques & Villa Estense à Tivoli.

44. Parmi les ruines antiques qui conservent quelque existence marquée, hors de Tivoli, sur la montagne au midi, on voit la maison de campagne de Mecenas, dont les écuries & un appartement au-dessus, sont encore dans leur entier ; ce sont de très-grandes piéces voûtées, tournées du levant au couchant, qui aboutissent toutes sur une grande galerie qui a sa direction du nord au midi, & dans laquelle coule dans un aqueduc ouvert, une branche du Teve-

rone qui forme à peu de distance une des petites cascatelles; au dessus sont d'autres voûtes, sur lesquelles regne un reste de galerie découverte qui a ses vues du côté du couchant; ces constructions ouvertes & abandonnées au point qu'elles ne servent plus qu'à retirer des bœufs en hiver, sont encore d'une solidité à durer très-long tems; la maçonnerie n'en est point dégradée, & l'eau qui se ramasse dans les environs, & qui en rend l'entrée très-incommode, ne paroît y causer aucun préjudice. On peut voir dans la montagne qui est vis-à-vis, un grand sous-terrein voûté composé de trois corridors séparés par douze piliers & que l'on prétend avoir été autrefois un réservoir d'eaux pour les maisons de campagne des Romains, situées de ce côté. Il est moins grand que la piscine merveilleuse qui est au Cap de Misene, mais il paroît avoir eu le même usage. Ces restes de constructions si solides & seulement destinées à satisfaire le luxe des particuliers, ne peuvent que donner une très-grande idée de la puissance & de la richesse des Romains. On voit d'espace en espace des massifs informes de briques, auxquels on donne le nom de

§ iv

villé d'Horace, de Salluste, de Lepide, de Tibulle, & d'autres hommes illustres; on retrouve encore sous de grands amas de terrein, dans les buissons, des restes de canaux artificiels d'où l'eau sort en abondance, & qui servoient à des bains, ou à des maisons dont on n'apperçoit plus le moindre vestige extérieur; tout dans cette montagne parle du luxe des Romains, & tout prouve combien il y a de tems que cette puissance en apparence si solide, est anéantie.

Les Princes d'Este possédent sur la montagne qui joint immédiatement la ville de Tivoli, une des plus belles maisons de campagne qui soient aux environs de Rome; c'est ce que l'on appelle *Villa Estense*, que l'on voit avoir été formée avec une dépense vraiment digne d'un Souverain, mais qui faute d'entretien se dégrade tous les jours.

Le plan du jardin est beau & noble, les plantations de cyprès & de pins qui sont à l'entrée en sont la partie la mieux conservée; dans un grand bosquet à gauche sont des orgues hydrauliques sous une décoration d'architecture fort massive, les sculptures sur-tout sont d'un mauvais goût ; plus loin du même côté est un autre bosquet que l'on appelle l'antre de la Sibille ; on y voit un xiste ou gallerie circulaire dans la maniere antique, & au milieu une fontaine qui s'éleve d'un bassin de belle forme ; le milieu de cette galerie est occupé par un canal plein d'eau : cette partie est appuyée à de grands rochers faits exprès, à travers lesquels sont couchées quelques figures colossales, & qui sont couronnés de grands arbres. De ce côté coule une riviere ou large nappe d'eau sur un talus, qui est d'un très-bel effet.

A la suite de ces différens bosquets & de plusieurs grottes rustiques & jets d'eau, sont les terrasses qui s'élevent les unes au-dessus des autres jusqu'au palais ou château qui est sur le haut de la montagne. Avant que l'eau réjaillisse de la girandole ou grand jet qui est sur une de ces terrasses, l'explosion de l'air chassé par l'eau se fait à différentes fois avec un bruit semblable à celui du canon. Une de ces terrasses qui borde le jardin dans toute sa largeur, est bornée de quarante-huit petits jets d'eau de différentes formes, entre-mêlés de beaux vases, qui forment autant de petites cascades qui retombent dans des bassins; on voit que toute cette partie a été autrefois décorée de bas-reliefs en stucs, travaillés du meilleur goût, mais qui n'ont pu résister à l'humidité. A l'extrémité de cette terrasse à droite, sont plusieurs modeles des plus beaux édifices de Rome antique, faits de briques, revêtus de stucs, hauts de cinq à six pieds au plus; idée singuliere qui ne présente rien de noble, & qui n'auroit pu avoir quelque mérite que dans le pays des Pigmées qui auroient pénétré dans l'intérieur de ces édifices, qui à présent sont à demi ruinés.

L'escalier qui monte de la derniere terrasse au palais est beau, le pallier est orné de colonnes qui supportent un grand balcon; le reste de l'architecture n'a rien de régulier, & paroît être de différentes mains : Les dedans des appartemens sont enrichis de peintures de bons maîtres; le sallon des travaux d'Hercule peint par les *Zuccheri* est bien conservé & frais de couleur.

Il y avoit autrefois quantité de statues antiques que Benoît XIV a achetées, & qui sont actuellement au Capitole. Il en refte encore quelqu'unes dans le pavillon qui eft à droite fur la terraffe, parmi lefquelles une femme nue qui dort, & qui eft du plus beau ftyle Grec; une autre femme qui fort du bain, & qui paroît être de la même main, deux ftatues confulaires, un Jupiter, un Hercule, un très beau bufte de Pertinax, une idole Egyptienne de marbre noir, remarquable en ce qu'elle eft vraiment antique apportée d'Egypte, elle n'en eft pas pour cela d'une forme plus agréable. Quelques têtes antiques de marbre verd d'Egypte.

Ce grand palais eft inhabité & abandonné par fes maîtres à un concierge qui en tire tout le profit qu'il peut, à la charge de quelqu'entretien. Les Romains, & même les étrangers, y louent des appartemens & y vont paffer la belle faifon. On y a de tous côtés les vues les plus belles & les plus variées.

Cette maifon, fes peintures, fes jardins & fes eaux, ont néceffairement couté des fommes immmenfes, à en juger par le travail qu'il a fallu pour faire, dans un terrein inégal & montueux, de fi belles chofes qui paroiffent encore telles, malgré l'état de délabrement où

S vj

elles font. Il m'a paru que l'abondance des eaux répandoit par-tout une humidité incommode ; le fable propre aux jardins, fort rare en Italie, manque absolument dans ceux-ci ; tout y est verd jusqu'aux revêtissemens des terrasses, aux grottes & à leurs ornemens qui font couvertes de mousse que l'humidité y fait naître, ce qui y répand un ton de monotonie & de tristesse, que la solitude augmente encore.

Villa Adriani. 45. La fameuse maison de campagne de l'Empereur Adrien, étoit située au bas de la Montagne de Tivoli au midi ; elle avoit au moins trois milles de longueur sur un peu plus d'un mille de largeur ; la beauté de ses ruines, la quantité de statues que l'on y a trouvées, celles que l'on en tire encore, prouvent avec quelle magnificence elle avoit été bâtie & décorée : on n'en doutera pas, si l'on se rappelle que ce Prince avoit un goût décidé pour les arts, & sur-tout pour l'architecture, dont il prétendoit avoir une connoissance profonde ; aussi donna-t-il lui-même le plan de cette maison, qui étoit l'objet de sa complaisance. A peine subsista-t-elle quatre-vingt ans dans sa beauté. Caracalla commença le premier à en enlever une partie des ornemens, quand il fit construire les bains dont les ruines sont sur le Mont Célius à Rome; les autres Empereurs y prirent ce qu'ils jugerent convenable. Malgré cela, quand elle fut dévastée par les barbares, il falloit qu'il y eût encore la plus grande quantité de belles statues, de mosaïques & de peintures, à en juger par-tout ce que l'on a déja tiré de ses ruines.

Parmi les constructions qui restent avec quelque marque de leur premiere forme, on voit presque en entier le logement des Gardes prétoriennes appellé *Centocellé*, en si bon état, qu'on en feroit encore avec peu de dépenses de très-bonnes casernes. Ce bâtiment étoit quarré comme les camps Romains, & entourré de fossés. La Salle d'Adrien, grand édifice quarré où ce Prince donnoit ses audiences dans une piéce qui a au moins cent pas de long sur soixante & dix de large, au-dessous est une gallerie voûtée, où il reste encore quelques vestiges de peintures à fresque.... Le Palais de l'Empereur, qui est une suite de chambres, de salles, de galleries, de petits Temples domestiques; tout cela est dans un très-grand désordre, & dépouillé de ses ornemens. Ce qui m'a paru de plus entier est une gallerie tournante autour d'un Temple, couverte & voûtée. La voûte peinte par compartimens, conserve encore la fraîcheur de son premier coloris: elle tenoit à des bains qui sont détruits.... On y remarquera les vestiges du Théâtre, dont on distingue encore les escaliers, le *Proscenium* & quelqu'autres parties..... A l'extrémité d'un petit vallon ou grand fossé creusé exprès, & qui paroît avoir été destiné à des naumachies, un temple de Neptune Egyptien, appellé *Canopo*; il en reste encore une partie sur pied en forme de coquille.

C'est en fouillant autour de ces ruines, qu'on a trouvé une multitude de statues, de colonnes, de marbres, de beaux pavés en mosaïque, qu'on a enlevés & conservés avec soin depuis le rétablissement des arts; toutes les statues des divinités Payennes que l'on trouvoit sans les chercher, étoient immolées à la superstition. On croyoit faire une chose très-avantageuse à la Religion, que de les rompre pour en faire ensuite de la chaux, la tradition du Pays le dit ainsi; la quantité de fragmens de statues brisées exprès, sur lesquelles on voit encore la marque des coups de marteaux, & que l'on trouve épars dans ces ruines, des chapiteaux, des parties de colonnes & de corniches rompues, prouvent la magnificence antique de ces grandes constructions; mais on a beau les examiner, on ne remarque aucune espece de commodité dans ces logemens, on donnoit tout à la décoration extérieure, & on se contentoit de se mettre à couvert des injures immédiates de l'air. En vérité, il reste encore assez de matériaux dans ces ruines, pour en bâtir une petite ville. Ce terrein a été cédé en partie aux aux Jésuites, en partie à un Gentilhomme Romain; les premiers, quoiqu'amateurs de l'antiquité, aiment à jouir du présent, & après avoir fouillé les ruines, & en avoir enlevé tout ce qu'elles cachoient de curieux, ils ont pris soin de les applanir, & d'y faire des plantations utiles: ils ne négligent pas de les étendre aux dépens des masures. Il n'en est pas de même de l'autre possesseur de ces ruines, qui a eu soin de

poser une barriere entre sa portion &
celle des Peres, afin qu'ils n'anticipas-
sent pas sur lui ; on prétend qu'il fait
une très-grande dépense pour conserver
ces vieux bâtimens: les jours de fêtes,
il rassemble les Paysans des environs,
les fait balayer & arracher les herbes
qui croissent dans les jointures des pierres : s'il entreprend quelques fouilles,
c'est avec les plus grandes précautions
& sans rien détruire, il a même, dit-on,
le projet de faire enlever toutes les terres
qui couvrent des parties considérables
de ces ruines, dont les vestiges donne-
roient une idée du plan des plus beaux
édifices que l'Empereur Adrien eût vu
dans ses voyages.

L'entrée principale étoit tournée du
côté du grand chemin de Tivoli, qu'elle
rejoignoit auprès de *Ponte Lucano*,
par une chaussée pavée, dont il reste
encore quelque chose (*a*).

(*a*) L'Auteur des observations sur l'Italie,
dit (Tom. 2. pag. 281), que M. l'Abbé Ma-
zéas avoit remarqué à la Villa Adriani, parmi
quelques plantes, absolument étrangeres au sol
de Rome, cet arbrisseau précieux, sur lequel les

Arabes recueillent le beaume de la Méque, que l'Empereur Adrien avoit transporté & cultivé dans ses jardins de Tivoli. Cet arbrisseau se trouve non-seulement à Tivoli, mais dans plusieurs autres jardins de Rome : il rend une gomme, un suc épais & aromatique, dont on fait un beaume excellent ; & c'est l'Empereur Vespasien qui l'apporta de la Palestine, après avoir subjugué la Judée ; Pline le dit expressément : *Ostendere arbusculam hanc urbi, Imperatores Vespasiani.* Hist. Natur. l. 12. c. 25. Cet habile Naturaliste donne dans ce Chapitre une idée exacte de l'arbrisseau qui produit le baume, de sa culture ; & de la maniere de le tirer ; les Juifs le regardoient comme un trésor précieux, & Pline dit expressément que cette Nation se voyant à l'instant d'être totalement subjuguée, chercha à détruire ses plantations de baume, que les Romains furent contraints de défendre de leurs tentatives avec autant de courage & d'attention qu'ils en avoient apporté à les vaincre : tout ce Chapitre est très-curieux. Cet arbrisseau se trouve dans plusieurs jardins de Botanique en Italie. Je ne l'ai pas vu dans les plantes qui croissent à la Villa Adriani, mais combien j'y en ai remarqué de curieuses, de singulieres ; que de fleurs charmantes qui acquerroient un nouveau degré de perfection par la culture, s'élevent parmi les herbes les plus communes? Tacite (Hist. l. 5.) parlant de l'expédition de Tite en Palestine, des mœurs & des usages de ce pays, & de ses productions, donne la description de l'arbrisseau d'où le beaume coule : *Balsamum modica arbor : ut quisque ramus intumuit, si vim ferri adhibeas parent venæ ; fragmine lapidis aut testa aperiuntur, humor in usu medentium est.* On a reconnu depuis que les incisions faites avec le couteau, déchiroient moins l'arbuste, que les pierres tranchantes dont on se servoit autrefois, qui gâtoient l'écorce, & causoient un grand désordre dans les fibres, & occasionnoient des cicatrices plus larges & plus calleuses. L'usage de l'acier inconnu autrefois, faisoit préférer les pierres au fer, parce que celui-ci étoit souvent chargé de rouille nuisible aux plantes délicates.

OSTIE.

46. LA partie de la campagne de Rome qui m'a paru la plus abandonnée, celle où l'intemperie de l'air est le plus à craindre, même dès le retour du printems, au dire des Romains, est entre Ostie & Rome, dans l'espace de douze milles ou quatre lieues communes de France; elle est entiérement inculte & inhabitée: on traverse un bois taillis qui a quatre à cinq milles de longueur, qui fournit une grande partie du bois & du charbon pour la consommation de Rome, & dans lequel on nourrit de nombreux troupeaux de bufles. On trouve ensuite des marais que l'on traverse en partie sur une chaussée antique, faite du tems des Romains, & qui aboutit aux salines appartenantes à la Chambre Apostolique, établies dans cet endroit depuis plus de deux mille quatre cens ans; car Tite-Live parlant de la ville d'Ostie & de sa fondation, dit que l'on y fit en même-tems

des falines : *Ufque ad mare imperium prolatum , & in ore Tiberis Oftia condita; falinæ circa factæ* (Tit. Liv. l. 1. c. 33. An. 120.) Ces deux établiffemens doivent leur exiftence à Ancus Martius , quatriéme Roi de Rome ; ils furent entretenus avec foin : tant que la République fubfifta , les premiers Empereurs ne les négligerent point, ils les embellirent de monumens publics, conftruits avec magnificence; à en juger par les ruines même , qu'il faut examiner foigneufement pour y reconnoître les veftiges de la premiere Place maritime qu'ayent eu les Romains , qui eft actuellement à plus d'une demi-lieue de la mer.

Cette Ville de forme ronde étoit confidérable , elle avoit plufieurs édifices remarquables , une place publique dans laquelle on voit les reftes d'un très-grand Palais , qui n'étoit pas décoré avec moins de fomptuofité que ceux de Rome ; on voit par-tout des chapitaux de colonnes, des bafes de ftatues, des reftes d'infcriptions gravées fur les plus beaux marbres ; j'ai vu les ornieres de quelques mauvais chemins de traverfe, remplies de morceaux des arbres les plus précieux, brisés exprès pour cet usage; j'ai vu des tas de jaune antique, & de marbre serpentin, dont le fond est verd obscur, marqué de taches de verd plus clair, traversées de filets jaunes, qui paroissoient destinés aux mêmes usages. Tout cela annonce qu'Auguste avoit fait réparer cette Ville avec sa magnificence ordinaire; la place du bassin de l'ancien Port, est indiquée par les restes d'une tour que l'on prétend y avoir servi de phare, & qui est actuellement à plus de deux milles de la mer.

Ce grand atterrissement dont il paroît que l'on pourroit fixer le commencement à-peu-près à celui de l'ère Chrétienne, est formé des sables fins & légers que le Tibre entraîne en grande quantité, des terres qu'il détache de ses bords, & des autres matieres qu'il ramasse dans son cours. J'ai observé qu'il s'est toujours fait dans la même direction du Sud-Ouest au Nord-Est; il augmente tous les jours, sur-tout quand le *Siroco*, vent qui souffle entre le midi & le couchant, regne plus long-tems que les autres; il n'y a point de rocher sur ces côtes, on ne voit sur les bords de la mer que des fables mêlés de terre, qui prennent de la folidité à mefure que leur maffe augmente ; il faut même marcher fur ces rivages avec précaution, la plupart de ces fables mouvants ne font prefque aucune réfiftance aux corps folides, & fe divifent auffi aifément que l'eau.

J'examinois ces atterriffemens qui me fembloient augmenter fous mes yeux, je fuivois le rivage de la mer, lorfque tout d'un conp le fable manqua fous mes pieds ; j'y enfonçai jufqu'à la ceinture, & probablement j'y euffe été enfeveli fur le champ, fi je ne me fuffe étendu autant qu'il me fut poffible, pour préfenter une plus grande furface, & arrêter par ce moyen le terrein qui fuyoit ; je me tirai d'affaire en nageant en quelque forte dans ce fable fin & mouvant, avec beaucoup de peine ; car j'étois feul alors & éloigné de plus d'un demi-mille des perfonnes avec qui j'étois venu à Oftie.

Ce petit acccident me rendit plus circonfpect, & cependant ne m'empêcha pas d'obferver que cet atterriffement n'eft point une preuve que la mer fe foit retirée ; car les eaux font toujours fur cette côte à la même hauteur, ainsi que le prouve le canal qui les apporte dans les salines, & qui a son embouchure plus haut; cette masse de sable a seulement formé une langue de terre fort avancée dans la mer. Ces terreins nouveaux sont d'une grande fertilité, à en juger par ce que produit le peu qui en est cultivé. Le Spectacle de la Nature n'y a rien d'ailleurs d'intéressant; cette petite plaine est inculte, déserte & fort triste; la mer même n'apporte rien sur ses bords, qui puisse amuser la curiosité.

La nouvelle Ostie située à quelque distance de l'ancienne, est la plus petite place que j'aye vu, elle n'a qu'une porte, une fontaine publique, une petite place, une Eglise & quelques maisons; c'est cependant le titre de l'Evêque Doyen du Sacré Collége. L'Eglise n'a rien de remarquable qu'une chapelle bâtie dans l'endroit même où étoit la maison occupée par Saint Augustin, & où mourut Sainte Monique sa mere; ce qui prouve que dès le cinquieme siécle, l'ancienne Ostie des Romains étoit abandonnée. Ce lieu n'a d'autres habitans que quelques malfaiteurs que l'on

y laisse en franchise, & qui y vivent impunément dans un air si mal sain, que l'on assure qu'ordinairement ils n'y subsistent guères plus de deux ans ; ils gagnent leur vie à travailler aux salines avec les forçats que l'on y conduit. Les plus industrieux cultivent quelque partie du terrein vague dont ils sont environnés, où ils font les récoltes les plus abondantes. On peut juger de la bonne police qui regne dans ce coin de l'Etat Ecclésiastique, & de la sûreté où sont ceux que leurs affaires y appellent, par le fait suivant qui est très-vrai. Un de ces bannis qui habitent la nouvelle Ostie, avoit tué en 1761, d'un coup de fusil, le premier commis des salines, & six mois après, il y vivoit aussi tranquillement & avec autant d'impunité, que s'il n'eût rien eu à se reprocher; il n'en paroissoit que plus insolent & plus hardi, à braver celui qui avoit sollicité inutilement la vengeance de ce crime. Les Sbirres n'osent pas approcher de cette retraite de brigands, on les y abandonne à l'horreur d'habiter un pays dont on croit l'air empesté; j'en ai déja parlé ailleurs, ainsi que du malheureux sort du Prêtre qui est obligé d'y résider
en

en qualité de Curé. A côté de l'Eglise de la nouvelle Ostie est un petit fort bâti sous le Pontificat d'Alexandre VI, dont la piece principale est une grosse tour, entourrée d'un ravelin, & soutenue de quelques bastions avancés, d'une construction solide & encore conservée en son entier ; le Gouverneur de la Place, comme celui de Notre-Dame de la Garde en Provence, résidant à Rome, a la clef dans sa poche.

. . . . Là dedans
On n'entre plus depuis long-tems,
Le Gouverneur de cette roche,
Retournant en Cour par le coche,
A depuis environ quinze ans
Emporté la clef dans sa poche.

A un quart de lieue d'Ostie au couchant, sur une des embouchures du Tibre qui n'est pas navigable, est l'ancienne ville épiscopale de *Porto*, titre du Cardinal Sous-Doyen du Sacré Collége, bâtie par l'Empereur Claude, réparée par Trajan, absolument abandonnée à présent, au point qu'il n'y reste plus que l'Eglise, qui a

Tom VI. T

pour tout Clergé un seul Prêtre, le Palais Episcopal en ruine, & une mauvaise hôtellerie. On y voit quelques vestiges des magnifiques constructions que Trajan y avoit faites, & qui ont été détruites exprès, lorsque les Sarrasins ravageoient toutes ces côtes.

Le commerce du Tibre a son entrepôt principal à *Fiumicino*, bourg situé sur la seule embouchure de ce fleuve qui soit navigable, & qui a conservé assez de fonds pour que les plus grosses barques puissent remonter de la mer par le canal jusqu'à Rome; quoique fort près de Porto & d'Ostie, on y est plus aguerri contre l'intempérie de l'air; cet endroit est peuplé de gens de mer, de quelques artisans, des commis des Négocians qui y ont des magasins, enfin il y a du mouvement & quelque industrie.

Peu de voyageurs ont la curiosité d'aller visiter les ruines d'Ostie, cependant elles méritent d'être vues, ne fut-ce que pour juger de l'étendue des atterrissemens qui se font sur les bords de la mer de ce côté. Un jour de printems suffit pour cette course, à laquelle m'engagea M. *Lépri*, Fermier Général des

Domaines & Salines de l'Etat Ecclésiastique, que j'ai eu souvent occasion de voir pendant mon séjour à Rome, & dans lequel j'ai toujours trouvé beaucoup de politesse, d'égalité, de douceur, & même de modestie, quoiqu'il fût très-riche.

Castel-Gandolphe, maison de plaisance des Papes, & son lac; les monumens antiques qui sont dans ses environs, parmi lesquels on distinguera le Mausolée que Cornelie fit ériger à Pompée, après qu'on eût apporté ses cendres d'Egypte à Rome, les tombeaux que l'on prétend être ceux des Horaces, & quantité d'autres curiosités antiques : Les édifices modernes que le séjour des Papes dans cet endroit, a engagé plusieurs particuliers à y bâtir, le rendent digne de la curiosité des voyageurs. Je ne l'ai pas vu, ainsi je n'en dirai rien de précis; il n'est qu'à quinze ou dix-huit milles de Rome, dans les montagnes qui sont à droite de la grande route de Naples.

La vue de ces monumens, quoique ruinés, l'idée de leur premiere magnificence, la mémoire des grands hommes qui les ont fait élever, inspirent un certain respect auquel est sensible tout esprit qui peut porter ses vues au-delà de la sphère des objets physiques. Les débris de la vieillesse de l'Etat le plus puissant qui ait existé, conservent encore une sorte de majesté qui en impose. On voit les lieux où se sont passées la plûpart de ces actions héroïques que l'on nous propose encore aujourd'hui pour modeles ; ceux où étoient placés ces tribunaux d'où sont émanées les loix sages qui réglent encore nos destinées..... Respectez, dit Pline le jeune, cette gloire antique: cette vieillesse si vénérable dans l'homme est sacrée dans les villes. Cette antiquité, ces faits merveilleux, ces fables même, sont dignes de tous vos regards. N'oubliez jamais que cette terre a établi notre droit public, & que vaincue elle a donné des loix à ses vainqueurs, & n'en a point reçue d'eux. *Plin. L. 8. Ep. 24.*

Route de Rome à Bologne par Lorette. Partie de l'État Ecclésiastique.

47. APRÈS être sorti de Rome par la Porte *del Popolo*, & avoir passé le Tibre sur le *Ponte-Molle*, on tourne à droite sur la Voie Flaminienne, qui s'étendoit autrefois depuis Rome jusqu'à Rimini, dans la longueur d'environ deux cens trente milles, ou soixante & seize lieues de France ; quelques parties en sont encore conservées, sur-tout dans la campagne de Rome. La premiere ville que l'on trouve sur cette route est Civita-Castellana, à vingt milles de Rome ; avant que d'y arriver, on laisse à main droite la haute montagne de *Soracté* couverte de bois, & dont le sommet conservoit encore des neiges au mois d'Avril.

Etat Ecclésiastique.
Civita-Castellana.
Otricoli.
Nerni.

> *Vides ut altá stet nive candidum*
> *Soracte*. . . . . . .
>
> Hor. l. 1 Od. 9.

Et on passe l'ancienne riviere de *Cremera*, aujourd'hui la *Valcha*; fameuse par la défaite des Fabius, qui entreprirent seuls la guerre contre les Veïens.

Civita-Castellana est l'ancienne ville des Falisques (*z*), située sur une mon-

---

(*a*) Le Suedois, Auteur des Observations sur l'Italie, s'est trompé sur l'origine de la comédie. Il dit : (Tom. 2 pag. 216) que Civita-Castellana est, *suivant l'opinion commune, l'ancien Fescennium, d'où étoient venus à Rome les vers Fescenniens*. Fescennium ou Fescennia, ville des Etrusques, étoit à six milles de Civita-Castellana, ou l'ancienne ville des Falisques, au levant; le petit bourg de Galese est bâti sur ses ruines; c'est de-là effectivement que vinrent les vers Fescenniens : *Espece de style Poissard, que Rome avoit conservé pour certaines pieces destinées à l'amusement de la canaille*. Il semble que les théâtres de Rome eussent déja différens genres de spectacle, & que ces vers Fescenniens ou Poissards, fussent tolérés pour le seul plaisir du peuple, mais ce n'est point cela du tout. Lorsque Rome fit venir des Acteurs de Fescennium, elle n'avoit encore eu aucune espece de spectacle; cette idée parut tout-à-fait nouvelle à ce peuple guerrier : *Ludi quoque scenici nova res bellicoso populo*. La peste désoloit alors la ville, on avoit tout mis en œuvre pour calmer la

tagne escarpée. On voit en y arrivant quelques restes des premieres fortifications de la ville, qui sont bâties sur les rochers qui bordent la montagne du côté de Rome. C'est sans doute de ce côté

---

colere des Dieux, & égayer un peuple qui étoit dans la consternation; on crut que ces jeux nouveaux serviroient à les appaiser: *Inter alia cœlestis placamina, instituti dicuntur.* On fit donc venir des especes de bouffons d'Etrurie, qui, comme les acteurs de Thespis, convenoient de représenter quelque sujet, qu'ils traitoient sur le champ, sans s'y être préparé d'avance, ce qu'ils accompagnoient de danses pantomimes; mais honnêtes à la mode de leurs pays..... *Sine carmine ullo, sine imitandorum carminum actu, ludiones ex Etruria acciti, ad tibicinis modos saltantes, haud indecoros motus, more Tusco dabant.....* Voilà l'origine de la comédie à Rome. La jeunesse que ce spectacle amusa, voulut imiter les Fescenniens, & se livra à une espece de licence, qui n'avoit pour but que de plaisanter; ce genre d'exercice plut si fort aux Romains, qu'ils le perfectionnerent & laisserent loin derriere eux, les Toscans leurs maîtres. Cependant ceux qui y réussirent le mieux, n'eurent d'autres titres que celui d'Histrions: *Nomen Histrionibus inditum; qui non sicut ante Fescennino versu, similem incompositum temere, ac rudem alternis jaciebant; sed impletas modis saturas peragebant.* (Tit. Liv. l. 7. An. 391). Voilà l'origine

qu'étoient la Ville, la Citadelle & le Temple de Junon, de l'ancienne *Faleris*. Ses abords sont encore tels, que Tite-Live les a décrits : de difficile accès, par des chemins tortueux, étroits,

---

de la comédie à Rome, bien expliquée par un Historien judicieux ; & je ne vois rien dans la simplicité des premiers spectacles, qui réponde au style poissard. Puisque les Romains loin de s'en tenir aux drames impromptu des Fescenniens, les perfectionnerent, & firent des piéces régulieres & suivies, *Impletas modis saturas*.

Le même Auteur dit à la même page, que le sçavant Dominique Masocchi a établi, que Civita Castellana étoit la Ville des Veïens, dans un ouvrage publié en 1646; mais on a prouvé très-clairement depuis que cette Ville des Veïens avoit été un peu au-dessus de la *Storta*, dans l'endroit même où est aujourd'hui le Château de l'*Isola* qui appartenoit aux Farneses, à peu de distance de *Caprarole*, à dix milles environ de Rome ; on y voit encore les vestiges de la mine ou souterrein que Camille, qui en fit le siége, conduisit du bas de la plaine jusqu'au haut de la montagne, & qui lui facilita la prise de la ville.

Il avance encore à la même page que *Terni* etoit la derniere ville de l'ancienne Ombrie : certainement c'étoit *Narni*, & le Latium arrosé par le Tibre, ne s'ouvroit qu'à la descente des collines, qui sont au delà des rochers que l'on traverse en venant de Narni à Otricoli.

scabreux & escarpés. (*Liv. l.* 5.) Le Dictateur Furius Camillus mit le siége devant cette Ville, l'an de Rome 359. Il duroit depuis deux ans lorsque la générosité de ce Général qui rendit aux Falisques leurs enfans, que la trahison du Maître d'Ecole de la Ville lui avoit livrés; les détermina à se soumettre aux Romains. Civita-Castellana qui remplace cette Ville, est située à un mille plus loin de l'ancien emplacement; elle est petite, mal bâtie, a l'air pauvre & dépeuplée. Alexandre VI y a fait construire un Palais, qui ressemble plus à une Citadelle qu'à une Maison de plaisance. Il sert aujourd'hui à enfermer des prisonniers d'Etat. Cette construction prouve que ce Pape aimoit à être en sûreté, & ne se fioit pas à tout le monde; il jugeoit des autres par lui-même.

Cette montagne escarpée de toutes parts, eût été inabordable du côté du levant, si on eût élevé une chaussée de plus de cent pieds de hauteur, qui traverse un vallon étroit & unit la montagne de Civita-Castellana à la campagne voisine; c'est sur cette chaussée que passe l'Aqueduc qui porte de l'eau à la fontaine publique.

On traverse une seconde fois le Tibre au bas de Borghetto sur le *Ponte Felice*, ainsi appellé du nom de Sixte V, qui l'a fait construire ; le fleuve resserré en cet endroit entre des rochers, & les débris d'un ancien Pont construit sous le regne d'Auguste, est rapide & profond. Il y a apparence que c'est-là que finissoit le *Latium*. Les hauteurs qui sont au-delà du Tibre, commencent à être cultivées ; on y voit beaucoup d'oliviers & de vignes. A main gauche, sont des ruines qui occupent une assez grand espace de terrein : on croit que ce sont les restes de l'ancienne *Orta*.

Tout-à-fait sur la hauteur est le bourg d'Otricoli, qui a succédé à la Ville d'*Ocriculum*, bâtie avec magnificence, à en juger par les ruines d'un Théâtre & de quelqu'autres édifices publics, qui sont au couchant de la Ville ; cet endroit est à quarante-deux milles, ou quatorze lieues de Rome, dont la banlieue ou les fauxbourgs s'étendoient autrefois jusques-là ; on voyoit une suite continuelle de monumens de la magnificence Romaine, d'arcs, de temples, de tombeaux si superbement construits, que l'Empereur Constantius venant pour la premiere fois à Rome, dont il s'étoit fait la plus grande idée, crut, ainsi que le rapporte Ammian Marcellin, entrer dans la Ville au sortir d'Oricoli.

Les colinnes que l'on traverse pendant quelques milles, sont cultivées avec soin, & présentent par-tout des vues riantes & variées; avant que d'arriver à Narni, on marche pendant assez longtems sur un chemin taillé dans des rochers fort élevés, & qui cotoye de tems en tems des précipices escarpés & profonds; c'est-là que commencent ces corniches que l'on trouve sur la route de Rome à Lorette, & avec laquelle les gens accoutumés à la beauté & à la largeur des chemins de France ne se familiarisent pas aisément, on y a toujours d'un côté le rocher coupé perpendiculairement, & de l'autre le précipice à fonds de cuve, & presque toutes ces corniches sont taillées, suivant l'ancienne Ordonnance des douze Tables: *Viæ latitudo in porrectum, pedum octo, in anfractum sexdecim esto.* Il y a pour passer une voiture, & s'il s'en rencontre deux qui aillent en sens contraire, il faut que l'une des deux s'arrête au détour, & attende que l'autre ait passé pour aller plus loin.

Narni, Ville Episcopale, petite & mal bâtie, n'a pas changé de situation depuis les tems les plus réculés, & ressemble encore à l'idée que Tite-Live en donne : *Nequinum..... locus erat arduus atque in parte una præceps, ubi nunc Narnia sita est.* Les Romains s'en emparerent par la trahison de deux de ses habitans, & y envoyerent alors une colonie qui fut appellée *Narnia à flumine Narnia.* (L. 10. An. 453). Un des grands titres d'honneur de cette Ville, est d'avoir donné la naissance à l'Empereur Nerva; ses environs sont de tous les côtés riants & gracieux, mais la Ville n'y répond en aucune maniere.

Le vallon qui occupe tout l'espace qui est entre Terni & Narni, est de forme ronde, & peut avoir environ cinq lieues dans son plus grand diametre; il est partagé par la riviere de *Nera*, qui y roule en serpentant des eaux pures & limpides; les prairies les plus fraîches la bordent dans tout son cours ; les terres y sont bien cultivées, & divisées par des mûriers, des peupliers, des arbres à fruit de toute espece, les côteaux sont couverts de vignes ou d'oliviers ; on voit dans la partie du vallon qui est garantie par les montagnes des vents du nord, de belles plantations d'orangers & de citroniers ; enfin, ce vallon délicieux tel que je l'ai vu dans le printems, ressemble à la réalité des descriptions que Milton fait du Paradis terrestre, & présente par-tout les objets les plus agréables pour la peinture. Les Postillons proposent ordinairement à tous les voyageurs de se détourner du chemin pour aller voir un Pont antique, dont la principale arcade a, dit-on, cent vingt pieds d'ouvertures ; mais la quantité de constructions antiques que nous avions déja vues, depuis que nous étions en Italie, avoit diminué notre curiosité, & nous nous hâtames d'arriver à Terni, pour voir une merveille d'un autre genre, qui nous paroissoit intéressante, & en quelque sorte plus nouvelle.

48. Je veux parler de la fameuse cascade qui est à trois ou quatre milles de

Terni, Cascades, Pétrifications.

Terni, la plus belle qui soit en Europe. C'est une de ces singularités merveilleuses de la nature qui étonnent par la magnificence de leur spectacle, & que l'on ne peut s'empêcher d'admirer. La riviere de *Velino*, qui prend sa source dans les montagnes de l'Abruzze ultérieure, après avoir passé par *Rieti*, ville frontiere du Royaume de Naples, se jette dans le lac de *Luco*, d'où elle sort beaucoucoup plus grosse qu'elle n'y est entrée. Son cours sur un niveau penchant, est très-précipité au sortir de ce lac jusqu'à ce qu'elle n'arrive au bord de la montagne *del Marmore*, où elle trouve un escarpement d'où elle fait un saut perpendiculaire d'environ deux cent pieds de hauteur, & tombe dans une abîme que les eaux se sont creusées par leur propre poids dans le rocher qui est au-dessous de la cascade. L'eau sort de cette abîme avec une espece de fureur; les flots sont en confusion & s'élevent les uns d'un côté, les autres de l'autre à travers les rochers; l'air continuellement comprimé par le poids de l'eau, fait éruption avec un bruissement semblable au mugissement des vents les plus forts; l'eau conserve pendant quelque espace ce mouvement violent & irrégulier, que sa chûte lui a imprimé ; la riviere, en tombant sur les rochers, se brise avec tant d'effort qu'il s'en éleve un nuage qui ressemble à une poussiere humide, & qui est toujours fort au-dessus du point de sa chûte, de sorte que tous les environs sont arrosés d'une pluie continuelle, mais si légere qu'elle ne détrempe point le terrein, ce qui vû du côté opposé à la cascade, fait un effet merveilleux, en ce que cette eau, que l'on peut appeller pulvérisée, réfléchissant les rayons du soleil, qui viennent s'y briser, forme une multitude d'arcs-en-ciel qui se croisent, changent de place, s'élevent ou s'abaissent proportionnellement à la force que le mouvement inférieur de l'eau imprime au brouillard sur lequel ils paroissent : quand le vent du midi rassemble le brouillard contre la montagne, & le tient dans une espece de tranquillité, alors le soleil ne forme qu'un seul grand arc qui couronne toute la cascade & ses environs. Il faut convenir que ce spectacle est bien au-dessus de toutes les merveilles de l'art ; il est unique, & aucune puissance humaine ne pourra parvenir à l'imiter ;

il eſt ſi éclatant, ſi varié, que la peinture même ne pourroit qu'en donner une idée. Tous ces objets réunis forment un tableau brillant & majeſtueux auquel le bruit des eaux, l'eſcarpement des rochers, l'attention qu'il faut avoir en paſſant d'un endroit à l'autre pour ne pas ſe précipiter, & le ſilence qu'on eſt obligé de garder, parce qu'on ne s'entendroit pas, tant le bruit eſt fort, donnent quelque choſe de terrible. Le *Velino* à quelque diſtance de ſa chûte, ſe joint à la *Nera* dont il prend le nom, en groſſiſſant beaucoup (*a*). Tout le

─────────

(*a*) Le *Velino* eſt beaucoup plus conſidérable que la *Nera*, cependant celle-ci conſerve ſon nom, parce que la premiere riviere ne s'eſt pas toujours déchargée dans la ſeconde. Le canal qui conduit la riviere de *Velino* à la grande caſcade, a été tiré du lac Velino juſqu'à l'extrémité de la montagne par un Romain appellé M. Curius, peu avant le tems de Cicéron; il en parle dans une de ſes Lettres à Atticus. L. 4. Ep. 14. où il dit que les habitans de *Riéti* l'engagerent à parler pour eux contre ceux de *Terni*, devant le Conſul & les dix Députés de la Province, au ſujet de la coupure faite par M. Curius dans le lac *Velino*, pour en tirer les eaux, & les conduire à *Terni*: ſans doute que cette entrepriſe

haut de la montagne est couvert d'un bois taillis que la pluie continuelle n'empêche pas de croître. Les plantes y sont fraîches & vigoureuses ; mais ce qu'il y a de singulier, c'est que toutes les racines des arbres & même celles de quelques plantes, dès qu'elles sont à une certaine profondeur en terre, sont pétrifiées ; elles ne changent point de forme, elles prennent seulement la couleur grise du sable fin qui les environne sans s'y attacher. Personne ne m'avoit parlé de cette singularité de la nature : je trouvai le long du sentier qui descend de la montagne à la cascade, une racine qui me parut d'une couleur extraordinaire, & je m'apperçus qu'elle étoit pétrifiée & plus pésante que n'auroit été une pierre du même volume : je cherchai en terre, si je n'en trouverois pas d'autres, & après avoir fouillé dans le sable qui se détachoit aisément, je vis les ra-

---

leur causoit quelque préjudice puisqu'ils s'en plaignoient ; mais on ne fit pas droit sur leur plainte, & ce seroit dommage qu'on les eût écouté pour rétablir le lac dans son ancien état, on eut privé ce pays d'une de ses plus grandes beautés.

cines de toute taille pétrifiées de même, placées perpendiculairement, & formant de petites colonnades de différens diametres; c'est ce que j'observai encore mieux en remontant, l'eau du Velino s'étoit échappée par le côté, & s'étoit formée un petit canal souterrein; le sable qu'elle avoit enlevé laissoit voir à une très-grande profondeur toutes les racines pétrifiées & rangées dans le même ordre que celles que j'avois découvertes. Cet accident ne paroît causer aucun dommage à l'arbre, dès que le suc pétrifiant a pénétré la racine, ce qui ne se fait qu'à un demi-pied environ de profondeur en terre; la partie de racine qui conserve sa force ordinaire de végétation, se divise en deux branches qui s'étendent horisontalement, & continuent à nourrir l'arbre. Il paroît que c'est l'eau du Velino qui a cette qualité particuliere (*a*); les cochons qui fouil-

---

(*a*) J'ai appris depuis qu'il est constaté par plusieurs expériences, que le fonds du canal dans lequel coule le Velino, avant que de former la cascade, s'augmente sensiblement, par l'addition des différentes couches que les eaux déposent sur

lent en terre, & qui mangent les racines, les animaux qui boivent beaucoup, & les hommes même, font fort fujets à la pierre, dont les Chirurgiens font l'extraction affez habilement dans ce pays, même aux animaux qui font attaqués de cette maladie, & de-là ils ont acquis encore une autre efpece de talent, qui n'a d'utilité qu'en Italie : *fono quefti popoli naturalmente prattici di caftrare.* On ne peut aller de Terni à la cafcade qu'à cheval ou à pied ; on monte du fallon à la montagne fur laquelle coule le Velino par une corniche étroite & efcarpée, taillée dans un rocher de marbre blanc, qui a quelques veines rougeâtres. Cette carriere qui paroît riche, n'a pas encore été fouillée (*a*). Le vallon qui eft au bas, ga-

---

le rocher, & qui s'y uniffent fi parfaitement, qu'elles ne paroiffent plus former qu'un même corps, auffi folide & auffi dur que le rocher qui eft au-deffous.

(*a*) On lit dans la relation d'un prétendu voyage fait en Italie & aux ifles de l'Archipel en 1750, &c. imprimée en 1763, un long détail de toutes les efpeces de pétrifications que l'on trouve dans cette montagne ; on y parle de tou-

ranti des vents froids par les montagnes qui l'environnent, présente l'aspect le plus riant : on y voit des plantations considérables d'orangers qui y croissent en pleine terre. La végétation au printems y est admirable & très-précoce. Toute la montagne est plantée d'oliviers, & les huiles font le commerce le plus considérable de Terni.

Cette Ville qui est l'*Interamna* des Anciens, nom que lui a donné sa situation dans une isle formée par la Nera, est assez bien bâtie & mal peuplée, j'y ai vu quelques Eglises propres, deux Places & deux rues assez larges ; on la croit aussi ancienne que Rome dont elle étoit colonnie l'an 458 de la République. Les Samnites tenterent alors inutilement de s'en emparer ; (Tit. Liv. l. 10.) elle a depuis donné naissance à l'Historien Tacite & à l'Empereur de ce

---

tes les coquilles connues, sur-tout de celles que l'on trouve dans les mers de la Chine & des Indes; c'est une pure imagination de celui qui a fait cette espece de Roman, qui d'un bout à l'autre, est rempli de faits faux ou hazardés : il n'y a d'autres pétrifications dans cette montagne, que les racines dont j'ai parlé.

nom, qui tous deux étoient de la même famille.

Au fortir de Terni on entre dans des montagnes où je n'ai rien vu de remarquable, la poste fuivante est au lieu dit la *Strettura*, qui tire fon nom de fa position si refferrée entre deux montagnes, qu'à peine y a-t-il affez d'efpace pour le chemin & la maifon de la Pofte. Immédiatement enfuite, on commence à monter la Somma, groffe montagne fort élevée, plantée de chataigniers & d'autres bois; fur fon fommet eft une plateforme affez large avec quelques fources qui ont fans doute déterminé à y bâtir un cabaret très-fréquenté des pélérins, & où les voyageurs qui ont monté à pied pour obferver la montagne, trouvent avec plaifir des œufs frais & du vin d'affez bonne qualité.

En defcendant du côté de Spolette, je remarquai dans les différens lits de pierre qui forment cette montagne, tous les veftiges d'un grand bouleverfement occafionné par quelque fort tremblement de terre. J'y vis des rochers fendus avec effort, & depuis peu de tems, ainfi que l'on en peut juger par la couleur de la pierre & la correfpondance

Somma.
Spolette.
Foligno.
Corniche.

des angles, les uns dans une assiete perpendiculaire, les autres couchés diagonalement, sans que les arbres qui croissent dans les fentes eussent été déracinés; mais on voyoit qu'ils formoient peu-à-peu une courbe pour reprendre la perpendiculaire : quelqu'autres en lits de carriere, conservoient encore la ligne horisontale, mais fort inclinée au nord; presque tous ces rochers sont de marbre de même que la plûpart de ceux que l'on trouve sur le chemin de Rome à Lorette. J'y ai trouvé des petites masses de pierre de la forme la plus singuliere, composées de plusieurs couches, chacunes d'environ six lignes d'épaisseur, de couleurs différentes, & qui tenoient beaucoup de la nature de l'albâtre, chaque couche avoit plusieurs angles, & ceux de l'une ne répondoient point à ceux de l'autre (*a*).

―――――――――――――――

(*a*) On chercheroit inutilement dans les environs quelqu'un qui pût donner des éclaircissemens sur le désordre où est cette montagne : on est obligé de s'en tenir aux conjectures que l'on forme d'après ses Observations. J'étois seulement prévenu que ce pays, deux ou trois ans auparavant, avoit été agité de violentes sécousses de

La plaine qui est au bas de cette montagne, est de la plus grande fertilité, & continue à être telle jusqu'à Foligno, dans une espace de plus de quatorze milles.

Spolette est une ville ancienne de l'Ombrie, Capitale du Duché de ce nom,

---

tremblemens de terre, ainsi que me l'avoit raconté le sçavant Pere Jacquier, Minime, qui étoit alors à Spolette, & qui fut témoin de l'effroi qui se répandit dans cette Ville & dans ses environs. On a depuis éprouvé dans ces contrées, du côté de Chiéti en Arbusse, un tremblement de terre le 24 Juin 1765, & une éruption d'eaux souterreines, qui a entiérement changé la face du pays. Tout le village de *Rocca-Monte-Piano* fut si subitement écrasé par les rochers auxquels il étoit appuyé, & qui en se détachant donnerent passage au torrent le plus impétueux qui l'inonda dans l'instant, que de huit cens habitans, dont il étoit composé, à peine vingt purent-ils s'échaper. Tout le canton voisin appellé la *Serra*, a dans le même-tems beaucoup souffert de tremblemens de terre & d'inondations, qui ont bouleversé ce pays, au point qu'il n'est plus reconnoissable. Les plantations ont été entraînées au loin, les rivieres ont changé de cours, & plusieurs valons ont été comblés. Malgré cette éruption violente d'eaux souterreines, il y a eu encore de fréquens tremblemens de terre dans ce pays en 1766.

située sur un terrein inégal, qui n'a plus rien de son ancienne grandeur, que deux inscriptions qui sont gravées au-dessus de ses deux portes principales, & qui doivent la rendre respectable aux amateurs érudits de l'antiquité ; elles font l'éloge de la bravoure des anciens habitans de Spolette, qui les premiers oserent résister à Annibal, vainqueur des Romains à Thrasimene, & le forcerent à se retirer avec perte de devant leur ville qu'il assiégeoit.

Hannibal cæsis ad Trasimenum Romanis
Urbem Romam infenso Agmine petens
Spoleto magna suorum claude repulsus
Insigni fugâ portæ nomen fecit.

L'autre fait mention du siége.

Hannibal devictis Romanis ad Trasimenum
Lacum, obsesso incassum Spoleto, porta hac
Ariete perculsa, à civibus repulsus & laces-
  situs
Hic primum victus, hostibus visus est fugere.

Ces inscriptions ne disent rien qui ne soit conforme à la vérité historique. Annibal traversant l'Ombrie, vint droit

à

à Spolette, en faisant le dégât dans cette riche campagne; il tenta ensuite de prendre la ville d'emblée, mais il fut repoussé avec perte, *cum magna suorum cæde repulsus*, dit Tite-Live; la fermeté d'une colonnie qui bravoit toutes ses forces, le persuada qu'il n'étoit pas encore tems d'assiéger Rome, & il tourna droit dans le Picenum (Tit. Liv. l. 22. an. 535). On y voit les restes d'un château bâti par les Ducs de Spolette, sur les ruines même de celui de Théodoric Roi des Goths. Aux côtés de la porte de la Cathédrale, sont deux ambons ou tribunes d'où on lisoit autrefois l'Epître & l'Evangile au peuple assemblé dans la place, monument singulier de l'antiquité ecclésiastique. L'Eglise est de construction gothique. Le pont qui traverse la Marogia, torrent impétueux qui coule entre la ville & la montagne qui est au levant, est curieux par rapport à son élevation; il y a dix grandes arcades appuyées sur neuf piliers d'une hauteur prodigieuse; sur un des côtés du pont, s'éleve l'aqueduc qui porte l'eau de la montagne dans la ville, ces deux ouvrages unis n'ont guères moins de quatre cens pieds de hauteur, du fond de la vallée étroite où coule le torrent, jufqu'à la partie fupérieure de l'aqueduc : cet ouvrage paroît être du tems de Théodoric, Roi des Goths ; il n'a rien qui reffemble aux conftructions Romaines. Il eft de l'exécution la plus hardie, trés-folide & confervé dans fon entier. Comme le pont eft fans parapets d'un côté, les gens du pays ne manquent pas de raconter plufieurs aventures tragiques de gens ou qui font tombés, ou qui ont été précipités du haut en bas.

De l'autre côté du pont, eft le *Monte-Luco*, connu dans l'Hiftoire Eccléfiaftique par le féjour qu'y ont fait trèsanciennement des Solitaires, qui y vivoient enfemble ; il conferve aujourd'hui quelque chofe de fa premiere deftination, il a encore douze habitations principales, habitées par autant de particuliers laïcs, qui vivent chacun chez eux avec leurs domeftiques, dans le célibat. Quand il y a une maifon vacante par mort, elle ne peut être habitée que du confentement des onze autres ; ils élifent entr'eux un fupérieur auquel ils donnent le nom de Prévôt. Ils ont une Eglife qu'ils entretiennent, & une maison commune d'infirmerie, où ils paſſent, s'ils le jugent à propos, quand ils ſont malades. On appelle ces Solitaires, les Hermites de Spolette, ce ſont ordinairement des gentilshommes qui s'y retirent avec aſſez de revenu pou y vivre fort à leur aiſe. Les Magiſtrats de la ville leur ont accordé le droit de ſe fournir aux marchés avant tout autre, des denrées qui leur ſont néceſſaires. Leurs habitations qui ſont à différentes hauteurs, accompagnées de plantations & de jardins, forment le coup d'œil le plus agréable ſur cette montagne.

Entre Spolette & Foligno, à cinq ou ſix milles de l'une & de l'autre, au pied des collines qui bordent la plaine, le long de la Voie Flaminienne, ſort de deſſous un rocher, le *Clitumno* qui eſt le Clitumnus de Virgile, fameux par la beauté des troupeaux que l'on nourriſſoit ſur ſes bords, & qui fourniſſoient des victimes choiſies aux ſacrifices les plus ſolemnels.

Hinc Albi Clitumne greges, & maxima Taurus Victima, ſæpe tuo perfuſi flumine ſacro Romanos ad templa Deum duxere triumphos.
Georg. 2.

Cette petite riviere a un cours tortueux qui contribue autant à l'embellissement qu'à la fertilité de la belle plaine dans laquelle elle coule lentement (*a*).

La petite ville de *Foligno* est située

(*a*) Pline le jeune (l. 8. ep. 8.) donne une description fort exacte de la source du Clitumne & de sa position. Il en parle comme d'un des plus beaux lieux qu'il fut possible de voir. *Modicus collis assurgit, antiqua cupressu numosus & opacus: hunc subter fons exit & exprimitur pluribus venis, sed imparibus, eluctatusque facit gurgitem qui lato gremio patescit purus & vitreus..... inde non loci devexitate, sed ipsa sui copia, & quasi pondere impellitur.... Ripæ fraxino multa, multa populo vestiuntur: quas parspicuus amnis velut mersas viridi imagine annumerat...... adjacet templum priscum & religiosum. Stat Clitumnus ipse amictus ornatusque prætexta præsens numen atque etiam fatidicum. Indicant sortes. Sparsa sunt circà, Sacella complura.....* Le passage est long, mais à quelques changemens près, il indique la beauté de cette riviere, les agrémens de ses bords, & la limpidité de ses eaux; il prouve encore qu'il y a eu autrefois à cette source un temple consacré à cette riviere, où il se rendoit des oracles, sur les ruines duquel a été bâtie depuis l'Eglise de *San Salvadore*. Si Misson eût eu

à la tête de cette plaine, quoique médiocrement peuplée, il y a plus de mouvement & de commerce que dans toutes les autres villes dont je viens de parler; il a pour objet principal le papier des Manufactures voisines, dont il est l'entrepôt, & qui de-là se distribue dans le reste de l'Italie; c'est le meilleur que l'on y connoisse, il est uni, point cassant, mais a très-peu de corps. La soie & le bétail sont les deux autres branches du commerce de cette ville, dans le voisinage de laquelle il m'a paru que l'agriculture étoit en honneur, à en juger par les graines de toute espece, dont la campagne étoit couverte, les prairies artificielles, les champs de lin & de chanvre, je ne parle pas des vignes & des oliviers, on en trouve dans toute l'Italie.

La Cathédrale de construction gothique, réparée à la moderne, est une croix latine de belle forme, mais elle

───────────────

connoissance de ce témoignage de Pline, il n'eût pas dit qu'il étoit hors d'apparence que cette Divinité locale eût eu des Temples, & un culte particulier dans cet endroit.

est absolument nue; on y voit une belle statue d'argent de St Felicien Evêque & Patron de cette ville, faite par le Gros, Sculpteur François; le Maître-Autel est recouvert d'un pavillon dans le goût de celui de Saint Pierre de Rome.

Dans un Couvent de Franciscaines, que l'on appelle les Comtesses, est un grand tableau de Raphaël qui représente une Vierge dans une gloire, St Jean & un petit enfant qui tient un papier, au-dessous est un homme à genoux présenté par St Marc, vis-à-vis St Jérôme & son lion. On ne peut rien voir de plus beau & de plus noble que la Vierge. La beauté du dessin & de l'expression rendent cette peinture digne du grand maître auquel on l'attribue; & le coloris en est aussi beau que celui de quelques tableaux de Fra-Bartholomeo di Sanmarco, dont j'ai parlé à l'article de Florence, & dans le même ton.

A un mille au-delà de Foligno, on sort de cette plaine délicieuse pour entrer dans des montagnes que l'on ne quitte plus pendant quarante milles, de Foligno à Tolentino; ce pays est élevé & froid, le terrein en est presque par-tout sec & de peu de rapport. C'est le long de cette route que l'on trouve ces corniches ou chemins étroits taillés dans le roc & bordés de précipices escarpés & effrayans; tel est celui qui borde le vallon étroit & profond à la tête duquel sont plusieurs manufactures de papier, & qui est connu sous le nom de *Cartieré di Foligno*, tracé sur l'ancienne ordonnance que j'ai citée plus haut, sans parapet ailleurs, que dans un coude que fait le chemin, & qui est devenu fameux par la mort tragique de plusieurs personnes qui sont tombées dans le précipice.

Après avoir quitté cette corniche & les papeteries voisines, on fait quelques milles par une plaine stérile & déserte, dans laquelle on trouve le village de Café-Nuové dont tous les habitans d'une misere extrême, avouent n'avoir de ressource que dans la charité des étrangers, qu'ils ne quittent pas sans en avoir tiré quelque chose; au-delà de Café-Nuové, on tourne sur la grande corniche de *Col fiorito*, qui forme un demi-cercle de deux milles au moins d'étendue, chemin très-dangereux, & où je fus témoin de l'embarras de deux voitures qui se rencontrerent dans ces routes étroites; il fut nécessaire de détacher les chevaux de la voiture la moins lourde, & de la remonter jusqu'à un endroit où on pût la ranger dans le bois qui couvre cette montagne, de façon à laisser assez d'espace pour passer la nôtre, qui faillit à l'instant de tomber dans le précipice, si elle n'eût pas été retenue par les fourches qui étoient derriere; ainsi je ne vois point de façon plus sûre de passer ces chemins qu'à pied, alors on voit sans effroi, & avec une sorte de curiosité ces rochers entassés les uns sur les autres, parmi lesquels croissent de beaux arbustes & des plantes de toute espece. De cette corniche à Serravallé, il y a environ cinq milles que l'on fait par un territoire élevé & uni, dans lequel on trouve un petit lac peu profond, qui, dans les chaleurs, est presque à sec, & qui cependant est poissonneux, à ce que m'assurerent quelques Cultivateurs, alors répandus par la campagne. J'y admirai l'industrie grossiere avec laquelle ils ménagent les eaux, & forment des Aqueducs aſſez long avec des arbres creuſés.

Serravallé eſt un gros village reſſerré entre deux montagnes éloignées d'environ cent cinquante toiſes de diſtance; on y voit les veſtiges des portes, des murailles & d'un château qui a été bâti du tems des Goths, pour défendre le paſſage; il eſt traverſé par un ruiſſeau rapide qui coule du haut de la montagne au couchant. De-là juſqu'à Tolentin, on a quelques corniches à paſſer, & continuellement des montagnes, qui, comme les reſtes des Appennins, ont des ſingularités toujours nouvelles. Les angles n'y ont point de correspondance entr'eux. Je me rappelle de m'être trouvé dans une petite vallée exactement ronde, entourrée de tous côtés de hautes montagnes, reconnoître à peine l'endroit par où nous étions entrés, & ne pouvoir pas même imaginer où en étoit l'iſſue, que nous trouvâmes enfin à l'angle d'une montagne, par un vallon qui n'avoit pas dix toiſes de largeur, dans le fond duquel couloit un ruiſſeau très-bruyant.

Valcimara est un mauvais village où est la poste, qui ne peut être agréable qu'au printems, à cause des taillis d'arbres de Judée dont il est environné, qui sont alors couverts de fleurs; la plûpart des hayes vives sont de ce même bois, de sorte que toute cette campagne ressemble à un jardin bien fleuri. J'en ai vu beaucoup de plantations nouvellement semées, & très-bien tenues; il faut que cet arbre soit d'une grande utilité à ce pauvre pays, eu égard au soin que l'on a de le multiplier.

Tolentin est une petite Ville Episcopale située sur une colline à la source de la riviere de Chiento, où je n'ai rien vu de plus remarquable que le buste de François Philelphe, Littérateur du quinzieme siécle, connu sur-tout par le recueil de ses Lettres.

Maccrata, Ville capitale de la Marche d'Ancone, résidence du Gouverneur ou Président de la Province, & d'un Conseil ou Rotte pour les affaires civiles; est dans une situation élevée: Je n'ai fait que la voir en passant, elle m'a paru bien bâtie; c'est le séjour de la principale noblesse de la Province:

la plaine entre Tolentin & Macerata, est fertile & bien cultivée, quoiqu'on ne voye presque aucunes habitations de Cultivateurs répandues dans la campagne.

Il n'en est pas de même du vallon qui est entre Macerata & Recanati qui est mieux peuplé, & dont la culture est d'une variété qui semble faite exprès pour rendre le tableau agréable : grains de toutes especes, prés, prairies artificielles, vignes, arbres fruitiers, hortolages de toutes sortes, petits bois plantés par ordre : c'est ce que l'on voit dans toute cette campagne arrosée de plusieurs rivieres qui coulent de l'Apennin ; il y a sur-tout des plantations de peupliers qui sont admirables ; je fus curieux d'en voir une de près, & je sautai par-dessus une petite haye vive, dont elle étoit fermée ; mais que l'on imagine, si l'on peut, l'horreur dont je fus pénétré, quand je me vis environné d'une multitude de serpens de toutes tailles, qui s'échappoient de droit & de gauche, avec de très-forts sifflemens ; sans doute que le tems de fraye avoit rassemblé tous ceux de la plaine dans ce bosquet. J'en sortis sans accident, mais non sans avoir ressenti bien vivement les effets de cette aversion naturelle, qui est entre l'homme & le serpent, d'autant plus que je ne m'attendois point du tout à en trouver dans ce petit bois, dont la fraîcheur annonçoit le séjour d'une douce tranquillité. Cette aventure calma ma curiosité; je remontai en voiture le sang encore ému, & bien résolu de ne plus troubler par mon indiscrétion, les horribles amours des serpens.

On traverse Recanati, Ville située sur une hauteur; la principale rue est large & bordée d'assez beaux bâtimens. Cette Ville & celle de Macerata, ont été bâties l'une & l'autre des ruines de l'ancienne *Helvia Recina*, colonie Romaine détruite par les Goths dans le cinquieme siécle de notre Ere. Elle n'est séparée de Lorette que par un vallon large d'environ deux milles; lorsque nous la taversâmes, le tems étoit beau, le printems paré de ses fleurs se montroit dans tout son étalage, & notre voiture fut constamment suivie de jeunes filles qui venoient chanter l'*Allegromagio*, & nous présenter des fleurs, pour avoir en échange de leurs chanſons & de leurs bouquets, quelque monnoye.

Lorette eſt la Ville la plus nouvelle de tout le pays; elle doit ſon origine & ſon accroiſſement à la dévotion que l'on a eu pour la *Caſa ſancta*, depuis qu'elle fut miraculeuſement tranſportée dans l'endroit où on la révere actuellement, ce que l'on dit être arrivé dans le treizieme ſiécle; peu après on bâtit une Egliſe dans laquelle on la renferma : on y a ajouté dans le ſeizieme ſiécle un encaiſſement de marbre blanc de Carrare, qui enveloppe entiérement le bâtiment antique, & que l'on peut regarder comme un chef-d'œuvre de l'art. On y a employé l'ordre Corinthien comme le plus riche; les grands bas-reliefs dont il eſt revêtu, repréſentent les myſteres de la Vierge : entre les colonnes qui ſoutiennent l'architrave qui regne tout autour, ſont vingt niches où ſont placées les ſtatues des Prophétes & des Sybiles; l'architecture eſt du Bramante; les ornemens de ſculpture ſont d'André Contucci, du Sanſovin, de Tribolo, d'Antoine de St Gal, de Baccio-Bandinelli, les

Lorette, ſon tréſor.

plus célébres artistes de ce tems qui y travaillerent en concurrence, & qui avoient une conoissance parfaite des beautés de l'antique, qu'ils ont habilement fait passer dans l'exécution de ce monument moderne, le plus beau de ce genre que l'on puisse voir.

La *Casa sancta* qui en est entourée, est un édifice quarré long d'un peu plus de trente pieds, sur quinze de largeur & dix-huit de hauteur, voûté & bâti de briques mêlées de quelques pierres: les chambranles des portes & des fenêtres sont revêtus d'épaisses lames d'argent: l'Autel posé contre une grande grille de même métal, est un massif d'Orfévrerie d'une très-grande richesse; on a retranché sur la longueur de cette chambre un espace d'environ six pieds, & qui a la même largeur que le reste de l'édifice, où est le *Camino sancto*; toute cette partie est revêtue de lames d'or ou d'argent depuis le bas jusqu'à la voûte, & renferme un trésor inestimable; au-dessus de la cheminée est une grande niche, dont les corniches extérieures & tout les revêtissemens sont en or; on y a placé une image de la Sainte Vierge tenant l'Enfant Jesus, d'un travail ancien, & d'un bois qui est fort noirci, elle est couverte d'une robe d'étoffe précieuse que l'on ne voit point sous la quantité de diamans & de pierres fines dont elle est enrichie : tout l'intérieur de la niche est rempli d'une multitude de croix, de fleurs, de cœurs & d'autres bijoux d'or couverts de diamans. On est ébloui de la quantité & de l'éclat de toutes ces richesses ; vingt lampes d'or dont quelqu'unes sont enrichies de diamans, & toutes d'un travail précieux, sont ardentes, dans ce petit espace que l'on peut regarder comme un des plus riches tréfors de l'Univers ; je n'en fais pas ici le détail, il importe peu de sçavoir le nombre & la forme des bijoux, non plus que celui des statues d'or & d'argent que la piété des Princes Catholiques y a fait placer. Les François ne manqueront pas d'y remarquer un Ange qui présente Louis XIV à la Vierge ; la figure de l'Ange est d'argent, celle du jeune Prince représenté dans ses premiers langes, est d'or, & pese, dit-on, trente-six marcs ; le travail en est très-beau. Il y a beaucoup d'autres vœux de ce genre, & aussi riches.

La salle qui tient à l'Eglise, ce que l'on appelle le trésor, renferme un amas encore plus considérable de richesses du même genre, formé des dons de tous les Princes Catholiques de l'Europe, & de quantité de Seigneurs Italiens, Allemands & François, & même Anglois; car j'ai vu le nom de *Stafford* sur le pied d'un calice d'or; ce sont des bijoux de toutes formes qui ont été envoyés en présent & exprès pour enrichir ce précieux dépôt. J'y ai remarqué entr'autres une grande Etoile d'or ornée de trente-cinq grosses perles, huit diamans, dix rubis & seize girondoles ou opales; le centre de l'étoile est occupé par une grosse émeraude taillée en cœur, entourée de six rubis & de neuf diamans. On lit l'inscription suivante sur ce bijou :

Ludovica Henrici III. Galliæ & Poloniæ Regis uxor 1598.

Le collier de la Toison d'or de Philippe IV, Roi d'Espagne, le travail en est au-dessus des diamans & des autres pierres précieuses dont il est enrichi..... un cordon de chapeau d'un Duc de

Baviere formé de deux cens vingt-quatre diamans.... il faut vraiment voir ce tréfor pour fe faire une idée de fa richeffe qui éblouit. Je ne dis rien de quantité de ftatues d'argent de grandeur naturelle, qui font & dans cette maifon & dans l'Eglife, & de foixante groffes lampes d'argent toujours allumées. Les yeux font fatigués de l'éclat de ces différens objets, & l'efprit ne fuffit pas à en eftimer la valeur. Auffi revient-on avec le plus grand plaifir a confidérer un tableau de la naiffance de la Vierge, excellent ouvrage d'*Annibal Carrache* bien confervé, & encore frais de couleur, de même qu'une Famille Sainte, peinte par *Raphaël*, & de fa meilleure maniere. Dans le veftibule du tréfor, eft un grand tableau extrêmement gracieux qui m'a paru être du *Guide* ou de fon école; il repréfente la Sainte Vierge à l'ouvrage avec fix jeunes filles de fon âge, qui paroît être de douze à quatorze ans; quelques femmes âgées qui font là pour les gouverner & les inftruire, contraftent heureufement avec leurs jeunes éleves. Les graces, la beauté, l'innocence de cet âge, y font peintes dans la vérité de la plus belle nature, il regne dans toute cette composition, un ordre, une tranquillité qui ont quelque chose de céleste; le ton de couleur est dans la maniere tendre du *Guide*, très-convenable à ce sujet.

L'Eglise qui est en même-tems Episcopale & Paroissiale pour toute la Ville, est grande & d'une assez belle construction, la coupole peinte par le *Pomarancio*, représente l'Assomption de la Vierge, les quatre Evangélistes peints sur les pendentifs, sont d'un grand caractere de dessin, la quantité de lampes & de cierges toujours ardents dans cette Eglise, en ont fort altéré le coloris. Parmi les tableaux des Chapelles, on verra avec plaisir une Annonciation du *Barrocci*, la figure de la Vierge y est d'une beauté admirable. ... la Cêne de Jesus-Christ avec ses Apôtres, par *Vouet*, peintre François, excellente composition pour le dessin, le coloris, la variété & la noblesse d'expression des airs de tête. Le reste des ornemens de cette Eglise, ne répond point aux richesses qu'elle renferme. Les portes sont de bronze, ornées de bas-reliefs, d'une belle exécution. La façade construite en 1583, est d'une architecture médiocre; on lit au haut en lettres d'or sur un marbre noir:

Dei Parœ Domus in qua Verbum caro factum est.

La Place est décorée d'une grande statue en bronze de Sixte V, accompagnée de celles des quatre Vertus cardinales, & de quelques Génies bien modelés; un peu plus loin est une fontaine dont le bassin est de marbre, les ornemens & les figures qui jettent de l'eau sont en bronze, ouvrage fait par les ordres de Paul V.

Les portiques qui entourrent la Place des deux côtés, sont de très-belle architecture, ainsi que le grand Palais où logent le Gouverneur, l'Evêque, les Chanoines & les Jésuites des différentes Nations de l'Europe qui y sont Pénitenciers. On voit à l'apothicairerie entretenue par le Gouvernement, plusieurs beaux vases d'ancienne fayance peinte en jaune & en bleu, sur les desseins de l'école de Raphaël; on les vante beaucoup, on en montre quelques-uns pour lesquels on a voulu donner des vases d'or de même grandeur : tout cela se débite sur l'estime que l'on en a fait autrefois, lorsqu'on ne connoissoit rien de mieux. Un beau vase de porcelaine de Saxe, bien peint, n'auroit, à ce que je crois, pas moins de mérite.

A la suite de ce grand Palais, joignant l'Eglise, est un petit arsenal où il y a des armes pour deux milles soldats, & quelques petites piéces de canon, que l'on dit avoir été enlevées aux Turcs; on y voit aussi deux grandes armoires garnies de plusieurs milliers de stilets de toutes les formes imaginables, dont quelques-uns devoient faire des blessures si dangereuses, que la rage seule de la vengeance portée à l'excès, a pu les faire imaginer; ils ont tous été remis à un Capucin qui faisoit une Mission en 1739, dans les environs de Lorette, assassins mêmes qui s'en servoient d'habitude, & dont la conversion a été si sincere, que depuis ce tems il s'y fait très-peu d'assassinats, qui auparavant étoient fréquents; il seroit à souhaiter que ce zélé Prédicateur eût trouvé des successeurs dans son ministere, aussi persuasifs que lui, & qui eussent répandus leurs instructions plus au loin. Pour le peu que je me sois arrêté dans les villes de l'Ombrie, j'ai peu vu de ces gens oisifs qui s'attroupent autour des voyageurs, qui n'eussent le stilet en poche, dont on voyoit paroître la garde.

Le Campanile ou clocher élevé nouvellement sur les desseins de Vanvitelli, est d'une architecture légere, élégante & solide ; la colonnade qui soutient le couronnement est de belle forme, & traitée dans le goût de l'antique. Tout ce que cet habile Architecte a fait, est marqué au coin du vrai génie.

La dévotion à Notre-Dame de Lorette se soutient avec une ferveur étonnante ; l'affluence des Pélerins est continuelle dans toutes les saisons de l'année ; on y voit Prêtres, Moines, Hommes, Femmes, Gentilshommes, Princes d'Italie & d'Allemagne que le même motif y conduit. Les vrais Pélerins, ceux qui font le voyage à pied, entrent par troupes dans la Ville : ils commencent à la porte les Litanies de la Vierge qu'ils chantent à deux chœurs, en traverfant les rues avec beaucoup d'ordre ; & ils vont droit à l'Eglife, dont ils baifent les murs fi elle n'eft pas ouverte ; quand ils ont fait leurs dévotions, & qu'ils font préts à partir, les différentes troupes fe raffemblent au pied de la *Sancta Cafa*, où les Chantres entonnent les Litanies de la Vierge qu'ils chantent en fe retirant de l'Eglife, le vifage toujours tourné du côté de l'objet de leur dévotion. Ils continuent à marcher ainfi à reculons, jufqu'à l'extrémité de la Place ; alors ils fe mettent à genoux, faluent très-dévotement la Sainte Maifon, & traverfent la Ville dans le même ordre qu'ils y étoient entrés.

Que l'on n'imagine pas que cette forte de marche ait rien de ridicule ou d'affecté, ou fe reffente de la caricature Italienne : le chant, l'attitude, le refpect extérieur, eft la preuve du fentiment intime de piété qui anime alors ces gens, & qui ne peut qu'édifier. La fincérité de leur foi perce à travers l'enveloppe groffiere dont elle eft couverte. J'ai vu des gens prévenus de fentimens bien oppofés aux leurs, être vraiment touchés de ce fpectacle : leur ufage eft de faire à genoux nuds le tour de la *Sancta Casa*; je ne sçais s'ils le répetent plusieurs fois, mais j'ai vu hommes & femmes occupés à ce pieux exercice, qui étoit plus laborieux qu'on ne pense; le pavé quoique de marbre, étoit sillonné à la profondeur de plus d'un pouce & demi, les uns & les autres suivoient exactement la trace marquée, ce qui ne pouvoit être que très‑fatiguant. Le concours y est si considérable, que l'on est souvent obligé de renouveller ce pavé.

Outre le riche tréfor dont j'ai parlé, l'Eglise de Lorette possède des sommes considérables en argent monnoyé, auxquelles on dit qu'on ne peut toucher que dans les nécessités de l'Eglise les plus pressantes. Les revenus doivent être immenses eu égard à ce qu'il en coûte pour l'entretien de l'Evêque, du Chapitre, des Pénitenciers & de toutes les personnes préposées au service de l'Eglise & à ses réparations. Quelque nombreux que soit le concours des Pélerins, on leur donne deux fois par jour à manger, & les denrées, sur‑tout le pain qu'on leur distribue, sont de bonne qualité; ils y ont le séjour franc, le jour de l'arrivée & du départ; ce qui fait quatre repas pour chacun, & ils reçoivent en partant deux fols & demi d'argent. La dévotion des Pélerins est de se soumettre à ce genre de vie, quoiqu'ils soient en état de se procurer ce qui leur est nécessaire de leurs propres fonds; en ce cas il est à croire qu'ils remettent dans les troncs de l'Eglise au moins la valeur de ce qu'ils en tirent à titre d'aumônes.

La Ville de Lorette est située sur une colline oblongue, éloignée de la mer d'environ trois milles; petite, mais bien peuplée pour son étendue; le concours continuel d'étrangers qui y arrivent de tous les côtés, & le petit commerce de détail qui s'y fait continuellement, y mettent beaucoup de mouvement. Le sang m'y a paru assez beau; les femmes y sont pour la plûpart de figure intéressante & bien faites, polies & affables dans leurs boutiques, qui d'ordinaire ne sont garnies que de chapelets, de médailles, de rubans, de fleurs & autres petites marchandises de ce genre, dont le débit est prodigieux; il n'y a point d'habitans qui ne fassent quelque commerce, au moins de comestibles. Le territoire

territoire des environs fournit abondamment les denrées de confommation ordinaire, qui font d'excellente qualité. Les Papes ont eu foin d'y faire conduire de bonnes eaux, & n'ont rien épargné de ce qui pouvoit contribuer à l'agrément & à l'utilité de cette ville, qui doit fon exiftence à la religion & à leurs foins. Elle eft entourée d'une muraille bien entretenue, défendue par quelques tours & des baftions avancés, de forte qu'elle eft à l'abri d'un coup de main de la part des Corfaires, pour le peu qu'on veille à en garder les avenues, & à la garentir des effets d'une premiere furprife, qui ne pourroit qu'être funefte vis-à-vis d'un peuple timide, accoutumé aux douceurs de la paix, & auquel un Corfaire le fabre à la main, imprimeroit la terreur la plus vive. Le territoire qui eft entre Lorrette & la mer eft prefque par-tout couvert de jolies maifons de campagnes & de jardins qui forment le tableau le plus riant. Tout le pays jufqu'à Ancone, eft également fertile & bien cultivé; & dès-lors affez peuplé pour être entretenu dans cet état de culture.

51. Ancone, ville actuellement très- Ancone, fon port.

commerçante, & Port de mer très-fréquenté, a été fondée par les Syracufains, lorsqu'ils fuyoient la tyrannie de Denys le pere; le cap fur lequel ils commencerent leurs conftructions, qui fait une courbure qui s'avance dans la mer, lui donna fon nom d'Ancone ou Ancona; c'eft-là où ces peuples, originairement Grecs Doriens, bâtirent un Temple à Vénus.

Ante domum veneris quam dorica fuftinet Ancon..... Juv. liv. 4 Elle devint affez promptement une place importante. Deux cent vingt-fept ans après fa fondation, les Romains y établirent la ftation de la flotte qui devoit tenir la mer fupérieure pendant la guerre contre les Illiriens : *Adverfus Illiriorum claffem, creati duum viri navales erant qui tuendam viginti navibus mari fuperiore Anconam, veluti Cardinem haberent.* (Tit. Liv. l. 41. An. 574.) Ce fut une des premieres villes où Céfar mit garnifon après avoir paffé le Rubicon. Trajan fit fortifier fon Port. La Ville occupoit alors à-peu-près le même emplacement où elle eft aujourd'hui, s'il eft vrai que la Cathédrale, qui eft placée fur le cap, qui étoit l'ancien *Crumerum*, ait fuccédé au Temple de Vénus que les Syracusains y avoient bâti. Ce qu'il y a de certain, c'est que les ouvrages de Trajan qui subsistent encore, ne laissent aucun doute à ce sujet. Les Goths détruisirent dans le V. siécle toute la partie inférieure de la ville, que Narsès, Général des armées de Justinien, fit rétablir peu de tems après. Dans le dixieme siécle, les Sarrasins, après avoir brûlé la flotte des Vénitiens dans le golphe de Trieste, ravagerent plusieurs places de la mer Adriatique, Ancone fut du nombre. Il y a très-long-tems qu'elle est du Domaine de l'Eglise; Pie II qui y mourut en 1464, commença à la faire rétablir & à remettre son port en meilleur état, ouvrage auquel on a travaillé à différentes reprises, & que l'on continue à présent avec plus d'ardeur que jamais. Lorsque j'y passai en 1762, il y avoit le plus grand mouvement dans la ville & sur le port; les Marchands, les Matelots, les Maçons travailloient chacun de leur côté; les uns traînoient les pierres & les matériaux qui devoient être employés à finir le grand Mole, les autres réparoient le Port & le nettoyoient: ici on chargeoit des vaisseaux de marchandises que l'on tiroit du pays même ; là on apportoit dans les magasins de la ville les productions des Indes & du Levant ; il sembloit voir les Tyriens en mouvement, occupés à établir la ville & le commerce de Carthage.

Instant ardentes Tirii, pars ducere Muros,
Molirique arcem, & manibus subvolvere Saxa,
Hic portus alii effodiunt.....

     Virg. Æneid. I.....

On fait actuellement monter la population de cette ville, à vingt-deux mille ames, & tout les jours elle augmente par l'attention qu'ont eu les Souverains Pontifes à maintenir ce Port dans toutes les franchises qui lui avoient été accordées, & a en ajouter de nouvelles, en permettant même que les Négocians de toute secte s'y établissent, pourvu qu'ils ne fassent point d'exercice public de leur Religion. Le Port n'en étoit pas sûr pour les grands vaisseaux, qui y étoient battus des vents du nord & du levant ; on n'omet rien pour obvier à cet inconvénient, au moyen du Mole nouveau, auquel on travaille encore.

Le commerce d'exportation se fait en bleds, en laines & en soyes : celui d'entrepôt y est plus considérable, & fait un grand tort à la ville de Venise; les vaisseaux qui viennent du levant dans la mer Adriatique, aiment beaucoup mieux s'arrêter à Ancone, que d'aller jusqu'au fond du Golphe : ils s'épargnent plus de cent cinquante milles d'une navigation difficile & presque toujours orageuse.

Les monumens principaux dont cette ville est décorée, sont à la place publique, la statue de Clément XII.... une fontaine ornée de quatre chevaux marins, & d'un Neptune qui jettent de l'eau..... le Palais de l'Hôtel-de-Ville, bâti dans le treiziéme siécle, d'un beau gothique enrichi de sculptures assez bonnes pour ce tems..... La loge des Marchands ou bourse, décorée de quelques bonnes statues.

L'arc de Trajan qui est à l'entrée du Mole, de marbre de Carrare avec des colonnes d'ordre Corinthien, petit & solide, mais de bonne maniere; il a eu autrefois plusieurs ornemens en bronze qui ont été enlevés, il n'en reste plus que les inscriptions antiques, qui sont très lisibles (*a*). *Vanvitelli* a fait élever un autre arc de triomphe à l'extrémité du nouveau Mole, qui est une continuation de l'ancien ; il est bâti en pierre d'une proportion plus grande que celui de Trajan, & très-beau. Le Lazaret, grand édifice du même Architecte, bâti dans la mer sur un plan Pentagone, bien revêtu, & entouré d'une terrasse de même forme, au milieu de laquelle est une chapelle ouverte, sous une colonnade du meilleur goût ; cet ouvrage commencé sous le pontificat de Clément XII, a été terminé par les ordres de son successeur. Le Dôme ou Cathédrale, situé sur le haut

---

(*a*) *Imp. Cæsari. divi. Nervæ. F. Nervæ. Trajano. optimo. Aug. Germanico. dacico. Pont. Max. Trib. pot. XIX. Imp. IX. Cos. V. P. P. providentissimo. Principi S. P. Q. R. quod. adcessum. Italiæ. hoc. etiam. addito. ex. pecunia. sua. portum. tutiorem. navigantibus. reddiderit.*

Au-dessus on lit, à droite: à gauche :

Plotinæ. Aug.   *Divæ. Marcianæ.*
Conjugi Aug.   *Sorori. Aug.*

du Cap, a la vue fur le Port, une longue étendue de côtes, & la mer Adriatique. La Citadelle eſt au-deſſus de la ville au couchant, & a une garniſon de Corſes; tous ſes ouvrages, de même que ceux qui défendent la ville du côté du Port & de la terre, font très-bien entretenus. La campagne des environs eſt ſi belle & ſi bien cultivée, qu'elle reſſemble à un vaſte jardin.

A cinq ou ſix milles au-delà d'Ancone, on abandonne le chemin pour ſuivre les bords de la mer, que l'on cotoye juſqu'à Peſaro; le fond en eſt d'une telle ſolidité, que dans le reflux, les fers des chevaux & le rouage des voitures y marquent à peine leurs traces; car dans le flux l'eau dépaſſe les voitures de quelques toiſes; les Poſtillons accoutumés à courir ſur ces rivages, ſçavent quand il faut quitter la mer pour regagner le bas des Falaiſes dont elle eſt bordée de ce côté, & qui n'en ſont éloignées que de cent toiſes au plus; l'eſpace qui eſt entr'elles & la mer, eſt couvert d'un gros ſable, qui ne reſſemble point à celui ſur lequel on court, qui eſt très-fin.

Je profitai de quelques inſtans pendant lesquels on fut occupé à retirer notre voiture d'un bourbier où les poſtillons l'avoient engagée mal-à-propos, pour examiner ces ſables; je vis que la mer ne rejettoit rien ſur ſes bords qui méritât quelque attention; je n'y trouvai que des coquilles de moules ſemblables à celles que l'on voit d'ordinaire dans les rivieres ou dans les étangs, la plupart brunes ou griſes à l'extérieur, quelques-unes de couleur plus brillantes & tirant ſur le rouge. Les ſables ſont de la mer juſqu'aux Falaiſes, à une épaiſſeur de pluſieurs pieds, & ne ſont point mêlés avec la vaſe & le ſable fin qui compoſent le fond de la mer Adriatique; il eſt naturel de croire que ces ſables ſont entraînés par les ruiſſeaux qui coulent des montagnes dans la mer, & qui les rejette ſur ſes bords. Il paroît que la mer a dû baigner autrefois le pied des Falaiſes, qui en ſont à préſent à quelque diſtance; cette route juſqu'à Peſaro eſt très-amuſante; à droite on a la vue de la mer, ſur laquelle on voit de tems en tems quelques vaiſſeaux; à gauche, des côteaux fertiles & bien cultivés, couronnés de beaux arbres, des gros villages, & de jolies villes.

52. Sinigaglia (*Seno Gallia*) ville ancienne, bâtie par les Gaulois Senonois, à quelques toises de la mer, traversée par un canal sur lequel remontent les grandes barques dans l'intérieur de la ville; ce que j'en ai vu en passant m'a paru bien bâti, sur-tout le long du quai revêtu qui borde le canal, il est fort large, & décoré d'un grand portique à arcades ouvertes, d'architecture uniforme, sous lesquels se placent les Marchands pendant la belle foire qui se tient dans cette ville au mois de Juillet. Toutes ces villes ont quelque chose qui les annonce avantageusement; les dômes dont elles sont couronnées, plusieurs grands édifices remarquables qui s'élevent au-dessus des autres, les dehors de la plupart, leur donnent un air distingué & vivant, qu'un examen particulier leur fait perdre souvent. C'est à Sinigaglia que l'on fabrique la petite monnoie de Billon, qui a cours dans les Etats de l'Eglise.

Fano (Fanum Fortunæ) petite ville sur le bord de la mer, traversée d'un

Sinigaglia. Fano. Pesaro.

canal au-dessus duquel est une belle cascade qui paroît le former.

Pesaro (Pisaurum) Colonie Romaine établie l'an 568 de la République, dans cette partie de l'Italie où les Gaulois avoient eu des établissemens, & qui en retenoit encore le nom, ainsi que le rapporte Tite-Live. *Colonia Pisaurum, in Gallicum agrum deducta.* (l. 39. c. 44.) Après la chûte de l'Empire, elle a eu différens maîtres, dont les derniers ont été les Ducs d'Urbin de la maison de la Rouere, auxquels elle doit la plupart de ses embellissemens. Sa situation entre la mer & les collines est agréable, son petit port est bon & commode, la plûpart de ses rues sont larges, allignées & bordées d'assez belles maisons. Les habitans principaux vantent beaucoup la douceur & les agrémens de ses sociétés. Elle m'a paru médiocrement peuplée, eu égard à son étendue.

La grande place est réguliere, & a pour ornement principal la statue du Pape Urbain VIII, sous le Pontificat duquel la ville de Pesaró rentra dans le domaine de l'Eglise en 1630. En courant cette ville, j'y ai vu quelques tableaux précieux. A l'Eglise de la confrairie de la mort, la vocation de Saint Pierre & de Saint André par *Frederic Barocci*. La tête de Saint André est de la plus belle expression...... Au Nom de Jesus, un tableau du même, qui a pour sujet la Circoncision, traité d'une maniere neuve : la figure de la Vierge est intéressante, autant par la douleur vraie & tendre qui est peinte dans tous ses traits, que par sa beauté. La couleur en est brillante & extrêmement gracieuse. A la Cathédrale un tableau de l'Annonciation tout-à-fait semblable à celui de Notre-Dame de Lorrette ; l'Ange seulement y a été travaillé avec plus de soin, ce qui est peut-être cause que la figure de la Vierge paroît moins belle.....

Je vis dans cette ville un Peintre de paysages qui ne manquoit pas de mérite, quoiqu'il fût peu connu hors de Pesaro. Son coloris gracieux & vif étoit dans le beau ton de la nature. On pouvoit prendre dans son attelier une idée des différentes vues de la Romagne, il y en avoit de l'intérieur des montagnes, très-piquantes. Cet homme avec toutes les apparences de la pauvreté, étoit fier, & tenoit ses tableaux à un haut prix ; il nous assura qu'il avoit beaucoup de commissions pour les Anglois.

Au sortir de Pesaro on quitte les bords de la mer pour courir par un chemin tracé sur un plan plus élevé & presque toujours dans les montagnes, d'où cependant on voit la mer d'assez près. A dix milles de Pesaro on trouve le village de la *Catholica* dans la Romagne, où quelques-uns des Peres du Concile de Rimini, indignés de ce que la secte des Ariens dominoit dans cette assemblée générale de l'Eglise, se retirerent en 359, pour se séparer de la communion des fauteurs déclarés de l'hérésie. Ce lieu a conservé le nom de Catholica depuis ce tems. Une inscription qu'a fait poser au-devant de l'Eglise le Cardinal Spada, apprend à-peu-près ce que je viens de rapporter.

Rimini, Cesena, Forli, Faenza imola. 53. Rimini (Ariminium), est une ville ancienne, autrefois considérable, ainsi que l'annoncent les restes de plusieurs monumens dont elle a été décorée du tems des Romains; ce fut la premiere place dont César s'empara, après avoir paſſé le Rubicon, & d'où il commença la guerre civile. Il y étoit entré avec la treiziéme légion. On prétend conſerver encore dans la place publique de Rimini, la pierre ſur laquelle il monta pour haranguer ſes Soldats dans cette occaſion, ainſi qu'on le peut voir au premier Livre de la guerre civile. (*Comment. Cæſ.*)

L'Arc de triomphe ſous lequel on paſſe en entrant dans cette ville, n'a rien de plus beau que ſon antiquité, & d'être encore ſur pied après les révolutions de tant de ſiécles; le Pont qui eſt à la ſuite, eſt du même âge, mais d'une conſtruction plus belle & plus ſolide que l'Arc : ces deux monumens ſont du tems d'Auguſte. On y lit ces inſcriptions antiques :

Imp. Cæſ. divi. Jul. Fil. Auguſtus. Pont. Max. Coſ. XIII. Imp. XX. Tribun. pot. XXVII. P. P. Tib. Cæſ. Divi. Auguſti. F. Divi Julii. N. Aug. Pont. Max. Coſ. IV. Imp. VIII. pot. XXII.

On voit encore à la face de l'Hôtel-de-Ville cette inſcription du même ſiécle:

C. Cæſar. Auguſti. F. Coſ. Vias. omnes. Ariminis. Ter....

On sçait que la Voie Flaminienne se terminoit à Rimini, & cette inscription désigne sans doute une réparation générale des Voies Romaines faite sous l'Empire d'Auguste, & achevée à cette Ville. On dit qu'il y a plusieurs autres restes d'antiquité & quelques édifices gothiques du tems des Malatesta, Seigneurs de Rimini, mais que je n'ai pas vu, n'ayant fait que traverser cette Ville assez promptement.

A quelque distance de-là on trouve la riviere de *Rubicon*, si fameuse dans l'Histoire par le passage de César lorsqu'il vint des Gaules à Rome, dans l'intention de s'opposer au parti que Pompée avoit formé contre lui. On s'attend à passer un fleuve majestueux capable d'arrêter un conquérant, & on est tout étonné de ne trouver qu'un ruisseau bourbeux, coulant dans un lit fort large dont il occupe la sixiéme partie au plus, & que l'on traverse aisément à gué, quoiqu'il soit peu éloigné de son embouchure dans la mer. On ne se rappelle point que Lucain n'en a pas donné une grande idée en disant :

Fonte cadit modico, parvisque impellitur undis.

On ne songe qu'à César, qui hésita s'il le passeroit ou non ; mais il étoit plus occupé de la défense du Sénat & de la guerre civile, qu'il alloit commencer, que de la difficulté du passage. On l'appelle aujourd'hui *il Pisatello*. Cette riviere étoit la borne de l'Italie & de la Gaule Cispadane. (*a*)

(*a*) Sur une colonne d'une antiquité douteuse, relevée par les soins d'un Cardinal Légat de la Romagne, on lit le fameux Décret du Sénat, qui défendoit à tout Général ou Officier, de passer cette borne à la tête d'une troupe armée, sous peine d'être déclaré ennemi de la Patrie, & qui étoit conçu en ces termes :

Jussu, Mandatuve, P. R. --- Cos. Imp. Trib. Miles, Tyro, -- commilito armate -- quisquis es -- manipularisve Centurio turmæve Legionariæ -- hic sistito. Vexillum sinito --- arma deponito. -- nec citra hunc Amnem-Rubiconem signa ductum -- exercitum, commeatumve -- Traducito. ---- Si quis hujusce jussionis --- ergo adversus præcepta --- ierit feceritve -- adjudicatus esto hostis --- S. P. Q. R. ac si contra patriam --- arma tulerit -- penatesq. è sacr. penetralibus -- asportaverit.

S. P. Q. R. Sanctio.
Plebisciti. S. V. C.

Ultra hos fines arma proferre, nemini liceat.

Le bourg, ou beau village de *Savignano*, qui est le *Compita* des anciens Itinéraires, est à huit milles de Rimini; on y voit un pont moderne d'une très-belle construction.

Je ne sçais pourquoi on doute de l'authenticité de l'inscription : elle a été reconnue telle, dès les premiers temps du rétablissement des sciences.

Toute l'Italie, depuis l'extrémité du Royaume de Naples jusqu'au Rubicon, la Sicile & l'Isle de Corse, étoient comprises au rang des Provinces & Villes suburbicaires, soumises à l'autorité de Préfet ou Gouverneur de Rome. Les Papes, quand leur puissance fut pleinement établie, eurent seuls le droit de sacrer les Evêques de ces différentes Provinces, rejettant ceux qui ne leur convenoient pas, en annulant leur élection. Ils y envoyoient des Visiteurs Apostoliques, qui obligeoient les Evêques à venir à Rome, autant que bon leur sembloit, & exerçoient même dans leurs Diocèses une autorité réelle; de-là ce que l'on nomme encore à Rome les Pays & Royaumes d'obédience, & cette quantité d'Evêques soumis immédiatement au Saint Siège, & que l'on appelle assistans du trône : droit qui s'est étendu ensuite sur les isles voisines de l'Italie, & qui a été l'occasion des derniers différents de la Cour de Rome avec la République de Gênes.

La ville de *Cesena*, bâtie sur un terrein inégal, au pied d'une montagne élevée, a été fondée par les Gaulois Sénonois. On voit de la place principale les restes d'un château bâti par l'Empereur Frédéric II, au-dessus de la montagne. En remontant de la place dans le haut de la ville, j'entrai dans une Eglise, où parmi plusieurs inscriptions, je notai la suivante :

D. M. Seia. T. F. Marcellina.
Sibi. & Vibennio. Marcellino.
Filio. viva. posuit.
Quod. voluit. & potuit.
Quod. potuit. & voluit.

Je commençai à m'appercevoir que les habitans des environs de *Cesena* n'avoient plus rien de cette gravité apprêtée des Italiens méridionaux : il me sembloit y retrouver des traits marqués de la franchise & de la gaieté Gauloise. J'en ai jugé parce qu'aux environs de cette ville, les jeunes filles se rassembloient pour chanter & danser en plein air, ainsi que cela est d'usage dans la belle saison, dans presque tous nos villages de France. Je crois que ces peuples de l'ancienne Gaule Cisalpine sont d'un commerce franc & aisé. J'ai vu souvent à Rome Monsignor *Mansi*, né à Cesena, & à présent Archevêque d'Avignon ; ce Prélat d'une conduite vraiment respectable, étoit de la société la plus gracieuse, doux, honnête, né pour rendre la vertu aimable ; sa physionomie annonçoit toutes ces excellentes qualités.

Le chemin de Cesena à Forli est beau & tracé à travers une campagne fertile & riante. Avant que d'y arriver, on passe par *Forlimpopoli*, (Forum popilii,) ville ancienne détruite, dont il ne reste que quelques maisons & un château de construction moderne. On cultive dans les envions avec succès le lin & la garence. Forli qui est à onze milles de Cesena, (Forum Livii) m'a paru une belle & grande ville ; nous la traversâmes à l'heure de la promenade, & nous vîmes tout le côté par où nous arrivions rempli du plus joli peuple, qui avoit l'air de la gaieté même, & d'une longue file de carrosses. Nous changeâmes de chevaux au milieu d'une place réguliere entourée de beaux édifices & de portiques à arcades ouvertes; je fus fâché de quitter si promptement un lieu qui me sembloit si agréable à habiter. Les différentes villes qui sont d'Ancone à Forli, sont dans des situations si riantes, la campagne qui les environne est si riche, si variée, qu'il y a peu d'endroits où l'on ne fût charmé d'avoir une habitation.

De Forli nous allâmes coucher à *Faenza*, (Faventia), qui en est à dix milles, par une très-belle route ; cette ville est connue par la belle vaisselle de terre cuite & vernie qui s'y fabrique depuis long-tems, & que les Italiens appellent *Maiolica*. Toutes les manufactures de ce genre ont conservé ailleurs le nom de Fayence, de la ville de Faenza, où elles avoient été établies. On y avoit célébré ce jour même la fête de Notre-Dame des Graces, & nous trouvâmes toute la ville illuminée d'une maniere uniforme, avec des lanternes de papier peint; outre ces lanternes, chaque portique de la grande place avoit un lustre chargé de six chandelles ; on avoit tiré un feu d'artifice que nous avions vu de loin avant que d'arriver. C'est avec cet appareil que l'on solemnise en Italie toutes ces fêtes votives. Comme la ville de Rome est plus grande, la paroisse où se célébre la fête, est illuminée en entier, avec autant de goût & de symétrie que si une seule main eût tout arrangé. Le lendemain avant que de partir, je parcourus cette ville qui est grande & fort bien bâtie. Je lus à la grande place deux inscriptions qui me firent plaisir, en ce qu'elles témoignoient la reconnoissance & l'attachement de cette ville pour le Cardinal Stopani, dont j'ai déja parlé, & dont elle avoit reçu plusieurs bienfaits pendant sa légation de Ravenne.

A peu de distance de Faenza, on entre dans la plaine de Lombardie, & après neuf milles de chemin, on arrive à *Imola* (Forum Cornelii) situé sur les frontieres du Bolonois & de la Romagne. Les avenues en sont riantes; on y voit de grandes plantations de peupliers, qui sont du plus bel effet dans la perspective, mais l'intérieur de la ville n'y répond pas. J'ai remarqué en la traversant beaucoup de mouvement des artisans de toute espece. Il y a seize milles d'Imola à Bologne, qui se font par une campagne riche, fertile & peuplée; mais qui n'a pas la variété piquante d'une partie de la Romagne & de la Marche d'Ancone.

Telles sont les observations que j'ai faites dans le cours de mon voyage d'Italie, & d'après lesquelles j'ai formé ces Mémoires, toujours éclairé par le flambeau de la vérité, & guidé par les regles d'une critique qui paroîtra, à ce que j'espere, exacte & judicieuse.

Les différens climats de cette belle région de l'Europe, ont dans leur variété milles choses agréables & curieuses. La nature s'y montre par-tout sous la forme la plus intéressante & la plus riche. Les arts y étalent mille chefs-d'œuvres. Tout y est fait pour instruire, les colonnes, les statues, les murailles même y ont leur langage. Les hommes (car on y en trouve) les usages & les mœurs, offrent d'autres objets de considération qui ne sont pas moins importans. *In summa nihil erit ex quo non capias volupta-*

tem : nam studebis quoque, & leges multa multorum omnibus columnis, omnibus parietibus inscripta. Plura laudabis, non nulla ridebis, quamquam tu vero, quæ tua humanitas, nulla ridebis. (Plin. l. 8. Ep. 8.)

Fin du sixieme & dernier Volume.

TABLE
DES MATIERES
DU TOME SIXIEME.

A

AGRIPPA amene l'eau vierge à Rome. pag. 228
Amphithéâtre de Vespasien, ou Collisée. 329
Amours de Titus & de Bérénice. 201
— d'Alexandre & de Roxane, sujet de tableau. 128
Ancone, ville. 481. Port, Commerce & Population. 483.
Antinoüs: son histoire. 393
Apothéose d'Antonin. 279
Aqueducs à Rome. 224
Arbelle (bataille d') tableau de P. de Cortone. 34
Arcs d'Octavie. 298. De Janus. 298. De Sévere. 309. De Septime Sévere. 300. De Tite. 319. De Constantin. 335
Architecture du Capitole. 10
Arrie & Pétus: leur mort. 165
Autels antiques. 44

B

BAINS d'Agrippa. 265
Bas-Reliefs remarquables, 15, 279
Baume, arbrisseau précieux; quand apporté à Rome. 425

Berceau antique. 3
Bonne Déesse: ses mysteres. 185
Bon événement. Dieu, comment représenté. 264
Buste colossal d'Alexandre. 175
-- De Platon. 204

C

CALIGULA : idée de ce Prince. 77
Camilles, Ministres des Dieux. 20, 199
Campo Vaccino, ou Place ancienne de Rome. 302
Capitole. 2. Ce qui y reste d'antiquité. 4. Son état actuel. 5
Capo di Ferro, Cardinal. 110
Caracalla : son caractere. 95
Cascades de Tivoli. 411. Et Cascatelles. 413
-- De Terni. 445, est un ouvrage de l'art. 448.
Castel Gandolphe. 435
Catholica, Village : pourquoi ainsi nommé. 492
Centaures du Cardinal Furietti. 105
Cesena, Ville : inscriptions, gaieté de ses habitans. 497
Champs de Mars. 250
Charité Romaine : pourquoi ainsi représentée. 313
Chartreuse de Rome & ses Tableaux. 342
Chat (le Dieu) ou Eluros. 215
Château Saint-Ange. 294. Son état actuel. 295
Chemins anciens : leur largeur. 443
Christine de Suéde : Anecdotes sur cette Reine. 17, 121
Cirque agonistique. 272. De Salluste. 346
-- De Flore. 351. De Caracalla. 355
Grand Cirque. 361

Civita

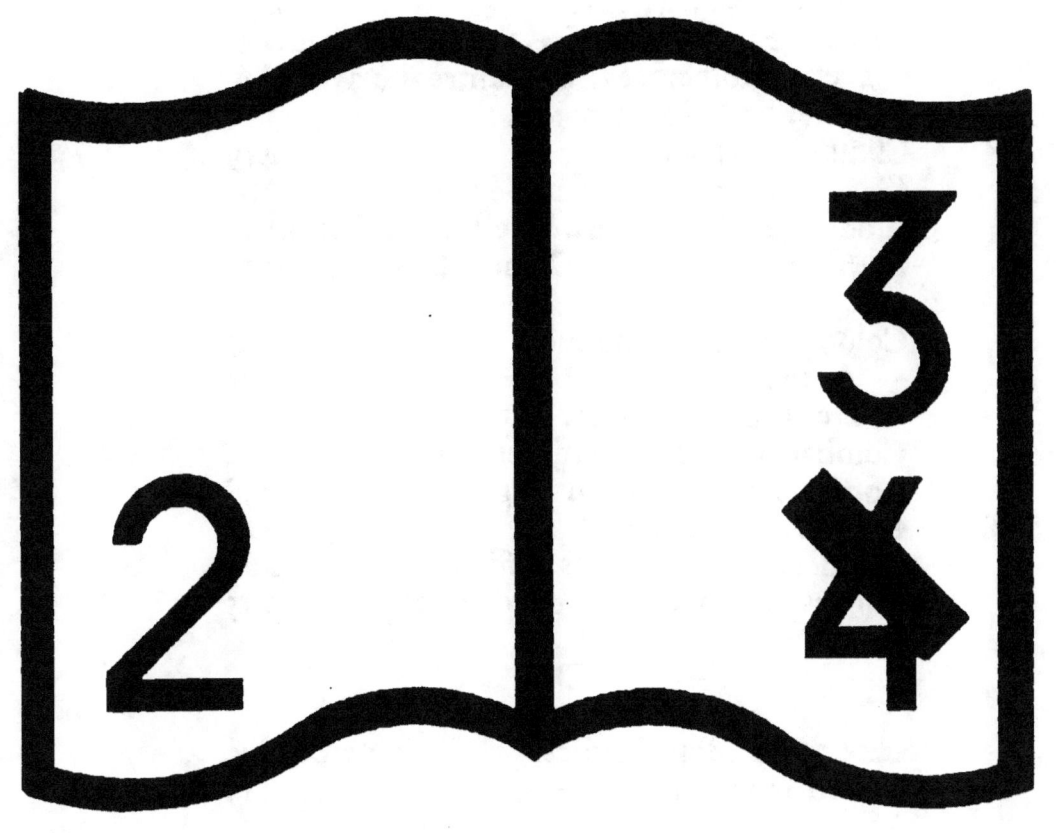

Pagination incorrecte — date incorrecte

NF Z 43-120-12

DES MATIERES. 405

Civita Castellana, ville. 437
Cléopatre : son portrait. 113. Ses débauches avec Antoine. 114. Son entrevue avec Auguste. 32. Mourante : sa statue. 150
Clitumne, riviere. 459
Cloaca maxima, ou grand égout. 301
Clodius (P.) son histoire & celle de ses sœurs. 188
Coëffures antiques des Dames Romaines. 203. 205
Colonne rostrale antique. 14
-- Antonine. 274
-- De Trajan & place. 281
Combats publics de femmes à Rome. 353
Comédie à Rome : son origine. 438
Colosses [restes de] 12
Corniches, ou chemins difficiles. 463
Curtius : sa statue. Son dévouement. 195

D

Dircé : son supplice. 97 & suiv.
Didon mourante, tableau. 117

E

Eaux : leur abondance & leur beauté à Rome. 224
-- Médicinales. 243
Egerie, Déesse, & fontaine. 226

F

Faenza, ville. 429
Fano, ville. 489
Fastes Consulaires, 21

Fescenniens : vers. 438
Foligno, ville. 461
Fontaines de Rome. 230. De Paul V. 235
De Sixte V. 236. De Trevi. 237. De la Place
    Navonne. 241
Forli, ville. 498
Forlimpopoli. ibid.
Forum Romanum ou Campo Vaccino. 303
Frascati ou Tusculum : son ancienneté. 384
    Ruines antiques. 387. Maisons principales. 388
Fruit singulier. 182
Funérailles des Anciens. 382

G

Galerie des Carraches. 93
-- Du Palais Justiniani. 222
-- Du Palais Colonna. 55
Germanicus. Sa mort ; & tableau. 69
Gladiateur Borghese : observation sur cette
    statue. 199
Grotta Ferrata, Abbaye. 396

H

Hermaphrodite Borghese. 213
Hermite de Spolette. 458
Hormisda, Prince Persan ; ce qu'il pensoit de
    Rome. 288

J

Jardins ou vignes des environs de Rome.
    135
-- Farnese. 171. Barberini. 181
Idoles & statues Egyptiennes. 219
Imola, ville. 100

DES MATIERES.

L

Lac & isles flottantes. 402
Loi Royale; ce que c'étoit. 42
Lorette, ville nouvelle. 469. Casa-Santa. 470
-- Son trésor. 472. Tableaux précieux. 473
    Dévotion à Notre Dame de Lorette. 477
    Richesses de l'Eglise : aumônes qu'elle fait.
    479. Situation, commerce & population.
    480
Louve antique de bronze. 19

M

Macerata, ville. 466. Beautés des environs. 467
Maison dorée de Néron. 324
-- En forme de vaisseau. 193
-- De Mécenas. 414
Marsias : sa mort & ses statues. 158
Meinss, Peintre Saxon. 217
Messaline : caractere & portrait de cette Princesse. 24
Mystere de la bonne Déesse. 185
Monte-Citorio. 277
Mont Sacré. 377
-- Testaccio ; quand formé. 369
Mosaïques antiques. 103. 387

N

Narni, ville : beauté du Pays. 444
Niobé : sa statue & celles de ses enfans. 146
Nôce Aldobrandine, Peinture antique. 64

O

Obélisque Solaire. 281
-- De la porte du Peuple. 248
Oïes antiques de bronze. 22
Ostie, ancienne & moderne. 428
-- Qualité de l'air. 431
Otricoli, bourg. 442

P

Palais de Rome. Albani. 65. Alticri. 83. Barberini. 68. Boccapaduti. 100. Borghese. 85. Chigi. 75. Colonne. 54. Corsini. 119. Farnese. 91. Petit Farnese. 124. Furietti. 102. Rospigliosi. 58
Pamphili-Doria. 78. Ruspoli. 90. Santa-Croce. 104. Spada. 108. Verospi. 91
Palais du Pape au Quirinal. 51
-- De la Consulte. 54
Panthéon ou la Rotonde, Temple. 257
Papeteries de Foligno. 463
Papirius Pretextatus: son histoire. 163
Pasquin & Marforio. 273
Peintures du Capitole. 16. 27
Pesaro, ville. 489. Tableaux du Barocci. 490.
Pierre transparente. 327
Piramide ou tombeau de Cestius. 366
Place du Capitole & sa décoration. 6
-- Navonne. 272
Platon endormi, peinture antique. 73
Pompée: sa statue. 109
Pompe & Priere des Triomphateurs. 47
Pont Salaro. 373
Poppée, femme de Néron: sa mort. 173
-- Folies de Néron à ce sujet. 174

Porte du Peuple. 248
Porte, ville. 433
Profica, ou Pleureuse. 190
Prisons antiques. 312
Psilles, Peuples de Lybie. 152
P. Clodius: son caractere & celui de ses sœurs. 188

Q

Quartiers anciens de Rome. 301

R

Raphael d'Urbin: son tombeau. 263
Recanati, ville. 468
Rimini, ville: ses antiques. 493
Rome antique. 246. Etendue de ses fauxbourgs. 248. Ses ruines. 253. Quand rebâtie. 255.
Rubicon, riviere: passage & inscription. 494
Ruisseau d'eau sulfureuse, ou Albula. 403

S

Sabines, honorées d'un culte religieux. 145
Séneque dans le bain, statue rare. 210
— Anecdotes sur sa mort. 211
Serpens rassemblés. 467
Serravalle, bourg. 465
Sibylle de Tivoli, ou Tiburtine: son temple. 409
Sinigaglia, ville. 488
Solfaturre, & pétrifications. 399
Somma, montagne. 453
Sophonisbe: sa mort héroïque. 60

Spolette, ville : son aqueduc. 455
Statues du capitole. 37
-- Magiques de l'ancien Capitole. 50
-- Equestre de M. Aurele Ant. 8

T

Tableaux à Rome au Capitole. 27
-- De l'Albane. 61. 76. 107
-- André del Sarto. Andrea Sacchi. 71. 82
-- Carles Maratte. 56. 65. 75. 84
-- Le Corrége. 87. 108
-- Le Dominiquain. 60
-- L'Espagnolet. 84. 107. 113. 191
-- Le Guerchin. 75. 76. 82. 101. 118. 167
-- Le Guide. 55. 83. 118
-- Léonard de Vinci. 65. Le Parmesan, 82
-- Pierre de Cortone. 71
-- Paul Veronese. 56. 79. 83. 86
-- Le Poussin. 69. 100
-- Raphael. 55. 67. 70. 125.
-- Rubens. 56. 76. 85.
-- Salvator Rosa. 75. 81. 106
-- Le Titien. 71. 86. 191.
-- Vernet. 88
Temples antiques de Jupiter Capitolin. 46
-- Du Soleil. 57. Du bon Evénement. 264
-- De Jupiter Stator. 306
-- De la Concorde. *ibid.*
-- d'Antonin & de Faustine. 313
-- De Romulus. 314. De la Paix. 315
-- De la Fortune. 327. De Vénus. 348
-- De l'Honneur & de la Vertu. 359
-- Du Dieu Ridicule. 360
-- De la Déesse Tosso. 408

DES MATIERES.

Terni, ville 445. Sa Cafcade. 446
Teverone, riviere. 373
Théâtre antique de Marcellus. 296
Thermes ou Bains de Titus & de Trajan. 338
-- De Dioclétien. 342
Tibre, fleuve : richeffes qu'il renferme.
-- Ses atterriffemens. 429
Tivoli, ville. 405
Tolentin, ville. 466
Tombeaux ; où on les plaçoit anciennement. 267
 d'Augufte. 260. De Bibulus. 290. d'Adrien. 291. De Metella. 362. Inconnu ; ce que l'on y trouva. 364. De la famille Plautia. 404
Refpect que les anciens avoient pour eux. 380
Triomphes (ordre des) 47
Trophées de Marius. 7

V

VELINO, riviere : fes eaux pétrifient les bois. 446
-- Leurs effets fur les corps. 450
Vents (culte des) 44
Vénus Callipige : fon culte. 131
Veftales coupables : leur fupplice. 348
Villé, vignes ou maifons de campagnes des Romains. 135
Villa Aldobrandini. 63. Albani. 216. Borghefe. 194. Corfini. 192. Feroni. *ibid*. Giraud. 193. Ludovifi. 160. Médicis. 143. Montalta. 169. Mathei. 175
 Pamphili. 182
Villa Eftenfe ou d'Erta : Tivoli. 414

— Ses jardins & ses eaux. 416
Villa Adriania: Tivoli. 420. Ses ruines. 421
Voie sacrée. 323
Vue de l'intérieur des Appennins. 465

Fin de la Table du Tome VI.

ERRATA DU T. VI.

Page 275, note, *ligne 10*, avertissement: *lisez*, avilissement.

www.ingramcontent.com/pod-product-compliance
Lightning Source LLC
Chambersburg PA
CBHW051127230426
43670CB00007B/706